Jutta Ditfurth
Entspannt in die Barbarei
Esoterik, (Öko-)Faschismus und
Biozentrismus

AF196771

Jutta Ditfurth

Entspannt in die Barbarei

Esoterik, (Öko-)Faschismus
und Biozentrismus

Konkret Literatur Verlag

Zur Autorin

Jutta Ditfurth, 1951 geboren, Diplomsoziologin und Journalistin, studierte auch Kunstgeschichte und Politik, arbeitete in Forschung und Lehre, in der Atom- und Chemieindustrie, in Krankenhäusern und Banken, seit 1980 als Journalistin und Autorin. Politisch aktiv seit Ende der siebziger Jahre, später in der Frauenbewegung und vor allem in der Anti-AKW-Bewegung. Mitbegründerin der Grünen, 1981 bis 1985 Stadtverordnete im Frankfurter Römer, 1984 bis 1988 Bundesvorsitzende der *Grünen*, Austritt aus den *Grünen* im Mai 1991 und Gründung der *Ökologischen Linken* im Dezember 1991. Bis März 1995 Bundesvorsitzende der *dju/IG Medien* und Mitglied im Hauptvorstand der *IG Medien*. Seit 1991 Herausgeberin und verantwortliche Redakteurin der Zeitschrift *ÖkoLinX*. Jutta Ditfurth schreibt politische Bücher, Drehbücher und Romane.

Sie lebt in Frankfurt.

Buchveröffentlichungen

»Die tägliche legale Verseuchung unserer Flüsse und wie wir uns dagegen wehren können. Ein Handbuch mit Aktionsteil«, (Hrsg.), Hamburg 1987
»Träumen Kämpfen Verwirklichen. Politische Texte bis 1987«, Köln 1988
»Lebe wild und gefährlich. Radikalökologische Perspektiven«, Köln 1991
»Feuer in die Herzen. Plädoyer für eine ökologische linke Opposition«. Stark erweiterte und vollständig überarbeitete Neuausgabe mit umfangreichen Stichwort- und Personenregistern, Düsseldorf 1994
»Was ich denke. Anders oder Gleich. Über die Entwertung des Menschen« München 1995
»Blavatzkys Kinder«. Thriller, Bergisch Gladbach 1995

4. Auflage 2011

© 1996 Konkret Literatur Verlag, Hamburg
Umschlaggestaltung: Peter Albers
Umschlagfoto: Kurt Steinhausen
Satz: H & G Herstellung, Hamburg
Druck: Fuldaer Verlagsanstalt, Fulda
ISBN 3-89458-148-4

Inhalt

1 »Der Haß auf die soziale Gleichheit und Freiheit des Menschen«

Esoterik und (Öko-)Faschismus

> Der *reale Humanismus* hat in Deutschland keinen
> gefährlicheren Feind als den *Spiritualismus* oder den
> *spekulativen Idealismus*, der an die Stelle des
> *wirklichen individuellen* Menschen »*das
> Selbstbewußtsein*« oder den »*Geist*« setzt und mit dem
> Evangelisten lehrt: »Der Geist ist es, der da lebendig
> macht, das Fleisch ist kein Nütze.« Es versteht sich,
> daß dieser fleischlose Geist nur in seiner
> Einbildung Geist hat.
> Friedrich Engels und Karl Marx [1]

Die Esoterik wird in Deutschland wieder einmal gebraucht, um die Köpfe von Millionen Menschen für eine autoritäre Gesellschaft zuzurichten. Faschismus kommt theoretisch ohne Esoterik aus, aber esoterische Ideologie enthält eine Vielzahl von Elementen, die mit faschistischer Ideologie kompatibel sind. Esoterik hilft dabei, den Menschen jeden emanzipatorischen Gedanken auszutreiben. Das hat in Deutschland Tradition. Wer sich entpolitisiert und nur noch mit sich selbst beschäftigt, Ausbeutung und Elend mit »Karma« rechtfertigt, Eliten anbetet, Sozialdarwinismus, höhere Wesen, naturgesetzliche Ordnungen und den Kosmos vergöttert, bekämpft alles, was den Menschen von Ausbeutung und Fremdbestimmung befreien könnte.

Niemand weiß, wie ein möglicher künftiger Faschismus aussehen könnte. Aber so, wie sich die Bundesrepublik heute darstellt, ist es schwer vorstellbar, daß eine faschistische Herrschaft auf die esoterische Vorarbeit in Gestalt von einigen Dutzend Millionen antiaufklärerisch zugerichteter Menschen verzichtet. Sie würden vermutlich ein Teil ihrer Massenbasis werden.

Vielleicht aber stellt sich irgendwann heraus, daß auch dies nur eine Übergangsstufe war, welche die objektive Funktion hatte, die linke Opposition gegen die Entwicklung des Kapitalismus sanft auszuhebeln, und daß danach, in ganz anderer Gestalt als vermutet, Pseudorationalität und Wissenschaftsgläubigkeit, Technokratie

7

und ein neuer irrationaler Fortschrittswahn der Gentechnik endgültig zum Durchbruch verhilft. Mit ihr ließe sich ein faschistisches Menschenbild durchsetzen, das von der Mehrheit der Bevölkerung akzeptiert würde und sich erfolgreich als aufgeklärt, wissenschaftlich und rational verkauft. Große Teile der Esoterik würden dann überflüssig.

So unterschiedlich das Menschenbild der Esoterik und das der GentechnokratInnen oft zu sein scheint, ihr gemeinsames Haßobjekt ist die soziale Gleichheit und die Freiheit aller Menschen: die Freiheit, ein vollständig entfalteter Mensch zu sein, den niemand psychisch oder physisch unterdrücken darf; die Chance auf gesellschaftliche Verhältnisse, in denen alle Potentiale der Menschen zum gegenseitigen Nutzen und zum selbstbestimmten Vergnügen gefördert werden. Eine Gesellschaft, in der die Kollektivität nicht Unterwerfung von Individualität bedeutet und Individualität nicht Konkurrenz und Egoismus; gesellschaftliche Verhältnisse, in denen alle Menschen die gleichen materiellen Voraussetzungen haben, sich allseitig zu entfalten.

Beide aber, Esoterik-Gurus und GentechnokratInnen, wollen den Menschen an sein »genetisches Karma« fesseln, er soll vergessen, daß er ein soziales Wesen ist. Mit der Vielfalt seiner sozialen Fähigkeiten unterscheidet sich der Mensch von allen anderen Teilen der Natur. Er kann über sich selbst reflektieren, bewußt und planvoll in seine Umwelt eingreifen, soziale Beziehungen zu anderen Menschen aufnehmen. Er hat die Fähigkeit, über sich selbst zu bestimmen, und wenn diese Fähigkeit niedergedrückt wird, kann er sich aus unerträglichen Verhältnissen befreien. Der Mensch hat das Potential für eine Vielzahl von Eigenschaften. Wie sie sich entwickeln, hängt vor allem von den gesellschaftlichen Verhältnissen ab, in denen er lebt.

Ziel linker Politik ist nicht mehr und nicht weniger, als Bedingungen zu schaffen, in denen der Mensch sich als Mensch entfalten kann, frei von Ausbeutung, Demütigung, Fremdbestimmung, frei von krankmachenden Lebensverhältnissen und in einer natürlichen Umwelt, die diesen Prozeß nicht beeinträchtigt, sondern fördert. Zu dieser Natur hat der Mensch als Teil von ihr ein besonderes Verhältnis, auch darum geht es in diesem Buch.

Esoterische Ideologie stolziert in vielfältigen Gewändern herum, bieder und vertraut, altmodisch und modern, schillernd und exotisch; so unterschiedlich, daß vielen nicht auffällt, daß sich unter der Verkleidung dasselbe emanzipationsfeindliche Wesen verbirgt. Während naive Eso-KonsumentInnen die Esoterik als Sammelsurium von Entspannungstechniken gegen den Alltagsstreß grandios fehleinschätzen, haben die politische Rechte und die faschistische Szene die Esoterik längst wieder für sich entdeckt.

Rechtsextreme esoterische Organisationen vertreten eine völkisch-germanische Naturmystik und ein ebensolches Menschenbild. Sie verherrlichen germanisch-arische Eliten, leugnen die Shoah, die Ermordung von Millionen Jüdinnen und Juden durch das faschistische Deutschland, und sie rekultivieren germanische und »neuheidnische« Mythen, die stets auch den Anitisemitismus im Gepäck tragen.

Neonazis betreiben eine imperiale Geopolitik, sie streben wieder nach Osten, in ihrem Schlepptau völkisch-mystische Sekten, die an die alten NS-Werte anknüpfen. Zusammen betreiben sie eine aggressive Siedlungspolitik in Osteuropa. Wir wissen nicht, ob der nächste Angriff gegen Osten auf Dauer ohne militärische Gewalt auskommt (Jugoslawien war ein mörderischer Probelauf[2]); noch reicht die Gewalt von Kapital und Ideologie. In den letzten Jahren haben sich faschistische und esoterische deutsche Organisationen in imperialer Absicht an den alten Grenzen des Deutschen Reichs angesiedelt.

Die meisten bürgerlichen Medien – politisches Interesse oder Dummheit – haben diese Entwicklung unterschlagen. Dabei gäbe es massenhaft »Stoff«: Wieviel Grund und Boden besitzen Deutsche in Kaliningrad (dem ehemaligen Königsberg)? Wie viele Burgen und Schlösser in Polen? Wo trainieren faschistische militärische Gruppen? Wie wird gesiedelt? Wie rekrutieren braune deutsche Sekten im Osten?

Ohne die jahrelange Recherche von antifaschistischen AutorInnen wäre bis heute offiziell nichts von alledem bekannt. Die Interessen der genannten Gruppen decken sich zum Teil mit denen von einflußreichen Kreisen in bürgerlichen Parteien, Vertriebenenverbänden und mit denen von Einzelkapitalen. Es hängt ein seltsamer schalldämpfender Schleier bürgerlicher Toleranz über neofaschistischer Geopolitik.

Wer soziale Gleichheit* und Freiheit aller Menschen haßt und Ungleichheit und Unfreiheit, rassistische Diskriminierung und Elitestrukturen durchsetzen will, kann sich in der Bundesrepublik Deutschland vielerlei Unterstützung sicher sein. Große Teile der Ökologie- und Alternativbewegung paktieren mit EsoterikerInnen und FaschistInnen, Fernsehprominente unterstützen ÖkofaschistInnen und Rechtsextreme, Jugendämter schützen Kinderheime in NS-Tradition, AnarchistInnen kooperieren mit AntisemitInnen, TierschützerInnen propagieren die Tötung von Menschen, und die Opfer kümmern fast niemanden: (sexuell) mißbrauchte Kinder, Erwachsene, die, geschädigt durch zuviel Meditation und Nabelschau, unfähig wurden, mit anderen Menschen zu kommunizieren, rassistisch Diskriminierte und sozial Marginalisierte.

Esoterik ist, in der Definition ihrer »ErfinderInnen«, eine ok-

* Soziale Gleichheit bedeutet die Abschaffung der Klassen und der Herrschaft einer Klasse über die andere. Das bedeutet dann auch die Aufhebung der privaten Verfügung über Produktionsmittel und der internationalen kapitalistischen Arbeitsteilung.

Formen *bürgerlicher* Gleichheit wie die (formale) Gleichheit vor dem Gericht oder die beim Wählen erweisen sich bei genauerer Betrachtung immer als geregelte Ungleichheiten. Es hängt von der sozialen Lage des Menschen ab, wie gleich einer vor Gericht ist und welches Recht für ihn angewandt wird: das (geizige) Sozialrecht für die Armen oder das (großzügige) Steuerrecht für die Reichen und ob eine in politisches Geschehen eingreifen kann, weit über das formal gleiche Wählen hinaus (und selbst diese bürgerlichen Scheingleichheiten gelten nicht für alle, zum Beispiel nicht für ImmigrantInnen oder Wohnsitzlose).

In der Französischen Revolution gab das Bürgertum kurze Zeit vor, für die Gleichheit aller Menschen zu kämpfen, dabei ging es um die Durchsetzung seiner Interessen gegenüber Adel und Feudalstaat. Im aufkommenden Kapitalismus sollten die Tauschverhältnisse verändert, freier Handel und freie Konkurrenz und darin Gleichheit der *BürgerInnen* durchgesetzt werden. Keine feudalen Privilegien, sondern allein das Kapital, das Privateigentum an Produktionsmitteln, sollte die Stellung der nun herrschenden Klasse, des Bürgertums, sichern. Das schloß den Zugriff auf die Verwertung allen gesellschaftlichen Reichtums einschließlich der Natur und der menschlichen Arbeitskraft (der lohnabhängigen NichtbürgerInnen) ein.

Die Forderung nach sozialer Gleichheit meint einen gesellschaftlichen Zustand, in dem die Forderung nach Gleichheit überflüssig geworden ist, weil alle Menschen tatsächlich die gleichen materiellen Möglichkeiten haben, sich so umfassend und unterschiedlich zu entfalten, wie sie es nur wollen. Mit der Freiheit des Designs und des Konsums hat diese tatsächliche Freiheit, die sich erst auf der Grundlage wirklicher sozialer Gleichheit entfalten kann, zum Beispiel mit der heutigen »Freiheit« zu konsumieren, so viel zu tun wie Fliegenkönnen mit In-Hundescheiße-Treten. Vgl. auch: Jutta Ditfurth, Was ich denke. Anders oder gleich – über die Entwertung des Menschen, Wilhelm Goldmann Verlag, München 1995

kulte, elitäre *Geheimwissenschaft*, die nur erleuchtete Eingeweihte begreifen können. Sie entzieht sich der rationalen Auseinandersetzung. Statt zu lernen, wird ihre Ideologie in Zeremonien und Ritualen »erfahren«. Sie befaßt sich mit Übersinnlichem, rational nicht Erfaßbarem und Okkultem. Die AnhängerInnen der Esoterik glauben, daß sich die Menschheit an der Schwelle des Übergangs vom Fische- zum Wassermannzeitalter befindet und ein New Age, ein neues Zeitalter, bevorsteht. Das kommende Zeitalter soll die Menschheit auf eine höhere Bewußtseinsstufe katapultieren, zumindest die höherwertigen, zivilisierten Menschen, welche die elitären esoterischen Regeln intensiv trainieren und fest an sie glauben.

Jede esoterische Strömung unterscheidet, meist verborgen vor den eigenen AnhängerInnen, zwischen Elite und Fußvolk, mit gelegentlichen Abstufungen. Die Esoterik war eine ideologische und organisatorische Wurzel des NS-Faschismus. Führende NS-Faschisten durchliefen eine germanisch-völkische, antisemitische »Ausbildung«, unter ihnen ein Mann namens Adolf Hitler.

Inzwischen wurde die Esoterik in Teilen modernisiert. Einerseits treten ihre PropagandistInnen noch in alter NS-Kostümierung auf, feiern okkulte und »neuheidnische« Rituale oder gründen Reichsarbeitsdienste, verbreiten die Lüge, es hätte den industriell organisierten Massenmord in Auschwitz nicht gegeben und Hitler wäre schuldlos am Krieg. Andererseits finden wir beispielsweise faschistische Symbolik verknüpft mit dem Outfit linksradikaler Militanz oder mit hippiesken Darstellungen in den Kreisen von »ErdbefreierInnen« und BiozentristInnen. Wir stoßen auf den Lockruf sexueller Freiheit und finden diese pervertiert als Transportmittel für zutiefst autoritäre gesellschaftliche Konzepte. Und wir sehen die deutschen BürgerInnen in ihrer Begeisterung ausschließlich für die eigene Befindlichkeit und finden sie sozial egozentrisch und historisch skrupellos, leicht zu bedienen von autoritären Sekten und von Figuren mit SA-Vergangenheit.

Ob modern oder traditionell gewandet: Menschenhaß, Demokratiegegnerschaft, Elite- und Führerkult, geostrategischer, imperialistischer Herrschaftsanspruch, Kapitalismuskritik von rechts, rassistische, ethnopluralistische, antisemitische und patriarchale Menschenbilder sowie die Variationen von Spiritualität und Naturmystik sind die gegnerischen Werte.

Esoterik macht einige wenige reich: Teure Seminare und Kongresse, Psychotechniken und Rituale, Bücher, Musik, esoterischer Konsum aller Art, von Tarotkarten bis zu Drogerieprodukten, Läden, Sexreisen, Discos usw. bringen dem Eso-Busineß weltweit jährlich Umsätze von einigen Milliarden US-Dollar. Genaue Zahlen sind nicht bekannt, auch nicht für die Bundesrepublik. Schätzungsweise jedes dritte neu erschienene Buch transportiert esoterische Ideologie, die meisten sind sogenannte »Lebenshilfebücher«. Fast alle Verlage, auch solche, die sich bürgerlich-aufgeklärt geben, machen Geld mit der systematischen Verblödung ihrer LeserInnen und der nachfolgenden gesellschaftlichen Regression. Überall gibt es Esoterik(buch)läden, Esoterikmessen, Esoterikzentren und -veranstaltungen — ein weites Feld für Gegenaktionen.

Die Lage hat sich verschärft; zu Beginn blühten in Esoterikläden vorwiegend der Kitsch und die Dummheit. Deshalb wurden sie von vielen potentiellen KritikerInnen nicht ernstgenommen. Inzwischen steht in denselben Regalen vielerorts faschistische und präfaschistische Literatur, und fast keineR merkt's. Die Verkäuferin einer Esoterik-Buchhandlung: »Also gerade weil die Runen einen germanischen Ursprung haben, haben wir als Nordeuropäer einen besonders guten Zugang zu den Runensteinen, weil das eben auch unsere Wurzeln sind, das Germanische.«[3]

Millionen von Menschen sind in Deutschland auf dem esoterischen Trip. Die harmlos scheinenden Formen der Esoterik sind in das gesellschaftliche Leben integriert, die esoterische Verdummung eines großen Teils der bundesdeutschen Bevölkerung wird nicht ernstgenommen. Wer thematisiert schon die organisatorische Annäherung der esoterischen Sekten untereinander und die vieler esoterischer Szenen an rechtsextreme Ideologien, Personen und Organisationen?

Auch antifaschistische AutorInnenkollektive und Aktionsgruppen konzentrieren sich weitgehend auf die bekannten Erscheinungsformen des Faschismus, auf die politischen RepräsentantInnen in Parteien und Parlamenten, auf Studienstiftungen und Knobelbecherfraktionen, auf Revisionismuskonferenzen, Hakenkreuzfahnen, Söldner und Wehrsportübungen. Jedes dieser Themen ist wichtig. Aber etwas fehlt fast immer: die antifaschistische Analyse der tausend feinen Fäden ins Bürgertum, der Scharnierstellen zwischen Faschismus und bundesdeutschem Mainstream. Woher kommt die fürchterliche Toleranz gegenüber faschistischen Positionen, woher die Diskreditierung antifaschistischen Widerstandes und woher ein großer Teil der *Massenbasis* für einen möglichen (weder automatischen noch unabwendbaren) künftigen modernen Faschismus? Diese Ignoranz wird sich rächen. Manche Entwicklungen werden weder rechtzeitig verstanden noch frühzeitig bekämpft werden können.

Wer den Menschen so erfolgreich jeden emanzipatorischen Gedanken, jede Hoffnung auf soziale Befreiung austreibt, wer so brutal die Entwertung des Menschen, etwa durch seine Gleichsetzung mit Tieren, vorantreibt, wer die notwendigen sozialen Kämpfe denunziert, der kann sicher sein, daß immer genug Geld für ihn dasein wird. Der Kampf gegen die politische Utopie der sozialen Gleichheit und Freiheit des Menschen, gegen sein unveräußerliches Recht auf individuelle, nicht systemgerechte Entfaltung ist den Herrschenden viel Geld wert.

Esoterik nützt den herrschenden Verhältnissen und dem Prozeß fortschreitender Ausbeutung und Erniedrigung des Menschen. Vor allem das Kapital profitiert – ganz unabhängig von den vielfältigen inneren Konflikten und Interessengegensätzen der einzelnen Fraktionen des Kapitals – von der esoterischen Verkleisterung des Widerspruchs von Kapital und Arbeit, von der jenseitigen Kosmos-Orientierung, der Naturvergöttlichung und der naturgesetzlichen Rechtfertigung von Eliten und Ausbeutung, vom Angriff auf das gesellschaftliche Wesen des Menschen und von der umfassenden Entwertung des Menschen. Es macht den Menschen leichter ausbeutbar und enthemmter zerstörbar.

Der Staat als »ideeller Gesamtkapitalist« hilft dem Kapital bei der Durchsetzung auch dieser Interessen. Ökofaschisten bekommen das Bundesverdienstkreuz sogar aus rosa-grünen Händen. Volkshochschulen, früher der Bildung in der Tradition der Aufklärung verpflichtet, machen heute Kasse mit Esoterikkursen aller Arten. In Schulen werden Kinder mit den biologistischen Ideologien von Konrad Lorenz und Irenäus Eibl-Eibesfeldt traktiert. An Universitäten können sich – neben alten Nazis – neurechte Mystiker und Völkische wie Rudolf Bahro etablieren. Aber auch in ehemaligen Einrichtungen von Linken, beispielsweise in vielen Infoläden und Kulturzentren, werden BiozentristInnen Räume wie Köpfe überlassen.

Unter dem Mantel eines scheinbar radikalisierten Tierschutzes (»Tierrechte«) wird auch in der Ökologiebewegung die Entwertung des Menschen auf Umwegen vorangetrieben. Der wichtige Tierschutz wird von rechten IdeologInnen instrumentalisiert, in einer Bewegung, die inzwischen verlernt hat, die Lösung der sozialen Frage als Voraussetzung für die Lösung der ökologischen Frage zu verstehen.

In meinem Buch »Feuer in die Herzen. Plädoyer für eine ökologische linke Opposition« (1994)[4] habe ich mich ausführlich mit Esoterik und Ökofaschismus auseinandergesetzt. »Entspannt in die Barbarei« knüpft daran an, aktualisiert einiges (z.B. die Max-Otto-Bruker-Legende) und analysiert neue, bisher kaum erforschte gesellschaftliche Bereiche und ideologische wie organisatorische Verbindungen. An einigen Stellen werden in den Anmerkungen Hinweise auf »Feuer in die Herzen« gegeben. Interessierte LeserInnen können sich dort ausführlich mit Personen, Organisationen und Ideologien auseinandersetzen, die nicht Gegenstand dieses Buches sind. »Entspannt in die Barbarei« wird von der Autorin als zweiter Band von »Feuer in die Herzen« verstanden.

Linke Kritik, rationales Denken überhaupt wird heute denunziert wie lange nicht mehr, dadurch wird Menschen das intellektuelle Werkzeug genommen, die gesellschaftlichen Verhältnisse zu begreifen und sich mit ihnen auseinanderzusetzen. Die Zerstörung der Vernunft ist zugleich Ziel und Methode der Attacke gegen die Aufklärung. Diese Aufklärung hat nichts gemein mit kapitalistischer Rationalität, also einer Vernunft, die nur verklärtes Profitinteresse des Kapitals ist, dem menschliche Arbeitskraft und Naturressourcen unterworfen werden sollen, sondern ist eine Rationalität, die die Verhältnisse entmystifiziert und den Menschen den verstandesmäßigen Zugang zur Wirklichkeit erlaubt. Ganz im Gegensatz dazu will zum Beispiel einer wie Franz Alt lernen, »mit den Augen des Bauches zu sehen«, und schwärmt für »unsere Kollegen«, die »vor der *sogenannten* Aufklärung (...) mit Worten und Werten wie Liebe, Seele, Gott, Religion, Mystik, Meditation, Gebet und Stille wie selbstverständlich gearbeitet«[5] haben (Hervorhebg. J.D.).

Es gibt eine solche Fülle esoterischer Lebensberatungs- und Konsumangebote, daß ihr gemeinsamer ideologischer Hintergrund für die meisten Menschen nicht mehr erkennbar ist. Jede soziale Gruppe findet ihr spezifisches Esoterikangebot. In diesem Buch geht es um einige, zum Teil verknüpfte, zum Teil getrennte ökofaschistische und esoterische Szenen.

Auf romantische, konfliktscheue Frauen und Kinder zielen die Führer des *Märchenzentrums Troubadour e. V.* mit Hauptsitz in Vlotho. Märchen scheinen harmlos, helfen gegen Ängste, regen die Phantasie an, so das Klischee. Aber in manchen Märchen herrschen völkische Lichtgestalten, germanische Helden und rassistische Mythen. Märchenerzähler verstecken ihre Herrschaftsinteressen hinter lichtdurchfluteten, von sphärischen Klängen begleiteten Ritualen, wenn nicht gerade mit FaschistInnen bei den Externsteinen ums germanische Sonnwendfeuer getanzt wird.

Was verstehen der Mainstream des gesundheitsbewußten Bürgertums und der rechte Flügel der Ökologiebewegung unter Gesundheit? Nichts, was etwas mit Ernst Blochs Definition zu tun haben könnte: »Gesundheit ist ein sozialer Begriff, genau wie das organische Dasein der Menschen, als Menschen, insgesamt. So ist sie überhaupt erst sinnvoll steigerbar, wenn das Leben, worin sie steht, nicht selber von Angst, Not und Tod überfüllt ist«, schreibt Bloch im »Prinzip Hoffnung«.[6] Im Verständnis von ÖkofaschistInnen und Ökorechten ist mit Gesundheit in erster Linie die völkische gemeint, Erbgesundheit, die vor allem der erfolgreichen Vermehrung der eigenen »rassisch« höherwertigen Art dient. In der esoterischen Vorstufe versteht mensch unter Gesundheit nur das eigene Wohlbefinden ohne Interesse und ohne Rücksicht auf andere.

Nach einigen heftigen und gewiß auch finanziell abträglichen Konflikten tarnen sich erfolgreichere Gurus eines ökofaschistischen Gesundheitsverständnisses seit einigen Jahren als weltläufige, liberale, Nazis angeekelt verabscheuende BürgerInnen.

Bei den Veranstaltungen Doktor Max Otto Brukers trifft sich dieses gnadenlos nur an den eigenen Wehwehchen interessierte Bürgertum. Übt einer auf einer solchen Veranstaltung Kritik an Brukers zahlreichen früheren Bündnissen und Kooperationen mit Rechtsextremen und Faschisten, erwähnt eine dessen Ex-Mitgliedschaft in der SA, geht es rund. Mancherorts ist es nur der anwesenden Presse zu verdanken, daß die Prügelstrafe für Kritik an Bruker nicht praktiziert wird: Was interessiert uns Politik, es geht hier um unsere Gesundheit, schreien die Bruker-Fans und kapieren nicht, daß auch Brukers

»wertfreien«, vermeintlich unpolitischen Gesundheitsvorstellungen ideologisch sind. Genau solchen deutschen Einstellungen ist es zu verdanken, daß die deutsche Ärzteschaft bis heute weder für ihre frühzeitige begeisterte Unterwerfung unter Hitler zur Verantwortung gezogen wurde noch für ihre ungeheuren Verbrechen im NS-Faschismus.[7]

Bruker, der laut letztinstanzlichem Gerichtsurteil »Scharnierstelle zwischen Ökologie- und Naturkostbewegung auf der einen und Neonazi-Szene auf der anderen Seite« (Oberlandesgericht Frankfurt 1995) genannt werden darf, ist immer noch eine Scharnierstelle. Er ist Gastgeber und Mittler für den chronisch lächelnden Antisemiten Franz Alt, bei dessen Reden die allgegenwärtige Mitläuferin, Brotbäckerin und Tierschützerin Barbara Rütting von Anfang bis Ende vor Rührung weint. Bruker würde dem antisemitischen Eugeniker Silvio Gesell am liebsten noch ein ganzes weiteres Lebenswerk widmen. Ohne Reinkarnation wird das dem nunmehr 85jährigen wohl nicht gelingen.

Bruker wie Alt standen in Verbindung zu den Kinderheimen der *Bruderschaft Salem*, in denen Kinder mit NS-Pädagogik gequält werden, während das zuständige Jugendamt schweigt.

Genervte ManagerInnen und Medienleute legen Tausende von DM für Ayurveda-Medizin hin. Fast jedem Besuch eines Medienmenschen in einer Ayurveda-Klinik folgt ein schwärmerischer Beitrag in »seinem« Medium. Und so ist es auch gedacht. Wir können aus Platzgründen keine kritische Auseinandersetzung mit *traditionellen* asiatischen Gesundheitstherapien, Religionen usw. führen, das Thema wird später am Beispiel des Dalai Lama und des tibetischen Lamaismus gestreift. Aber mit *traditioneller* indischer Medizin hat Ayurveda üblicherweise nichts mehr zu tun, auch diese »Heilslehre« ist unter die Räder des New Age gekommen. Wer weiß schon, daß hinter Ayurveda auch der geschäftstüchtige Yogi Mahareshi steckt, der gern mit Diktaturen paktiert und den schon John Lennon durchschaute?

Der demokratiefeindliche Kult um angebliche Naturgesetze hat immer die elitäre und rassistische Unterscheidung von Menschen in höher- und minderwertige Lebewesen und die unterschiedliche Wertigkeit von Männern und Frauen – veredelt als größere Naturnähe der Frauen – im Gepäck. »Arten«, »Rassen«, »Wurzelrassen«, »alles

Leben, alle Organismen« sind die Begriffe, in denen wieder einmal die soziale Gleichheit der Menschen untergehen soll. Theosophie und Anthroposophie sind davon ebenso durchdrungen wie die Wirtschaftstheorien des prokapitalistischen, rassistischen Eugenikers Silvio Gesell. Dem wiederum sind Angehörige aller bürgerlichen Parteien, ganz besonders auch der Grünen, aber auch Max Otto Bruker und Franz Alt herzlich zugeneigt. Überraschender ist vielleicht, daß sich auch eine Strömung des Anarchismus zusammen mit faschistischen *Nationalrevolutionären*, notfalls unter Gewaltandrohung, in linken und alternativen Kreisen für Gesell »stark«macht.

Die Ökologiebewegung ist für die politische Rechte möglicherweise – neben dem reglementierten, konsumbesessenen Techno- und House-Szene-Mainstream und mehr noch der Gothic- und Dark-Wave-Szene – die attraktivste junge Massenbasis. In der Ökologiebewegung setzt sich in den letzten Jahren eine Auffassung von Natur durch, in welcher der Mensch als soziales Wesen nicht mehr vorkommt. Die soziale Frage spielt keine Rolle, sie hat Mühe, auch nur zum marginalen Thema von Umweltjugendkongressen zu werden. Diese interessengeleitete Ignoranz macht Menschen, deren soziale Lage die ökologisch entrüsteten Mittelschichtsjugendlichen kalt läßt, zu Feinden der Natur, die bekämpft werden müssen. Parolen wie »Menschenrechte für Tiere« belegen nicht die Tierliebe der Fordernden, sondern deren Haß auf Menschen. Es ist kein Zufall, daß die neuen »Euthanasie«-Propagandisten wie der Bioethiker Peter Singer auch als Tierrechtler Furore machen. Die Vorbilder der neuen radikal antisozialen Ökogruppen stammen aus den USA. Sie nennen sich *Earth First!*, *Frontline*, *Hardline*, Erdbefreier, TiefenökologInnen, BiozentristInnen, VeganerInnen, BioregionalistInnen und haben großen Zulauf. Mit einigen Turbulenzen sortiert sich eine neue ökologisch-alternativ verkleidete, menschenfeindliche Massenbewegung. Sie nähern sich streitend einander an.

Die neuen rechten Ökos mystifizieren die Natur und propagieren, wie die germanisch-völkische Rechte, die Rückkehr zu vorchristlichen Religionen, zu »Neuheidentum« und zu angeblich göttlichen Naturgesetzen. Die Mystifikation indianischer Kultur und Religion hat sich, nicht nur im Warenangebot esoterischer Kaufstätten, längst mit germanenmystischen und okkulten Angeboten verschränkt.

Es muß für Linke selbstverständlich sein, amerikanische Indigenas

(»IndianerInnen«) beim Kampf gegen die Repressionen von US-Staat, -Armee und -Kapital, gegen Atombombentests, Ausbeutung und Diskriminierung aller Art zu unterstützen. Etwas vollständig anderes ist, indianischer Kultur einen höheren Wert zuzusprechen, für Naturreligionen, entstanden aus Nichtverstehen der Umwelt, zu schwärmen und mit ihnen nichtmaterialistische Erklärungen für menschliches Leben zu schlucken. Wenn Indigenas in großem Umfang besiegt sind, romantisieren Angehörige der Siegermächte gern ein paar Elemente der geschlagenen Gesellschaft. Die Besiegten werden dann gelegentlich zu TrägerInnen alter wertvoller projektionsbeladener Überlieferungen stilisiert, denen mensch ein paar Krokodilstränen nachweint.

Das berühmteste Mißverständnis dieser Art ist die angebliche Rede des Häuptlings der Duwamish, »Seattle«. Seattles Reden wurden lediglich von seinen Verhandlungsgegnern in zwei Protokollnotizen bei »Kaufvertragsverhandlungen« festgehalten. Mit jenem Kaufvertrag von 1855 wurde der Raub eines Großteils des Territoriums des späteren US-Staates Washington legitimiert. Was Seattle wirklich gesagt hat, ist nicht mehr rekonstruierbar. Die berühmt gewordene ökologisch-indianische Authentizität ist ein Mythos, die Rede eine Fälschung:[8] Ein US-amerikanischer Drehbuchautor stieß – angeregt von einem esoterischen Universitätsprofessor – etwa 1969 auf die beiden Protokollnotizen. Er schrieb »Seattles« Rede und formulierte vor allem die ökologischen und religiösen Aussagen. Der Produzent des Films, »Home«, entschied, daß der Text authentischer wirke, wenn sein wirklicher Urheber nicht genannt würde. Der Film erhielt zahlreiche Industriefilmpreise und wurde von der *Southern Baptist Radio and Television Commission* in alle Welt verkauft. Seither gilt die Rede von »Chief Seattle« als ursprüngliches ökologisches Manifest. In Deutschland, dem Land der mystischen Naturschwärmerei, verkaufte sich mehr als eine halbe Million der schwülstigen Fälschung. Aus einem Vorwort: »Chief Seattle hielt eine Rede, deren Weisheit, Kritik und bescheidene Hoffnung uns heute, fast 130 Jahre später, mehr denn je betrifft und betroffen macht. Werden wir sie hören? Werden wir überleben?«

Werner Rügemer, der die Geschichte der Fälschung in der *Frankfurter Rundschau* nachzeichnete, sagt: Mit der »Kolonisierung der Natur, der eigenen Bevölkerung und fremder Völker entstünden immer wieder auch illusionäre Formen der Sehnsucht, daß es Teile der Natur, der eigenen Persönlichkeit und fremder Völker geben möge, die von dieser Kolonisierung noch nicht erfaßt würden bzw. überhaupt nicht erfaßbar wären und daß es so was wie ›unberührte Natur‹ geben würde.« Oft würde unterstellt, daß der Mensch alles von der Natur bekommen könne, was er für ein glückliches Leben brauche. Die Rede sei auch dafür ein Beispiel.

Solche Vorstellungen triefen von historischer Unkenntnis über Natur, gewaltvolle, patriarchale indianische Gesellschaften, über Mangelernährung und Epidemien, über die oft brutale Unterwerfung des einzelnen unter die Anforderungen seiner Gesellschaft. Es wird weiter unterstellt, Menschen indigener Herkunft wären genügsamer. Ein militanter und aggressiver Krieger widerspräche diesem Bild. Erst mit ihrer Unterwerfung unter die Interessen der Eroberer avancieren Ureinwohner zu edelmütigen und weisen Helden.

Wer nicht ernst nimmt und nicht radikal kritisiert, wer seine rationale Kritik der Mystifikation anderer Kulturen (meist die Kulter der Herrschenden in anderen Gesellschaften) ausliefert, hilft beim Völkermord. Denn wenn die letzten Gene aussterbender Indigenas geraubt und patentiert sind, wenn EsoterikerInnen aller Couleur mit exotischen Ritualen, Symbolen und Waren die eigene Sinnleere gestopft haben, wird der nicht ernst genommene, wohlwollend ausgebeutete exotische »Fremde« auch physisch nicht mehr benötigt. Indigenas, die militant gegen ihre Unterdrückung kämpfen, bleiben deshalb heute schon von esoterischer Unterstützung verschont: Soziale Emanzipation und antiimperialistischer Widerstand sind keine esoterischen Ziele.

Die Chefideologen der klassischen esoterischen Ideologien, die Theosophin Helena Blavatzky und ihr Schüler, der spätere Gründer der Anthroposophie, Rudolf Steiner, haben immer deutlich gemacht, daß es zum Karma (»Schicksal«) »minderwertiger menschlicher Wurzelrassen« gehört, daß sie aussterben, um Platz für höherentwickelte »Wurzelrassen« wie die Arier zu machen. Die esoterische Elite will einen Anteil an Weltherrschaft und kapitalistischem Erfolg. Die dabei manchmal entstehende Sinnkrise muß mit Romantischem gemildert werden, aber an der »naturgesetzlich abgeleiteten Leistungsbereitschaft« und dem Sozialdarwinismus darf kein Zweifel bestehen.

Der esoterische Guru spricht vielleicht mit dem Blumenkohl (*Findhorn*-Kommune) und heiligt die Tiere, aber gegen Menschen, ganz besonders wenn sie arm, behindert und/oder andersfarbig sind, herrscht, wie wir sehen werden, brutale, oftmals mörderische Gnadenlosigkeit. Notfalls wird den Minderwertigen im Trikont mit der Atombombe gedroht (Herbert Gruhl). Radioaktivität, so glauben einige einflußreiche Esoteriker, beschleunigt den privilegierten Transport esoterischer Eliten durch die kosmische Zeitenwende auf die nächsthöhere Stufe menschlicher Evolution.

Wer bezweifelt, daß die Menschen an Hunger, Cholera, Krebs und Aids selbst schuld sind und wer sich mit praktischer Solidarität und politischer Aktion einmischt, verletzt nicht nur das Karma der Opfer, die sich als Strafe für schlechte Taten in früheren Leben diese traurige Erscheinung ihres reinkarnierten Lebens selbst zuzuschreiben haben. Vor allem zerstört der so Handelnde das eigene Karma und damit die Chance, *Teil* jener esoterischen Elite mit Hoffnung auf den kosmischen Zeitensprung zu werden. Wie sagt Erhard F. Freitag, einer der führenden bundesdeutschen Esoteriker, einer, der auch das Verprügeln von Ehefrauen schönredet: »Denken Sie nicht zuviel an die Welt, denken Sie an sich, denn Sie sind der Mittelpunkt dieser Welt.«[9]

Esoterik und Yuppie-Zeitgeist haben sich in den achtziger Jahren aufs scheußlichste verbunden: Die eigene Person steht im Mittelpunkt, das totale Individuum sucht seine Identität in der Auswahl von Konsumgütern. Lebensstil ist Ersatz für Lebenssinn. Der bedingungslose Egokult und die Entpolitisierung durch eine moderne Form der Esoterik, das New Age, helfen, antikapitalistischen Widerstand zu zerschlagen – die Selbstbestimmung und allseitige Entfaltung jedes Menschen stehen gegen die Ideologie des Karmas und die religiöse Orientierung auf das Jenseits. Während das esoterische Fußvolk rituell verblödet und in meditativen Selbstgefängnissen auch den letzten Rest von kommunikativer Fähigkeit und Interesse an anderen Menschen verliert, gehen an teuren Wochenenden esoterisch geschulte kapitalistische Manager frisch legitimiert und brutal ans Werk. Spiritualität, sogenannte Hochtechnologie und Kapitalismus vereinen sich in tiefster Harmonie. Die Esoterik ist die ideale Ideologie für leistungsbewußte, durchsetzungsstarke Angehörige der herrschenden Schichten.

Mit der Esoterik werden den Herrschenden im Kampf gegen soziale Gleichheit und Freiheit neue Rechtfertigungstechniken und Verblödungsmethoden ins Waffenarsenal gestellt. Einem möglichen künftigen Faschismus erwächst mit der esoterischen Option eine neue, junge Massenbasis. Auch wenn es keinen Faschismus geben sollte, nützt die esoterische Massenverdummung ganz ungemein: Sie stabilisiert jahrtausendealte patriarchale Strukturen in allen Teilen der Welt, allen Kulturen, allen Lebensbereichen bis in die persönlichsten Beziehungen hinein. Die patriarchalen Strukturen sind heute eingebaut in die kapitalistische Verwertungslogik und mit dieser unauflöslich zu einer Herrschaftsform verschmolzen.

Esoterik wird für die Ausbeutung und Erniedrigung des Menschen und die Vernichtung der Natur gebraucht.

Gibt es einen besseren Grund, die Esoterik in all ihren Ausprägungen zu bekämpfen? Dieses Buch ist eine Kampfansage an alle diejenigen, die in Gegnerschaft zum Wert der sozialen Gleichheit aller Menschen stehen.

Exkurs: Was ist Faschismus, was ist Ökofaschismus?[10]

Faschismus

Faschismus, wie zum Beispiel der deutsche von 1933 bis 1945, ist die extreme Herrschaftsform des Kapitalismus, in ihm ist er als Möglichkeit, nicht als Zwangsläufigkeit angelegt. Faschismus ist die systematischste Form der Herrschaft von Menschen über Menschen. Er drängt danach, jeden Ansatz von Emanzipation einschließlich aller Organisationen der Arbeiterbewegung zu zerschlagen und die Produktion mit dem Ziel der maximalen Ausplünderung und Unterwerfung der menschlichen Arbeitskraft für die Interessen des Kapitals zu militarisieren. Faschismus beinhaltet die biologistisch begründete Definition von »unwertem« oder »minderwertigem« menschlichen Leben. Seine eugenische Definition von Leben führt zur Annahme von biologischen Eliten. Faschismus ist ohne Rassismus – und darin bisher als *besondere* Erscheinung der Antisemitismus – nicht denkbar, und er kommt ohne starken, repressiven Staat nicht aus. Dieser will die totale Kontrolle über alle, auch die privatesten Lebensäußerungen. Die Formen können sich historisch bis zur Unkenntlichkeit verwischen: vom sichtbaren Blockwart bis zur unsichtbaren, legalisierten, vernetzten High-Tech-Überwachung.

Faschismus ist eine patriarchal-kapitalistische Herrschaftsform, die militant gegen Abweichungen von herrschenden Normen vorgeht. Opfer sind beispielsweise Schwule, Lesben oder KünstlerInnen. Das faschistische Dogma vom »unwerten« Leben und der höherwertigen »arischen Rasse« oder europäischen Zivilisation verbindet sich mit der Kontrolle der privatesten Lebensäußerungen im Frauenbild des Faschismus. Faschistische Herrschaft verlangt die Steuerung der Bevölkerungsentwicklung, den Zugriff auf die menschliche Reproduktion, ob in Gestalt von Zwangssterilisierung, als »arische Menschenzucht« (»Lebensborn«) oder mittels moderner Gen- und Reproduktionstechnologie.

Ökofaschismus

Im Ökofaschismus, dem ökologisch modernisierten Faschismus, erkennen wir alle genannten Elemente faschistischer Herrschaftsform, zum Teil in ökologisierten Begründungszusammenhängen, wieder: Die größte Verantwortung für die Zerstörung der Natur durch die kapitalistische Produktionsweise tragen, so die Ökofaschisten, die Opfer eben jener Produktionsweise, im besonderen die Menschen im Trikont. Sie versauen durch ihre bloße Existenz das Klima der höherwertigen, zivilisierten, »weißen« Menschen in Europa.

Ökofaschisten kennen zwar Eliten und »unwertes Leben«, aber keine sozialen Klassen. In den Zentren sind »wir alle« angeblich gleichermaßen an der Zerstörung der Natur schuld. Der Mensch steht, nach Auffassung der Ökofaschisten, feindlich in der Natur und ist nicht ihr besonderer Teil. Andererseits sagen sie, daß der Mensch kein soziales Wesen, sondern biologisch und genetisch, also von Regeln der Natur, außerhalb des Menschen, determiniert sei. Von ihnen ist er angeblich so abhängig, daß die Einflüsse der sozialen Umwelt – und damit soziale Verantwortung – praktisch bedeutungslos sind.

Ökofaschistische Dogmen entstehen aus oberflächlichen Beobachtungen in der nichtmenschlichen Natur und durch Übertragung dieser vermeintlich »natürlichen« oder »ökologischen« Regeln auf soziale Verhältnisse.

Ökologie wird so zur ordnungspolitischen Kategorie. Aus den Regeln der menschenlosen Natur, die soziale Prozesse ausschließt, leiten Ökofaschisten ihre »Werte« ab. Aber im Gegensatz zum Menschen kennen Tiere und Pflanzen weder Selbstreflexion noch Selbstbestimmung oder gar Befreiung. Wesenselement des Ökofaschismus wird so die Unterwerfung unter die herrschenden Verhältnisse, verklärt als biologische oder »natürliche Ordnung«. Darin liegt einer seiner Berührungspunkte mit der Esoterik. Ökofaschismus heißt: Stabilisierung von oben und unten, Unterwerfung des Individuums unter patriarchal-kapitalistische Herrschaft und Ausbeutung. Naturschutz und Ökologie werden zum Kampfbegriff gegen die Emanzipation des Menschen. So sehr ÖkofaschistInnen den Raubbau an der Natur beklagen, so sehr ignorieren sie systematisch den Raubbau an der menschlichen Arbeitskraft.

Der angebliche »Respekt« der ÖkofaschistInnen vor den verschiedenen menschlichen »Rassen«, vor der genetischen Vielfalt des Menschen, ist selbst blanker Rassismus und eine Voraussetzung für die Vernichtung menschlichen Lebens. Menschen unterscheiden sich nach sozialer Klassenzugehörigkeit, nach Geschlecht, nach vielfältiger Herkunft, durch ihre Geschichte, durch Erfahrungen. Das sind Unterschiede genug. Die Behauptung der Existenz verschiedener menschlicher »Rassen« war nie etwas anderes als ein ideologisch begründeter Mythos.

ÖkofaschistInnen, so sanft, biologisch anbauend und dezentral sie auch auftreten mögen, wollen den starken Staat, Eliten und die Strafandrohung für »unnatürliches« abweichendes Verhalten (von der Abtreibung bis zur Homosexualität). Die aggressive, imperialistische Expansion der »biologisch Höherwertigen« wird als wehrhafte Verteidigung gegen angebliche Menschenfluten getarnt oder als militärischer Einsatz im Trikont zum angeblichen Schutz der Natur (zum Beispiel Grünhelme).

Wer den Menschen als Feind der Natur sieht, minderwertige menschliche »Rassen« zu erkennen meint und die Natur vor »den Menschen« schützen will, verrät sich irgendwann durch eine Sprache mörderischer Gewalt. Da werden Menschen zu »Asylantenfluten«, da bedrohen »Bevölkerungsexplosionen« und braune und schwarze »Menschenlawinen« die weiße Ordnung: »biologische Elite« und ökonomische Herrschaft. Der sogenannte Lebensschutz gilt stets nur für die »weiße, arische Rasse«. Gegen zu viele minderwertige Menschen hilft – im Namen des Naturschutzes – Bevölkerungspolitik mit Zwangssterilisation, Selektion, demnächst Menschenzucht mit Hilfe der Gen- und Reproduktionstechnologie und gelegentlich Völkermord, zum Beispiel durch die kaum bekämpfte epidemische Ausbreitung von Aids unter den Ärmsten in Afrika, oder notfalls die Atombombe (Gruhl).

Wer leugnet, daß der Mensch ein soziales Wesen ist, wer Emanzipation verachtet und vermeintlich biologische Regeln menschlichem Verhalten aufpfropft, wer daran glaubt, daß es höherwertige Menschen gibt und deren Vermehrung aggressiv durchsetzen will, braucht Bevölkerungspolitik und die Verfügungsgewalt über die weibliche Sexualität und damit den Zugriff auf die menschliche Fortpflanzung. So sind im Ökofaschismus ein reaktionäres Frauenbild und der sogenannte Lebensschutz nicht voneinander zu trennen. Die Gesellschaftsform, die entstünde, setzten sich ökofaschistische Positionen durch, wäre eine auch ökologisch legitimierte faschistische Diktatur, modernisiert durch Gen- und Reproduktionstechnologie und die modernen Kommunikationstechnologien.

Die herrschende Wissenschaft richtet sich nach den Gesetzen der Kapitalverwertung, wie wir nicht nur an den Beispielen der Gen- und Reproduktions- und der Atomtechnologie sehen. NaturwissenschaftlerInnen sind damit in eine Logik eingebunden, die – wenn sich die ökonomischen und gesellschaftlichen Verhältnisse entsprechend entwickelt haben – auch die systematische Verwertung und Vernichtung von Menschen möglich macht.

Esoterik und Faschismus überschneiden sich in der scheinbaren Entpolitisierung der Menschen, die sie tatsächlich für reaktionäre Politik öffnet, dem knallharten Egokult, der Unterwerfung vor dem Jenseits, dem Kosmos oder einem Führer und in einer vollständig antisozialen, antihumanistischen und antiaufklärerischen Orientierung. Esoterik bereitet die Überführung der patriarchal-kapitalistischen Herrschaft in den Faschismus, also die extreme kapitalistische Herrschaftsform, vor.

2 »Lichtgestalten oder die Hinwendung zum Geisteserbe des deutschen Volkes«

Märchen für die »Neue« Rechte — Das Märchenzentrum Troubadour und Jean Ringenwald

Neue und alte Nazis halten die Freaks in Gesundheitsschuhen und selbstgestrickten Wollpullovern an den Händen. Dreißig bis vierzig Leute bilden einen Kreis. In der Mitte brennt ein hochaufgeschichtetes Feuer. Mitglieder verschiedener rechtsextremistischer Organisationen wie der *Nationalistischen Front* (NF) und des *Bundes heimattreuer Jugend* (BHJ) tanzen mit Vertretern des *Märchenzentrums Troubadour* um die Flammen. Ab und zu tritt einer vor das Feuer. Auch die Troubadoure rezitieren »neuheidnische« Texte und Gesänge voller Blut-und-Boden-Mystik. »Flamme empor!« ruft einer. Nach eineinhalb Stunden ist das Ritual vorbei. Man plaudert. Ein bekannter Astronomieprofessor aus Bochum freut sich, daß es in Kapstadt oder Pretoria noch immer eine Goebbelsstraße gibt. »Alles noch wie früher«, hört der verborgene Beobachter.

Die Zentrale des *Märchenzentrums Troubadour* liegt im nordrhein-westfälischen Vlotho bei Bielefeld. Die Troubadoure erzählen Märchen, und gestreßte Eltern und Lehrer überlassen der Vereinigung ihre Kinder gern für einige Stunden oder Tage. Sie setzen sie damit einer Organisation aus, die Verbindungen zur rechtsextremistischen Szene hat.

Auch für Erwachsene bietet das *Märchenzentrum* umfangreiche Möglichkeiten, Geld auszugeben. Mehr als 10 000 DM (dreimal drei Wochen) kostet eine »Märchenschulung« für Erzieher und Pädagogen bei Troubadour-Chef und Vorstandsmitglied Jean Ringenwald.

Der predigt: »In Märchenbetrachtungen (...) wird das Innenleben des Menschen erkundet. Durch das Höhere Selbst ist es möglich (...) mit allen Bereichen, Wissenszweigen auf Erden und im Universum Kontakt aufzunehmen.«[11] Jean Ringenwald war früher Mitglied der *Anthroposophischen Christengemeinschaft* in Stuttgart. Über die Gründe seines Ausscheidens gibt es abstoßende Informationen. Leute, die als Zeugen aussagen könnten, schweigen noch.

Die so ausgebildeten »Märchentherapeuten« erhalten eine »Lizenz«, die vor neugierigen Augen ebenso geheimgehalten wird, wie die Satzung des Vereins nur von Mitgliedern gelesen werden darf. »Interna«, erklärt Schudt, »das geben wir nicht raus.« Und: »Die wird nur an Leute gegeben, die Mitglieder werden.«[12]

Auf der Suche nach der »inneren Mitte« (Schudt) kneten sich Masseure mit »Lichtmassagen« (4 Tage/ca. 855 DM) ohne jegliche Hautberührung »in die tiefsten Schichten der Seele«. Auch die folgenden Angaben finden wir in Prospekten: Da wird der »Ätherleib behandelt«, werden die »Chakren harmonisiert« und wird mit »Fußlichtmassagen« (5 Tage/ca. 800 DM) der »königliche Ursprung« gefunden. »12 Edelsteine der Apokalypse« dienen »als geistiger Schulungsweg« (7 Tage/1 000 DM), Frauen verarbeiten ihre Menstruation und begegnen dem »Helfer-Tier« in sich. Man trifft »Engel«, und es werden »feinstoffliche Körper abgedichtet«.[13]

Vor allem Kinder sind das Objekt der Begierde der märchenhaften Sekte. Mit »meditativer Geburtsvorbereitung« (5 Tage/ca. 725 DM) wird der Kontakt mit der »Kinderseele« hergestellt, um zu »hören«, wie sie »auf die Erde kommen möchte«. Für 600 DM ist Meditationsarbeit mit Kindern zu lernen und dabei »das Kind in sich selbst« zu finden. Bei »Jugendinitiationen« — mythischen Ritualen, die Jugendliche ins Erwachsenenleben einführen sollen — nimmt sich Sektenchef Ringenwald der vierzehn- bis fünfzehnjährigen Mädchen und vor allem der Jungen auch gern selbst an. In zwölf Tagen wird für 1 200 DM »Kontakt zur inneren Stimme hergestellt«, »Vision, Aufgabe und Ziel ihres Lebens« gefunden und die Beziehung zu den Eltern verändert. »Wer das Geld nicht hat, soll Paten, Verwandte, Freunde um Hilfe bitten«, denn für diesen »Führerschein ins Leben« sollte es »am Geld (...) nie scheitern«.

Die Troubadoure erwirtschafteten nach eigenen Angaben 1992 rund 1,4 Millionen DM.[14] Der Verein versucht, öffentliche Gelder zu bekommen, aber im September 1993 lehnte der Jugendhilfeausschuß des Kreises Herford die Anerkennung des Vereins als Träger der freien Jugendhilfe ab: das Zentrum sei gewinnorientiert, ohne gemeinnützige Ziele, die esoterische Beeinflussung von Jugendlichen könne keine Aufgabe der Jugendhilfe sein.[15]

Aber das *Troubadour Märchenzentrum e. V.* macht nicht nur Kasse mit obskuren »Märchenkuren« und »Lichttherapien«. Der Verein sammelte Spenden und bot darüber hinaus Interessenten Geldanlagen an: Für Darlehen ab 2 000 DM versprach er acht Prozent. »Wir können diesen Leuten nicht unbedingt sagen, dieses Geld ... hat die und die Sicherheit ... wir sind keine Bank, wir sind ein Zentrum mit einem Zukunftsimpuls«, gestand Vorstandsmitglied Karlheinz Schudt allerdings in einem Radiointerview.[16]

Die Troubadoure hatten sich vor sechs Jahren, aus Heilbronn kommend, in den Räumen des rechtsextremen *Collegium Humanum* (CH) in der Bretthorststraße in Vlotho einquartiert. Vermutlich aus Angst ums Geschäft bestreiten sie heute jedwede Nähe zu rechtsextremen Organisationen: »Weder inhaltlich noch politisch besteht irgendeine Verbindung zum Collegium Humanum noch zu irgendwelchen rechtsradikalen Gruppierungen«, behauptete Karlheinz Schudt vom Vorstand des *Troubadour Märchenzentrum e. V.* noch 1993. Tatsächlich waren die Troubadoure bis Anfang 1994 Pächter in den Räumen des CH.

1990 setzte das *Collegium Humanum* einen Bauern, der seinen Hof verkaufen wollte, bei den Preisverhandlungen unter Druck. Den entsprechenden Brief des CH vom 3. August 1990 unterzeichnete Jean Ringenwald »für den Vorstand des Collegium Humanum«.[17] Noch im Februar 1994 wand sich Schudt: »Nein, es gibt keine Unterlagen. Keiner von uns war je im Vorstand.«[18] Den Pachtvertrag mit dem CH hat man im Winter 1993/94 gekündigt, aus taktischen Gründen: Ein Teil der Klientel zeigte sich zunehmend irritiert über die seit mindestens 1990 anhaltenden Kontakte zu Rechtsextremisten der angeblich so harmlosen Troubadoure.

Als die Troubadoure 1990 von Heilbronn nach Vlotho zogen, wurde die Übernahme der Bio-Landwirtschaft, Bedingung des CH, »als göttliches Zeichen akzeptiert, zusätzlich zur immer mehr auf spiritueller Grundlage basierenden Märchen- und Therapiearbeit auch auf genügende Erdverbundenheit der Gemeinschaft zu achten.« Ausschließlich Pächter waren die Troubadoure nie. Im Veranstaltungskalender des Jahres 1991 des CH heißt es: »Nach 28 Jahren Bildungsarbeit ... wird 1991 durch die ›Troubadour-Märchen-Initiative‹ und deren Seminare eine Hinwendung zum Geisteserbe unseres Volkes und zugleich zur Entwicklung und Förderung des einzelnen Menschen Hauptanliegen der Tätigkeit des Collegium Humanum sein.«

Die »Heimvolkshochschule« *Collegium Humanum* (CH) in Vlotho wurde 1963 vom Ex-NSDAP-Mitglied Werner Georg Haverbeck gegründet und wird von einer der ältesten rechtsextremen Organisationen, dem *Weltbund zum Schutz des Lebens* (WSL), betrieben, dessen Präsident Haverbeck viele Jahre war und in dem er heute noch aktiv ist. Haverbeck wurde 1928 Mitglied der Reichsleitung des *NS-Studentenbundes* und der *Hitlerjugend,* war Reichsamtsleiter in der NS-Organisation *Kraft durch Freude* und später Leiter des *Reichsbundes Volkstum und Heimat:* »Die nationalsozialistische Revolution bedeutet ja gerade den Sieg der blutsgebundenen Seele über den entwurzelten und daher blutleeren und heimatlosen Intellekt« (1934). Haverbeck galt als Schützling des »Führerstellvertreters« Rudolf Heß und war an den Vorbereitungen für den NS-Reichsparteitag in Nürnberg beteiligt. Ende der dreißiger Jahre wurde er für die deutsche Rundfunkpropaganda mitverantwortlich, erst in Dänemark, später in Lateinamerika.

1963 gründete Haverbeck das CH, das die Funktion eines »neutralen« Versammlungsortes für unterschiedliche Strömungen des Neofaschismus annahm. Haverbeck wurde einer der führenden rechtsextremen Vertreter zur Verbreitung eines germanisch-völkisch-rassistischen, ökologisch verklärten Weltbildes. Im nordrhein-westfälischen Verfassungsschutzbericht von 1984 finden wir das CH als Tagungsstätte des vom verstorbenen Neonazi Michael Kühnen initiierten *Komitees zur Vorbereitung der Feierlichkeiten zum 100. Geburtstag Adolf Hitlers* (KAH). 1981 erklärte Ursula Haverbeck-Wetzel, seine Ehefrau und gleichfalls Aktivistin im WSL und im CH, daß sie sich von Hitler nicht distanzieren könne. Etwa zur gleichen Zeit unterzeichnete Haverbeck das rassistische »Heidelberger Manifest«, das vor einer »Überfremdung« Deutschlands durch Ausländer und »Gastarbeiter« warnt. DVU-Chef Gerhard Frey druckte den Text in seiner *Deutschen Wochenzeitung* begeistert nach.

Schon im ersten gemeinsamen Jahr in Vlotho, 1991, feierten Werner Georg und Ursula Haverbeck und ihr CH das »Mittsommerfest zur Sonnenwende« hochoffiziell zusammen mit den Troubadouren im gemeinsamen Park. Am 21. Juni 1991 bei »Sonnenaufgang« um 5.06 Uhr führte Haverbeck durch das »Heiligtum der Externsteine« im Teutoburger Wald, Jean Ringenwald hielt einen Vortrag, und die Troubadoure erzählten Märchen. Abends tanzte man gemeinsam ums Sonnwendfeuer und lauschte am nächsten Morgen Ursula Haverbeck-Wetzels Vortrag über den »Mensch in der dreigliedrigen Ganzheit des sozialen Organismus«.[19] Wie Jean Ringenwald war Haverbeck früher Pfarrer der *Anthroposophischen Christengemeinschaft.*

Die Externsteine – ihr Besuch ist Bestandteil von Märchenkuren der Troubadoure – spielen als Kultstätte mystisch-nordischer Strömungen des Neofaschismus eine zentrale Rolle. Schudt rechtfertigt das Märchenzentrum: vor allem träfen sich da Naturfreaks und Esoteriker, »die Rechtsextremen machen da einen kleinen Anteil aus«. Dort, im Teutoburger Wald, feierten schon die rechtsextremistische *Wiking Jugend,* der *Bund der Goden* oder die *Deutsche Bürgerinitiative* von Nazi Manfred Roeder. Roeder wurde 1980 zu zehn Jahren Haft verurteilt. Seine terroristischen *Deutschen Aktionsgruppen* hatten ein Hamburger Flüchtlingsheim überfallen und zwei Vietnamesinnen ermordet. Er wurde 1990 aus dem Gefängnis entlassen. In Nazikreisen wurden von Roeder besprochene Märchenkassetten zum Kauf angeboten.

In seinen Vorträgen bietet Jean Ringenwald, etwa auf Burg Stettenfels bei Heilbronn, dem Ort vieler Neonazi-Kongresse, seinen ZuhörerInnen stets Besonderes: das Unterbewußtsein forme den Embryo samt seiner Nase. Mit seiner, Ringenwalds, Hilfe könnten seine Kunden »bis zur eigenen Zeugung zurückgehen«. Zur Burg Stettenfels haben die Troubadoure eine enge Beziehung: leider sei es »finanziell nicht möglich« gewesen, sonst hätten sie die Möglichkeit gehabt, »eine ganze Burg [Stettenfels] zu bekommen«.[20]

Zu den Immobilien der Troubadoure in Vlotho gehörten unter anderem ein Mehrfamilienwohnhaus, eine ehemalige Gaststätte und ein Wohnhaus mit Gärtnerei. Am Ruschberg in Vlotho sollen die Troubadoure ein weiteres Haus gekauft haben. Zu der ehemaligen Hühnerfarm mit mehreren Hallen, Wiesen und Wald im Farmweg 21 lag dem Planungsausschuß der Stadt lange eine Bauanfrage der besonderen Art vor. Die Troubadoure wollten auf dem 2,5 ha großen Gelände am Rande von Vlotho (Flurstücke 1272 und 1273) eine »Lebensschule« mit Internat vorwiegend für Kinder bauen. Zehn Millionen DM sollte – nach eigenen Angaben – der Bau kosten: Eigenkapital knapp 1,5 Millionen DM, Eigenleistung rund 900 000 DM, private Darlehen 2,4 Millionen DM und Bankdarlehen mehr als fünf Millionen DM.[21]

In Vorträgen (etwa »Der Mensch als Ganzheitliche Dreiheit von Leib-Seele-Geist im Kosmos«) erläutert Jean Ringenwald ergriffenen ZuhörerInnen, daß sowohl das Symbol des Märchenzentrums als auch der Grundriß der geplanten Lebensschule in Anlehnung an die »heidnisch«-germanische »Lebensrune« entstand. Nach anfänglicher Sympathie für die Idee der Neubebauung des heruntergekommenen Geländes überwog dann im Rathaus von Vlotho die Skepsis gegenüber den Troubadouren, vor einer eindeutigen Ablehnung scheint die Stadt allerdings noch zurückzuschrecken.

Die *Europäische Märchengesellschaft* distanziert sich inzwischen scharf vom *Märchenzentrum Troubadour*, vor allem vom zwielichtigen Angebot der »Märchentherapien«. »Märchen«, meint Margarethe Möckel, Vizepräsidentin der EMG, »dienen denen nur als Mittel zum Geldmachen. Sie plündern Märchen für kommerzielle Zwecke und interessieren sich nicht im geringsten für eine ernsthafte Auseinandersetzung mit ihnen.«

Die Troubadoure geben die *Märchen-Zeitschrift* heraus, die sogar am Kiosk erhältlich war und Auflagen von bis zu 15 000 Exemplaren gehabt haben soll. Liest man sich durch die Texte, durch Gut-Böse-, Dunkel-Hell-, Mann- Frau-Klischees, Naturmystik und Eliteverklärungen, durch überbordenden nordisch-mystisch-germanischen Schwulst, stößt mensch zum Beispiel auch auf Autoren wie Henning Eichberg, einen der führenden Köpfe der »Neuen« Rechten.

Eichberg gehört zu den Nationalrevolutionären, einer Strömung der »Neuen« Rechten, die so wenig neu ist wie die gesamte »Neue« Rechte. Diesen RechtsextremistInnen geht es unter anderem um die Einbindung revolutionären oder oppositionellen Potentials in eine völkisch-nationalistische Position, um die Ausbreitung emanzipatorischen Gedankenguts zu verhindern. Zur Grundauffassung der Nationalrevolutionäre gehört, »daß sich die Identität (...) des einzelnen

Menschen einzig über die Zugehörigkeit zu ›seinem‹ Volk herstellt. Volk wird mit einem biologischen Organismus gleichgesetzt, in dem der einzelne nichts, das große Ganze aber alles bedeutet.« Die Verschiedenheit der Menschen ist genetisch bedingt und sozial berechtigt, die Gleichheit der Menschen ist dem Nationalrevolutionär ein feindlicher Begriff.[22] Vermutlich hat sich Henning Eichberg seit den siebziger Jahren der Aufgabe verschrieben, unpolitische Teile der Alternativbewegung an rechte bis neofaschistische Weltbilder heranzuführen. Eichberg war Mitglied einer Vielzahl rechter und rechtsextremistischer Organisationen (vom NHB, dem *Hochschulbund der NPD* bis zur *Nationalrevolutionären Aufbauorganisation*), verfaßte Grundlagentexte für rechtsextreme Gruppen und forderte die »völkische Grundbestimmung auf neuheidnischer Grundlage«.

Im Märchenzentrum wird den Kindern nicht bei der Auseinandersetzung mit der Wirklichkeit geholfen. Gefühl und Verstand werden nicht frei entwickelt, sondern in der trüben Brühe von Irrationalismus und Germanenmythen, von Heilslehren und Weltflucht versenkt. Jean Ringenwald: »Jeder Mensch ist eine Lichtgestalt, wenn man sie mit den inneren Augen anschaut. Und auch was die Wissenschaft jetzt täglich entdeckt, daß jede Zelle, ein Organismus eigentlich ein Lichtkern ist, und daß im Grunde all diese Materien verdichtete Lichtschwingungen sind.« Das Bild der Lichtgestalt stammt aus völkischen Mythen: Der Germane suchte aus den dunklen germanischen Wäldern immer den Weg ins Licht, nach oben und zur höheren göttlichen Erkenntnis. Ganz im Gegensatz zu den Angehörigen »minderwertiger Volksgruppen«, wie sie etwa in Wüste oder Steppe wohnten.

Das *Märchenzentrum Troubadour* hat fast 50 Ortsgruppen und Kontaktadressen in der Bundesrepublik, der Schweiz und Österreich. Nach einem neu gegründeten Märchenzentrum in Nürnberg waren Stuttgart und Bremen »nach dem Franchising Prinzip« (Schudt) in Planung. Und: Auch die Troubadoure gehen in den Osten. Für Märchenzentren in St. Petersburg und Nowgorod wird Geld gesammelt.

Exkurs: Die Wehrhaftmachung der Ökologiebewegung

Herbert Gruhls Begriff von Natur war mystisch, spirituell und gleichzeitig Kampfbegriff gegen die Mehrheit der Menschen, vor allem gegen die Menschen im Trikont.[24] Natur ist »geheimnisvolle Schöpfungsordnung«, »biologische Prinzipien« sind »unergründlich«. Die Natur funktioniert nach ehernen Naturgesetzen, die das Maß für die menschliche Gesellschaft sein sollen. Gruhl ist der Prototyp eines Ökofaschisten. Auch er verwendete die Floskel von der »Ganzheitlichkeit«. Mit »Ganzheitlichkeit« zum Beispiel in der Medizin ist nicht die umfassende Berücksichtigung der Psyche, des Körpers und vielleicht sogar der sozialen Lage des Menschen gemeint. Das ist die »Ganzheit«: Natur und Kosmos sind ein schicksalhaftes Gewebe mit strenger Ordnung. »Ganzheitlichkeit« verlangt, daß der Mensch sich unter die behaupteten »ehernen Gesetze der Natur« vollständig unterwirft. Die freie gesellschaftliche Assoziation von Individuen ist in der Diktatur der Ganzheitlichkeit nicht vorgesehen.

Damit dem Menschen jeder Freiheitsgedanke geraubt werden kann, muß ihm eingeprügelt werden, daß ökologisches Bewußtsein die Einordnung unter die – von Menschen integrierten und erfundenen – Naturgesetze bedeutet. Die ökofaschistisch-esoterische Botschaft: Deine gesellschaftliche Stellung ist von den Göttern gegeben. Deine Gene sind dein Schicksal. Niemand anders als du hat schuld, wenn du untergehst. Dein Hungertod ist dein Karma, deine Krankheit Sünde und Verstoß gegen die Naturgesetze. Du trägst die Schuld, wenn es dir schlechtgeht. Purer Sozialdarwinismus! Keinen Ökofaschisten interessiert der Raubbau an der Arbeitskraft des Menschen.

Der menschenfeindliche Naturbegriff der ÖkofaschistInnen kennt keine Gnade: »In der Natur herrscht ständiger Anpassungsdruck (...) und Leistungsbereitschaft« und »das Leben steht immer unter hautnaher Todesdrohung«[25], hetzte Gruhl, der von der ÖDP, von Franz Alt, von Monika Griefahn und von Antje Vollmer verehrt wurde. Aber »Gnade«, »Anpassungsbereitschaft« und »Leistungsdruck« sind Kategorien, die herrschenden Interessen in der menschlichen Gesellschaft entstammen. NaturbeobachterInnen »entdekken« diese Kategorien in dem nichtmenschlichen Teil der Natur – als ob Gnade, Todesdrohung, Konkurrenz, Leistungsdruck zwischen

Tieren oder Pflanzen existierte –, übertragen diese völlig »wertfrei« beobachteten »natürlichen« Regeln auf die menschliche Gesellschaft und verkaufen sie dort als zwingend ökologisch. Regeln, die herrschendem Interesse und keiner Natur entspringen, werden zu »Naturgesetzen«, »ganzheitlich ökologisch« oder »natürlich ethisch«, und sind deswegen zwingend einzuhalten und von allerhöchstem Wert.

Wohin dieser asoziale, menschenhassende Begriff von Ökologie führt, zeigt Herbert Gruhl: Wie andere RassistInnen und ÖkofaschistInnen hetzte er gegen »Menschenflut[en]« und »Menschenlawinen«, beschrieb Menschen, als wären sie eine Flut auszurottender Heuschreckenschwärme: »Der Druck auf die Natur geht primär von der Masse der Menschen aus. (...) Um rund 80 Millionen *Körper* wächst die Menschheit Jahr für Jahr. (...) Damit mußte der Kahlschlag und der Kahlfraß vor allem in sehr vielen Entwicklungsländern zunehmen; (...)« (Hervorhbg. J. D.). [26]

Dieses Flugblatt legte die ÖDP, die sich heute vor Gericht gelegentlich taktisch von Herbert Gruhl distanziert, am 19. 4. 1994 auf ihrer zentralen Europawahlkampfveranstaltung in Frankfurt am Main aus. Hauptreferent: Franz Alt.

Was aber wollte der aufrechte Ökologe Gruhl mit Schädlingen machen? Die »Natur« bietet die »einzige Währung«, mit »der Verstöße gegen die Naturgesetze« zu begleichen sind: den »Tod«. [27] Für Gruhl war die Waffe gegen die menschlichen »Schädlinge« im Trikont klar: »Es bleibt nur die Alternative: Untergang oder vorsorgliche Reduktion mit allen Mitteln.« [28] Er schloß sich René Dubos an: »Für einige überfüllte Populationen mag dann Gewalt oder sogar die Atombombe eines Tages keine Drohung mehr sein, sondern Befreiung.« [29] Die Atombombe als *ökologische* Konsequenz einer rassistischen »Elite«.

Wie Gruhl kennen auch VeganerInnen, ErdbefreierInnen und andere BiozentristInnen keine Klassen, sondern nur den Feind Mensch, dessen »überflutende Masse[n]« [30] angeblich die Welt zerstören. [31] Daß die Welt vom Kapitalismus zerstört wird, weil dieser menschliche Arbeitskraft und Naturressourcen möglichst billig zu verwerten trachtet, sich für seinen Profit alles unterwirft, es verbraucht und vernichtet, wieder auskotzt und jetzt auf den Menschen als biologische Ressource zielt (Gentechnik), auf seine Zellen, seine

Gene, seine biologischen Funktionen einschließlich seiner Fortpflanzungsfähigkeit, interessiert ÖkofaschistInnen nicht.

ÖkofaschistInnen sind tapfere Helden. Ohne jeden Zweifel, weil vom Auftrag der Natur geheiligt, ist es ihnen erlaubt, notfalls mit der Atombombe gegen die menschlichen Heuschreckenfluten einzuschreiten, wenn die eigenen Privilegien bedroht sind. Vor dem Massenmord stehen heute noch bevölkerungspolitische Zwangsprogramme, vor allem gegen die Frauen im Trikont, aber auch gegen Männer. Zwangssterilisierungen brauchen ideologische Unterfütterung. Dabei hilft Abtreibungsgegner Franz Alt mit seinem »Ökologischen Marshallplan«, den auch Joseph Fischer (Bündnis 90/Grüne) unterstützt.

Ökofaschist Gruhl drohte mit atomarer Gewalt. Auch Ökorechte sind mit Strafandrohung bei Abweichung vom Naturgesetz nicht kleinlich: Max Otto Bruker sieht in Myomen und Krebs die gerechte Strafe fürs falsche Leben. Für Barbara Rütting ist Krankheit Folge von Sünde. Die ach so gewaltfreie ÖDP will den starken Staat und Waffenlieferungen an NATO-Mitglieder, was auch gegen eindringende Flüchtlingsmassen helfen soll. ErdbefreierInnen und rechte VeganerInnen üben sich in Anschlägen auf Ökoschlachter und drohen den uneinsichtigen NichtveganerInnen hin und wieder mit dem Tod.

Die »Wehrhaftmachung« der deutschen Ökologiebewegung läuft im Namen der Natur.

3 Neues vom »Ernährungspapst« oder Brukers Frischkorn macht vergeßlich

Dr. med. Max Otto Bruker, seine braunen Freunde, seine Gläubigen

Max Otto Bruker (Jahrgang 1909) ist der »Ernährungspapst« der Naturkost- und Bioläden. Es gibt da nur wenige (linke) Ausnahmen. Bruker, der dauernd beteuert: »Ich bin Arzt«, glaubt, daß sein weißer Kittel seine braunen Flecken verdeckt.

Seine rund zwei Dutzend Bücher haben eine Auflage von mehr als drei Millionen (Stand 1992). In Brukers *emu-Verlag* erscheinen seine und verwandter Seelen Werke. Es war nicht zu erfahren, ob und wie Bruker finanziell am Verlag beteiligt ist. Es gibt die *Gesellschaft für Gesundheitsberatung* (GGB), die nach eigenen Aussagen einige tausend GesundheitsberaterInnen ausgebildet hat und das Monatsmagazin *Der Gesundheitsberater* herausgibt. Es gibt Bruker-Hörkassetten, Seminare, Vorträge, Tagungen, Max-Otto-Bruker-Kreuzfahrten, eine Max-Otto-Bruker-Stiftung und ein großes Max-Otto-Bruker-Tagungs- und Büro-Haus, für dessen ersten Bauabschnitt 1,5 Millionen DM Bruker-Fan-Spenden zusammenkamen. Der *emu-Verlag* hat seinen Sitz im Max-Otto-Bruker-Haus. Zahlt er Miete, oder profitiert er von der Spendenbereitschaft der Bruker-Gläubigen? Das »Bruker-Trio« (Selbstbezeichnung), Max Otto Bruker, Geschäftsführerin Ilse Gutjahr und Hauspsychologe Mathias Jung, hält die Schotten dicht, und die Gemeinde läßt es sich gefallen.

Seit einigen Jahren werde ich von Max Otto Bruker juristisch belästigt. Er hat letztinstanzlich gegen mich verloren (siehe Seite 51 ff.), läßt es sich aber nicht nehmen, zu verbreiten bzw. verbreiten zu lassen, er habe gewonnen. Aber Max Otto Bruker, der sich selbst als Person der Zeitgeschichte sieht, kennt ohnehin stets eine ganze Menge Wahrheiten.

Erstes Beispiel: Brukers Aktivitäten für den rechtsextremen, von NSDAP-Mitgliedern gegründeten *Weltbund zum Schutz des Lebens.* Max Otto Bruker war von 1971 bis 1974 und 1982 Präsident. Im Editorial der Bruker-Zeitschrift *Der Gesundheitsberater* (2/1996) verteidigen Mathias Jung und Ilse Gutjahr, die Bruker kritiklos ergebenen MitherausgeberInnen, ihren Meister: »Als sich in der deutschen Sektion des Weltbundes [zum Schutz des Lebens (WSL)] rechtsradikale Kräfte breit zu machen versuchten, trat Dr. Bruker als Präsident zurück. ‹[32] Und: »Im Dezember 1982 sei er nur zu der Bedingung einer »hundertprozentige[n] Säuberung von NS-Tendenzen« zu einer »neuerlichen Präsidentschaft bereit« gewesen.[33] Gutjahr und Jung verweisen auf ein Interview mit ihrem Meister im *Vlothoer Tageblatt* vom 4. Dezember 1982.

Die Prüfung ergibt, daß Bruker in diesem Interview die NS-Vorwürfe gegen den WSL *abstreitet* und nur für das *Collegium Humanum,* die Bildungsstätte des Werner Georg Haverbeck, gelten läßt. Als zentralen Rücktrittsgrund nennt er, daß man ihm seinen Geschäftsführer genommen habe.[34] Er erwägt, elf Jahre nachdem einer ihn energisch auf die rechtsextremen Einflüsse im WSL hingewiesen hat, erneut die Präsidentschaft. Präsident ist ja auch ein sehr schöner Titel.

Das Magazin *Tierbefreiung aktuell* interviewt Bruker 1996, er antwortet per Fax: »Als ich in der deutschen Sektion dieser internationalen Vereinigung neonazistische Tendenzen bemerkte, trat ich 1981 aus.«[35] Merkwürdig: 1982 ist er Präsident, tritt zurück, denkt über eine dritte Kandidatur ab 1983 nach, will aber 1981 ausgetreten sein. Im November 1992 behauptete Mathias Jung in einer seiner Lobhudeleien auch noch, daß Bruker den WSL, »als der Verband für rechtsradikale Umtriebe mißbraucht wird, unverzüglich verläßt«.[36] Unverzüglich?

Zwar sei, argumentiert Brukers Anwalt, »rechtes Gedankengut im WSL zur Blüte [gekommen], dies aber nicht *während,* sondern *nach* der Präsidentschaft des Antragstellers« (Hervorhebg. im Original).[37] Für die »braune Blütezeit des WSL« seien nicht »die Aktivitäten des Arbeitskreis Humangenetik, die GfbAEV [*Gesellschaft für biologische Anthropologie, Eugenik und Verhaltensforschung*] und Jürgen Rieger von Bedeutung, sondern die Aktivitäten des Ehepaars Haverbeck und des späteren Vizepräsidenten Ernst Otto Cohrs«. [38] Daß unter Brukers Präsidentschaft zu einer Nazifraktion (GfbAEV/ Jürgen Rieger) eine weitere hinzukommt (Werner Georg Haverbeck/Ursula Wetzel-Haverbeck/Ernst Otto Cohrs) und zwischen beiden Gruppen eine Art Machtkampf ausbricht, entlastet WSL-Präsident Bruker nicht, sondern *belastet* ihn.

Ich finde Pfarrer Günter Heipp, den temperamentvollen Antifaschisten und Pazifisten in Frankreich. Heipp und seine Frau empfangen uns herzlich und geben uns vertrauensvoll einen Berg Originalakten aus Heipps Zeit als Vorsitzender des WSL Saar. 1970/71 begann Heipp sich gegen die alten Nazis im WSL zu wehren. Er vertraute dem Präsidenten Bruker und schrieb ihm Brief um Brief, bis er 1973 erkennen mußte, daß Bruker auf der anderen Seite steht.

Als ich ausgewählte Briefe in den Prozeß, den Bruker gegen mich angezettelt hatte, einführte, änderte Bruker plötzlich seine Prozeßtaktik. Der Antragsteller [Bruker] »tendierte ursprünglich dazu, Anfänge einer solchen Unterwanderung für die Zeit seiner Präsidentschaft völlig zu verneinen«, schrieben seine Anwälte. Die »Rekonstruktion der Ereignisse anhand alter Unterlagen« habe jedoch ergeben, »daß es tatsächlich schon erste Anzeichen dafür in den Jahren 1972 und 1973 gegeben hat«. [39]

Zehn Jahre später ist Bruker schon wieder Präsident der Organisation, von deren rechtsextremer Unterwanderung er nun doch gewußt haben will. Er tritt 1982 zurück, weil ihm sein Geschäftsführer Hartenstein abhandenkommt, ist aber zu einer »neuerlichen Präsidentschaft bereit«, obwohl er angeblich bereits 1981 aus dem WSL ausgetreten ist. Wie war das noch? »Als ich in der deutschen Sektion dieser internationalen Vereinigung neonazistische Tendenzen bemerkte, trat ich 1981 aus.« [40]

Die Antipathie gegen Haverbeck kann nicht tief gesessen haben: Einer Einladung zur Regionaltagung der rechtsextremen Partei FSU (deren Bundestagskandidat Bruker war) für den 24./25. November 1979 im Krankenhaus Lahnhöhe in Lahnstein entnehmen wir, daß die Tagung von »Chefarzt Dr. M. O. Bruker« eröffnet wird und daß am zweiten Tag das Hauptreferat von einem gewissen »Prof. Dr. W. G. Haverbeck, Präsident des WSL, Bundesverband Deutschland«, gehalten wird: »Ökologie und Ökonomie. Die Aufgaben der grünen Bewegung«.[41]

Wer sind die Leute, mit denen sich Bruker im WSL umgab, bevor die bösen braunen Haverbecks und ein gewisser Herr Cohrs vom Himmel fielen? Wer ist dieser *Weltbund zum Schutz des Lebens*?

Der WSL international wurde 1958 maßgeblich von dem österreichischen Forstmann und Schriftsteller Günther Schwab gegründet,[42] die deutsche Sektion am 25./26. Juni 1960 in Bad Hersfeld von Medizinalrat Dr. Walter Gmelin. Günther Schwab erklärte auf dem deutschen Gründungstreffen: »Der Bund wirkt für Erneuerung und Vertiefung des Lebens im Sinne der ewigen sittlichen und der natürlichen Lebensordnung.«[43] 27 Jahre zuvor schrieb Gmelin (1933): »Vor 10 Jahren habe ich an dieser Stelle in einem Aufsatz über Vererbung und Rassenhygiene ausgeführt, daß der Ausfall, den Deutschland durch den Weltkrieg an biologisch wertvollem Erbgut erlitten hat, kaum wieder wettzumachen sei, nachdem gerade die Besten und Tapfersten und Gesündesten gefallen seien.«[44] Gmelin ließ keine Mißverständnisse aufkommen: »[Die] Ablehnung des Krieges aus rassehygienischen Gründen ist freilich nicht (...) gleichbedeutend mit einem charakterlosen und schwächlichen Pazifismus.«[45]

Ex-NSDAP-Mitglied Gmelin war »Euthanasie«-Arzt an der berüchtigten NS-Vernichtungsanstalt Grafeneck bei Münsingen im heutigen Baden-Württemberg und zuständig für Vernichtungsaktionen. So konnte er für einen gewissen Ausgleich sorgen: Vernichtung minderwertigen Lebens gegen den schrecklichen Verlust an »biologisch wertvollem Erbgut« durch den Krieg. Gmelin war »hauptberuflich Amtsarzt des Gesundheitsamtes Friedrichshafen und zur gleichen Zeit für den SD, also den Sicherheitsdienst der Nazis tätig«.[46] Er schrieb 1965 in der Zeitschrift *Erbe und Verantwortung. Eugenische Rundschau*, daß »Intelligenz eine Sache der Erbmasse sei«. Gmelin war der erste Präsident des deutschen WSL und saß, bis er 1974 starb, im »wissenschaftlichen Beirat« der GfbAEV. Eine Kritik Brukers an diesem NS-Mörder ist nicht bekannt.

Und Günther Schwab, WSL-Gründer, Brukers Freund und Förderer? Schwab war NSDAP-Mitglied, in den fünfziger Jahren Leitungsmitglied der faschistischen *Sozialorganischen Ordnungsbe-*

wegung (SORBE), arbeitete zeitweise in der faschistischen *Gesamtdeutschen Arbeitsgemeinschaft* (GDA) mit. Wie Gmelin saß Schwab gemeinsam mit anderen Faschisten im »wissenschaftlichen Beirat« der GfbAEV.

Es geht nicht um die Entnazifizierung des WSL, sondern um einen ordinären innerbraunen Machtkampf, als Günther Schwab 1974 seine Brandschrift aufsetzt: »An meine Gesinnungsfreunde im WSLD!«.[47] Er beklagt, daß Gegner »die Größe und Reinheit und Unbesiegbarkeit der Idee« durch »hetzerische Wühlarbeit« untergrüben. Er empfiehlt: »1. straffste Organisation, 2. strengste Maßstäbe bei der Auswahl der Mitarbeiter, 3. unbarmherzige Ausscheidung von Querulanten und Unruhestiftern (...) Durch diese Verfassung wird das Eindringen von Schädlingen erschwert (...) [sie] können jederzeit ohne Formalitäten aus dem WSL entfernt werden. Die treuen Mitkämpfer haben die Gewähr, daß die Idee und der Verein sauber bleiben.«[48] Im »Ausmerzen von Schädlingen« haben einige WSL-Gründer und -Präsidenten Erfahrung.

Im selben Text schreibt Schwab über Bruker: »Dr. Bruker ist einer der profiliertesten, erfolgreichsten und international anerkannten Ärzte und ein Mensch von hervorragenden Charaktereigenschaften (...) Ich spreche ihm (...) meinen Dank und mein volles Vertrauen aus.«[49] Bruker war erst 62 Jahre alt, was kann er dafür, wenn er von den Falschen gelobt wird, und außerdem ist alles so lange her – oder? Aber 18 Jahre später, 1992, ist Günther Schwab Autor in Brukers *Der Gesundheitsberater*. Er lamentiert auf sechs von nur 24 Heftseiten über die »Rückentwicklung der geistigen und charakterlichen Kräfte des Menschen« und über die »Minderung der genialen Begabungen auf ein Sechstel der Renaissancezeit. Dafür hätte[n] sich (...) die Zahl der Beschränkten vervierfacht.« Es drohe das »Absinken der Kultur« und der »Geltungsverlust der weißen Rasse in aller Welt«.[50]

Es geht ihm um ein völkisches Gesundheitsverständnis, um die Erbgesundheit der hochwertigen Arier: »Um seine in der Erbmasse veranlagte Höchstleistung entwickeln zu können, ist das Gehirn auf die ständige Zufuhr bestimmter Mineralstoffe, Spurenelemente und anderer Vitalstoffe angewiesen.« Wie in rassenhygienischen Hetzschriften der Nazis rechnet Schwab die angeblich hohe Kinderzahl der »Schwachsinnigen« gegen die zu niedrige Fortpflanzungsquote der »Begabten« auf und meint: »Schwachsinn ist ansteckend.« Beleg für den »Schwachsinn« durch Vitalstoffmangel und den Kinderreichtum der »Minderwertigen« ist der »Schwachsinn«, der »Tag für Tag mehr um sich greift«, beispielsweise in Gestalt von »Kunstausstellungen«. Früher hieß das »entartete Kunst«.

»Professor Dr. phil. h. c., Dr. rer. nat. techn. h. c.« Schwab predigt in Brukers *Gesundheitsberater* 1992 die eisernen, ewig göttlichen Naturgesetze, die diktatorische Ordnung, die »zum furchtbaren Gegenschlag« ausholen wird, wenn der Mensch sich nicht unterwirft. Die gnadenlosen Naturgesetze betont Bruker-Freund Franz Alt ein Jahr später an gleicher Stelle: »Was bisher im Namen des Menschen geschah, soll künftig im Namen der Natur geschehen. Wir brauchen den ökologischen Rechtsstaat.«[51] Mit den Naturgesetzen läßt sich auch eine Öko-Diktatur rechtfertigen.

Zweites Beispiel: Den Faschisten Jürgen Rieger, lange Vorsitzender der rassistischen *Gesellschaft für biologische Anthropologie, Eugenik und Verhaltensforschung* (GfbAEV) will Max Otto Bruker »persönlich überhaupt nicht«[52] gekannt haben.

Gehen wir zurück in das Jahr 1977. Am 1. August 1977 schreibt ein gewisser Jürgen Rieger, 1. Vorsitzender der GfbAEV, an »Herrn Dr. med. M. O. Bruker« im Krankenhaus Bad Salzuflen: »Herr Weis sagte mir, daß Sie ein ausgezeichneter Redner seien. (...) Wir würden uns freuen, Sie dort [auf der Jahrestagung] als Redner begrüßen zu können. (...) Welches Thema schlagen Sie vor? Am besten wäre allgemein Umwelt- und Lebensschutz.« Am 19. August 1977 antwortet Bruker: »Am 1. 6. 1977 wurde das Krankenhaus Lahnhöhe als erstes Zentrum für biologische Ganzheitsmedizin eröffnet. Ich habe nun mit dem Aufbau alle Hände voll zu tun. Dies ist auch der Grund, weshalb ich leider bei der Jahrestagung der Gesellschaft am 16. und 18. September kein Referat halten kann. Ich rechne mit Ihrem Verständnis. Erbitte Grüße an Herrn Weis. Der Tagung wünsche ich einen erfolgreichen Verlauf.«

Im ersten Prozeß gegen Bruker zieht Rieger 1993 vor Gericht einen anderen Brief aus der Tasche.[53] Der Staranwalt der militanten bundesdeutschen Faschistenszene bestätigt Bruker, der ihn »persönlich überhaupt nicht« kennt, daß er »nie Mitglied in der Gesellschaft für biologische Anthropologie, Eugenik und Verhaltensforschung

e. V.« gewesen sei, Riegers Vorgänger habe Bruker »seinerzeit in den Beirat der Gesellschaft aufgenommen, ohne dazu Ihr Einverständnis einzuholen«.[54] Ein freundschaftliches Ablenkungsmanöver. Niemand hat behauptet, Bruker sei *Mitglied* gewesen. Die Impressa der *Neuen Anthropologie*, der Zeitschrift der GfbAEV, nennen von 1972 bis 1983 einen wissenschaftlichen Beirat namens Max Otto Bruker. Ohne sein Wissen will Bruker elf Jahre als Beiratsmitglied geführt worden sein.

Bruker hat etwas zu verbergen. Die GfbAEV ist eine faschistische Organisation. Gegründet 1962 unter dem Namen *Deutsche Gesellschaft für Erbgesundheitspflege*,[55] wirft sie demjenigen »biologischen Verrat« vor, der »das Erbe seiner Vorfahren, seine Erbgesundheit (...) durch Verzicht auf Nachkommen vertut. (...) Den Kampf gegen solchen ›Verrat‹ führt die Deutsche Gesellschaft für Erbgesundheitspflege (GfE), e. V.«.[56] Menschenverachtendes Denken in der Tradition der NS-Rassenhygiene und offener Rassismus ziehen sich durch alle Ausgaben der Zeitschrift. Es geht der GfbAEV um die »wissenschaftlichen« Grundlagen für »Rasereinhaltung« der »deutschen Volksgemeinschaft«. »Rassevermischung«, so ein Ziel, soll strafgesetzlich verfolgt werden.

Schwab-Schüler und Gmelin-Kollege Bruker sitzt zusammen mit Jürgen Rieger, den er »persönlich überhaupt nicht« kennt, im wissenschaftlichen Beirat der GfbAEV. Rieger, damals schon der starke Mann der GfbAEV, hat kurz vorher ein Buch geschrieben: »Rasse — ein Problem auch für uns!«:[57] »Die sozialökonomisch niedrige Stellung der Neger in den USA ist nicht für ihre mindere Intelligenz verantwortlich«, schreibt Rieger 1969, »sondern ihre mindere Intelligenz für die sozialökonomisch niedrige Stellung.«[58] Daß »Intelligenz eine Sache der Erbmasse« ist, entspricht der Ideologie, die Max Otto Bruker von seinem WSL-Kumpel, dem NS-Euthanasie«-Arzt Walter Gmelin bekannt sein müßte. »Wecken wir die Kräfte unserer Rasse, die unter der genormten Zivilisationsfassade verborgen schlummern. ›Die weißen Riesen kommen!‹ dröhnten die Trommeln vor der Kampftruppe des Oberst Hoare im Kongo. Erweisen wir uns dieses Namens als würdig!«[59] sagt Rieger, der 1986 der *Nationalzeitung* erzählt, welche geschichtlichen Leistungen er bewundert: »die der Wehrmacht und der Waffen-SS im Zweiten Weltkrieg«.[60]

Es gibt keine menschlichen »Rassen«, es gibt nur die Menschheit. Die Konstruktion von menschlichen »Rassen« wurde seit jeher und wird zur Herstellung und Stabilisierung der herrschenden Ordnung gebraucht, seit man den Begriff erfand. »Rasse« ist eine Konstruktion und soll Menschen hierarchisch klassifizieren. Sowenig es »wertfreie« Wissenschaft gibt, sowenig gibt es einen »wertfreien« Begriff von »Rasse«. Die biologischen Unterschiede zwischen Menschen sind vielfältiger als der Ton der Hautfarbe, und sie liegen quer zu den konstruierten Rassen: Rhesusfaktor, Blutgruppe usw. usf. Bevor Menschen mit − aus europäischer Sicht − dunklerer Hautfarbe als »Rasse« bezeichnet wurden, herrschte ein »innerweißer« Rassismus. »Weiße« Sklaven galten als andere »Rasse«. Der Adel stilisierte sich dem Bürgertum und den Bauern gegenüber als höherwertige »Rasse«.

Immer geht es um den Versuch, Herrschaft zu legitimieren, krasse soziale Unterschiede biologisch zu definieren, ein gegnerisches Kollektiv systematisch als minderwertig zu klassifizieren und so Herrschaft, Krieg und Unterdrückung zu rechtfertigen. Für die Massaker der Kreuzritter mußten die Juden zur anderen »Rasse« werden, und wo immer kolonisiert wurde, wurden die Menschen zur unterlegenen »Rasse«, ob Franken, Germanen, Slawen oder Iren, je nach Bedarf. Der »rote Mann« ist ebenso eine Konstruktion wie der »gelbe«, der »weiße« oder der »schwarze«.

Die Annahme von »Rassen« versperrt den Blick auf die vielfältigen wirklichen Unterschiede zwischen den Menschen − biologischen wie sozialen Unterschiede. Auch der, der behauptet, es gäbe zwar »Rassen«, aber als guter Mensch betrachte er diese als gleichwertig, ist mindestens naiv, denn »Rasse« war immer ein irrationales, herrschaftliches, unwissenschaftliches, interessengeleitetes Kriterium.[61] Die Annahme, es gäbe »Rassen«, ist rassistisch.

Eine »zentrale Bedeutung im neonazistischen Netzwerk haben die Rechtsanwälte der Szene. Ihre Aufgabe ist es nicht nur, die AktivistInnen juristisch zu beraten und vor Gericht zu vertreten. Sie geben auch Hinweise auf Gesetzeslücken, die Möglichkeiten für legale nazistische Propaganda eröffnen. Die Anwälte übernehmen zudem die Rolle der Mittler in der Bewegung. Sie stehen zumeist über den Fraktionen des rechten Lagers und vermitteln Kontakte in alle Richtungen. Einige Anwälte traten in den letzten Jahren besonders in den Vordergrund: Jürgen Rieger und (...).«[62] Zur ersten Großveranstaltung der faschistischen, 1992 verbotenen *Nationalistischen Front* (NF) am 6. April 1991 in Niederaula legte Jürger Rieger seinen »Neun-Punkte-Plan zur Ausländerrückführung« vor: »Die Ausländerflut gefährdet die biologische Existenz unserer Volkes (...) Wir müssen ihnen den Aufenthalt so unbequem wie möglich machen.« Riegers »Marschroute« war ein »Startschuß für die Pogrome gegen Flüchtlinge und ImmigrantInnen«[63] in den darauffolgenden Jahren, an denen die NF in vorderster Reihe beteiligt war.[64] Rieger wirkte an der faktischen Abschaffung des Asylrechts erfolgreich mit.

Mit dem sogenannten Revisionismus soll die Geschichte des NS-Faschismus »revidiert« werden. Die Shoah soll geleugnet, die Lüge, daß es in Auschwitz keine Gaskammern gegeben habe, »wissenschaftlich« belegt werden. Jürgen Rieger, der englische »Historiker« David Irving, Thies Christophersen, Michael Kühnen (1991 gestorben), Christian Worch und andere militante Vertreter von NS-Traditionen wollen Nazi-Deutschland als angebliches Opfer fremder (jüdischer und alliierter) Mächte von aller Schuld reinwaschen. Eines der Flugblätter von Jürgen Riegers *Nationalistischer Front* schreit die Schlagzeile: »Schluß mit den Holocaust-Vorwürfen! Deutscher, willst Du ewig zahlen?«[65]

1981 erklärt Rieger als Anwalt vor Gericht, der Grund für die Errichtung und Absperrung des Warschauer Ghettos sei das Bestreben gewesen, den Flecktyphus einzudämmen, und es sei »durchaus fraglich, ob auch nur ein Jude an Hunger im Ghetto gestorben wäre, wenn es mehr Solidarität unter den Juden gegeben hätte«.[66] Von den fast 450 000 Jüdinnen und Juden in Warschau überlebte fast niemand. Sie verhungerten, wurden zu Tode gequält, erschossen oder vergast. Ab 1942 deportierte die SS täglich bis zu 12 000 Juden aus Warschau in die Gaskammern von Treblinka, weitere 50 000 starben während und nach dem Aufstand im Ghetto.

Jürgen Rieger hat sich zwischenzeitlich ein Schloß in Schweden gekauft, wo er angeblich biologischen Landbau treibt, Esoterikkurse anbietet, mit einem Panzer über seine Felder donnert, seine Nazi-Freunde um sich schart und dieses Jahr 250 000 bis 300 000 DM EU-Gelder für seinen landwirtschaftlichen Betrieb kassiert hat. Warum Schweden? »Eine Verbindung zwischen Schweden oder Flandern und Deutschland (...) ist begrüßenswert, eine zwischen Deutschland und den romanischen Ländern muß kompromißlos bekämpft werden«,[67] schrieb Rieger 1969. »Mischehen« müßten in Deutschland »gesetzlich verboten werden. Dem individuellen Egoismus zweier Menschen kann nicht das Glück aller kommenden Generationen geopfert werden.«[68]

Rieger leitet die völkische *Artgemeinschaft*, die in Hetendorf (Niedersachsen) ein Schulungszentrum betreibt.[69] Anläßlich der nazistischen Sonnwendfeier im Juni 1996 kommt es zu antifaschistischen Aktionen. Dabei kesseln rund 500 Polizeibeamte 200 AntifaschistInnen ein. Das zweitinstanzliche Münchner Kesselurteil ist geradezu eine Aufforderung. Die Hetendorf-Nazis höhnen später, die Polizei habe ihnen die Arbeit abgenommen.

Wo immer sich die militanteste braune Szene zu Aufmärschen und Versammlungen trifft, ob 1991 beim »Rudolf-Heß-Gedenkmarsch« in Bayreuth oder anderswo, Riegers NF war dabei und Rieger meist mittendrin.[70] Die NF bildete militärisch aus, etwa die neofaschistische *Wiking Jugend*.[71] Sie sah sich als Nachfolgerin des Strasser-Flügels der NSDAP, der sogenannten Nationalrevolutionäre.[72] Es gibt immer wieder Leute, die Fraktionskämpfe innerhalb der NSDAP zu antifaschistischen Widerstandsaktionen umdichten, wie wir auch im Kapitel über Silvio Gesell feststellen werden.

Was ist von der Beziehung zwischen Max Otto Bruker und dem Faschisten Jürgen Rieger, den Bruker »persönlich überhaupt nicht« kennt, zu halten:
— wenn die *Deutsche Gesellschaft für Erbgesundheitspflege* (der alte Name der GfbAEV) laut Auskunft des Bruker-Vorgängers Prof. Dr. Beck im August 1971 dem WSL »korporativ angeschlossen ist und gleichzeitig einen Arbeitskreis bildet«;[73]
— wenn auf Beitrittserklärungen der *Deutschen Gesellschaft für Erbgesundheitspflege* diese offiziell auch als *Abt. Genetik im Weltbund zum Schutz des Lebens, Sektion Deutschland* bezeichnet wird;
— wenn die offizielle Liste der »WSL-Arbeitskreise der Sektion BRD, Stand vom 15. 6. 1973« unter dem Stichwort »Humangenetik« tatsächlich die Adresse der GfbAEV enthält, die wiederum identisch ist mit der Privatadresse Jürgen Riegers, zu dieser Zeit Vorsitzender der GfbAEV, korporatives Mitglied des WSL, dessen Präsident Max Otto Bruker ist?

Am 12. August 1971 schreibt Pfarrer Günter Heipp, WSL- Landesvorsitzender Saar, an den WSL-Vorstand und beantragt die Auflösung des AK Humangenetik, unter anderem weil »Führer der sog. ›Aktion Widerstand‹ mitarbeiten und weil die Gesellschaft politisch auf der äußersten Rechten anzusiedeln ist«. [74]

Die *Aktion Widerstand* war im Oktober 1970 aus dem Spektrum der NPD und ideologisch verwandter Gruppen (vom *Witikobund* bis zum *Bund Heimattreuer Jugend*, BHJ) gegründet worden. Die *Aktion Widerstand* machte bei Großveranstaltungen mit den Forderungen »Brandt – an die Wand!« und »Fegt ihn weg, den roten Dreck!« Furore. [75]

Immer wieder schreibt Heipp an den Präsidenten Bruker und erhält nur arrogante und gleichgültige Antworten, in denen Informationen und Beweise angefordert werden, die Heipp längst geliefert hat und die zudem öffentlich zugänglich sind. Bruker fällt der hartnäckige Antifaschist heftig auf die Nerven. Am 23. März 1973 schreibt er an Heipp: »Ich lege Ihnen den wissenschaftlichen Beirat und die Mitarbeiter in Kopie bei und bitte Sie, nun ganz konkret dem Präsidenten mitzuteilen, welcher Mitarbeiter in Ihren Augen ein Neonazi ist.« [76]

Diese Namensliste der »Wissenschaftlichen Beiräte und Mitarbeiter« der GfbAEV ist ein Schlag ins Gesicht für Günther Heipp, der seit zwei Jahren auf eine befriedigende Antwort wartet. »In diesem Moment habe ich Bruker durchschaut«, sagt Heipp. Denn auf der Liste stehen unter anderen: »Euthanasie«-Arzt Gmelin, der NPD-Chefideologe Rolf Kosiek, der französische »Neu«rechten-Führer Alain de Benoist und – Max Otto Bruker selbst, derselbe Bruker, der im Juni 1994 vor dem Landgericht Frankfurt/Main behaupten wird, er habe 1982 – also erst neun Jahre später – entdeckt, daß er fälschlicherweise als Beiratsmitglied genannt worden sei.

Heipp tritt mit seinem Landesverband Saar aus dem WSL aus. Man wolle »sich mit diesen Tendenzen«, mit »Rassenhetze, Volksverhetzung, Aufforderung zu und Anwendung von Gewalt in der Politik« nicht identifizieren. In der WSL-Vorstandssitzung am 12. Mai 1973 berichtet Bruker über seinen Briefwechsel mit Heipp. Präsident Bruker, Schriftleiter Haverbeck und alle anderen sind sich laut Protokoll einig gegen Heipp. Man übergibt die Sache einstimmig dem Schiedsgericht. [77] Heipp soll aus dem WSL geworfen werden, was das WSL-Präsidium unter Leitung von Bruker am 7. Februar 1974 auch beschließt. Der Ausschluß wird explizit mit Heipps »vereinsschädigender« Kritik an den braunen Kontakten des WSL-Präsidiums begründet. Das Schiedsgericht entspricht dem Antrag am 20. 3. 1974. Die Botschaft ist klar: Wer Jürgen Rieger und die GfbAEV angreift, fliegt.[78] In einer eidesstattlichen Versicherung vom 20. April (!) 1994 behauptet Bruker: »Ich kann mich nicht daran erinnern, daß das Ausscheiden des Herrn Heipp mit seinem saarländischen Landesverband irgendwie mit dem Vorwurf in Verbindung gestanden hätte, der WSL sei rechtsradikal.«[79]

Drittes, viertes und fünftes Beispiel: Bruker, der vor Gericht behauptet hatte, »nie, nie« Kontakte zu Neonazis gehabt und sich nie parteipolitisch betätigt zu haben, saß am 2. März 1979 mit Nazis an einem Tisch.

Eingeladen hatte die *Wählergemeinschaft Grüne Liste Rheinland-Pfalz* zu einer Podiumsdiskussion.[80] Einer der sechs Referenten war Max Otto Bruker. Neben ihm: Helmut Schmitz, Landesvorsitzender der NPD Rheinland-Pfalz.[81] Die Diskussionsleitung hat der »Nationalrevolutionär« Siegfried Bublies, damals Funktionär der *Jungen Nationaldemokraten* (JN), der Jugendorganisation der NPD. Es geht um neue Einflußbereiche, um eine erfolgreiche rechte Deutung der Ökologie. Aus dieser *Wählergemeinschaft Grüne Liste Rheinland-Pfalz* geht schließlich bei den rheinland-pfälzischen Landtagswahlen die NPD-*Grüne Liste* hervor.[82]

Als Vertreter des Landeskoordinationsausschusses der *Wählergemeinschaft Grüne Liste Rheinland-Pfalz*[83] hatte Bruker bereits im April 1978 zur Gründung einer rechten *Grünen Liste* in seine Klinik in Lahnstein eingeladen. Bei der Konstituierung des Landeskoordinationsausschusses im Oktober war dann gleich ein ganzes Bündel von Vertretern rechtsextremistischer und Neonazi-Organisationen vertreten: NPD, *Junge Nationaldemokraten* (JN), *Vereinigung Verfassungstreuer Kräfte* (VVK), *5 %-Block* usw.

Bruker, der parteipolitisch nie engagiert gewesen sein will, ist nicht zum erstenmal Aktivist für eine rechte Partei. Schon bei der Bundestagswahl 1969 kandidierte er auf der Liste der rechtsextremen *Freisozialen Union* (FSU). Die FSU wurde von Anhängern der Freiwirtschaftslehre Silvio Gesells gegründet. Als Kandidat und stellvertretender Vorsitzender des 5 %-*Blocks*[84] versuchte Bruker 1976 in den Bundestag zu gelangen. Zur Unterstützung dieses 5 %-*Blocks* trat auch Erwin Schönborn mit seiner neofaschistischen *Vereinigung Verfassungstreuer Kräfte* (VVK) an.[85] Der ehemalige NS-Reichsarbeitsdienstführer Schönborn ist zugleich Vorsitzender des 1975 gegründeten *Kampfbundes Deutscher Soldaten* (KDS). Der KDS leugnet die Massenvernichtung von Juden[86] und hetzt in einem Flugblatt: »10 000 DM Belohnung zahlen wir für jede einwandfrei nachgewiesene ›VERGASUNG‹ in einer ›GAS-KAMMER‹ eines deutschen KZ's. Wir akzeptieren keine KZ-Zeugen aus Polen, Israel oder den USA, die wie in den NS-Prozessen, MEINEIDE geschworen haben, ohne dafür belangt werden zu können«[87] (Hervorhebg. im Original).

Bruker hat jahrelang alle diejenigen bitter bekämpft, die behauptet haben, er habe 1981 ein Flugblatt der NPD-nahen *Bürgerinitiative Ausländerstopp* unterzeichnet, den »Aufruf der fünfzigtausend: Ausländerstopp jetzt!«. Man wolle sich die »Überflutung mit Ausländern nicht mehr länger gefallen lassen« und schon gar nicht die »Einschmelzung der Ausländer in das deutsche Volk«. Unter dem Druck der Beweise gesteht Bruker heute ein: »Ich würde lügen, wenn ich (...) behaupten würde, daß ich völlig ausschließen kann, für diesen Aufruf eine Unterschrift geleistet zu haben.«[88]

Vollwertkost oder Naturheilkunde sind nicht automatisch menschenfreundlich, wie uns Bruker-Fans gern glauben machen wollen. Ein kleiner Ausflug in die Geschichte: »Biologische Medizin« nannten die Nazis die Versuche des Herstellers von biologischen Heilmitteln *Madaus* und des *Biologischen Instituts Dr. Madaus* in Dresden-Radebeul.[89] Diese Versuche hatten das (nicht mehr erreichte) Ziel, Millionen Menschen medikamentös-pflanzlich zu sterilisieren: Kriegsgefangene, Roma und Sinti, alle, die als Arbeitskräfte ausgebeutet wurden, sich aber nicht fortpflanzen sollten.[90] Heute kämpft die Firma *Madaus* um die Rückgabe »altangestammten Eigentums« unter dem Motto »Recht muß auf Wahrheit beruhen«, man wolle »der Heimat zuliebe (...) investieren« und habe den »Glauben, in einem Rechtsstaat zu leben, wo eine Wiedergutmachung eines (...) unglaublichen Unrechts möglich sei«.[91] Mit dem Unrecht sind keineswegs die Menschenversuche gemeint.

Die Förderung der Naturheilkunde durch Naziführer wie Streicher, Himmler oder Heß lag nicht an deren persönlicher Vorliebe, sondern an der nützlichen Funktionalisierbarkeit der Naturheilkunde für NS-Interessen: Die persönliche Verantwortung für die Gesundheit wurde zum Kampfbegriff gegen soziale Verantwortung und gegen die Solidarität mit den Schwachen.

Gesundheit und individueller Leistungswille waren »deutsche« Pflicht gegenüber Vaterland und Führer. Heilpflanzen sollten den NS-Staat für die Kriegsproduktion Kosten sparen helfen, Anbau und Verwendung »deutscher Heilpflanzen« die Autarkie, die kriegsnotwendige Unabhängigkeit vom Ausland fördern und die kriegswichtige chemische Industrie entlasten helfen. »In vier Jahren muß Deutschland in allen jenen Stoffen vom Ausland gänzlich unabhängig sein, die irgendwie durch die deutsche Fähigkeit beschafft werden können«, proklamierte Adolf Hitler auf dem Reichsparteitag 1936.[92]

»Reiner Natur-Bienenhonig aus den Heilkräuterkulturen Dachau« lautet die Schrift auf einem Stempel mit Biene und Blümchenschnörkel.[93] Himmler selbst hatte die Heilkräutergärten in Schleißheim und Dachau seit 1937 anlegen lassen. Der Obergärtner der anthroposophischen Weleda-Heilmittelwerke, Franz Lippert, der der SS angehörte, wurde 1941 als Obergartenmeister zur Heilkräuterplantage im KZ-Dachau versetzt.[94] Die Gefangenen waren profitabel, denn sie waren billige Arbeitskräfte, erst »Schutzhäftlinge«, dann KZ-Insassen. »Jedes Stück Boden war besudelt mit dem Blut geschlagener und erschlagener Häftlinge«, heißt es in dem Bericht eines Überlebenden.[95] Bis 1941 starben jüdische Menschen auf der Plantage, danach waren es vor allem Priester und Theologen. Es entstand ein Ausbildungs- und Forschungszentrum in Sachen »Volksmedizin«. SS-Mannschaften wurden teilweise biologisch-dynamisch ernährt und mit Naturheilmitteln kuriert.[96]

Sechstes Beispiel: Die *Bruderschaft Salem* betreibt Kinder- und Jugenderziehungsheime in Niedersachsen (Kovahl) und Bayern (z.B. Stadtsteinach) in Tradition der NS-Pädagogik. Oberster Chef von *Salem* ist Gottfried Müller. Vor Gericht überreichte Bruker ein Schreiben. Ein gewisser Gottfried Müller, Vorsitzender der *Bruderschaft Salem* und verschiedener anderer Salem-Vereine, schreibt darin an Bruker: »... danke ich Ihnen sehr herzlich dafür, daß Sie beim Aufbau unseres Kinder- und Jugendhilfswerks (...) als treuer (...) Berater in Ernährungsfragen mitgeholfen haben, daß aus diesen Anfängen heraus das heutige weltweite Salem-Hilfswerk mit der Salem-Vollwerternährung entstehen konnte.« [97]

Im Impressum der hauseigenen *Salem-Zeitung* wird Bruker in den Jahren 1973 bis 1979 als Mitglied des Kuratoriums des *Kinder- und Jugendhilfswerks Salem* genannt. Bruker behauptete jahrelang, auch davon nichts zu wissen. Jetzt gibt er unter dem Druck weiterer Recherchen zu: »Ich habe diese Nennung geduldet, weil ich sie nicht für schädlich hielt und weil damit natürlich eine gewisse Werbung für die Kinderdörfer verbunden war, die ich für eine sinnvolle Einrichtung hielt.« [98] Einem Briefwechsel zwischen Bruker und Müller entnehme ich, daß Bruker, der nur Ernährungstips gegeben haben will, Geld spendete, Vorträge auf Salem-Tagungen hielt und laut Gottfried Müller zu diesem gesagt haben soll: »Herr Müller, wenn Sie mir ein Krankenhaus mit 100 Betten hinstellen, dann komme ich zu Ihnen!« [99] Selbstverständlich macht man ein solches Angebot jedem, den man gar nicht kennt.

Daß Bruker es heute für unklug hält, allzu eng mit der *Bruderschaft Salem* in Verbindung gebracht zu werden, ist nachvollziehbar. In den Kinderheimen herrschen Gottfried Müller und sein Vertreter Manfred Olszewsky, noch im Juni 1990 Leserbriefschreiber in Brukers *Gesundheitsberater*. Zur Zeit der Kuratoriumsmitgliedschaft von Bruker herrscht die nackte Angst unter den Kindern: Wer gegen die Regeln der Pädagogik in NS-Tradition verstößt, dem drohen Schläge. Brukers Frischkornbrei und die HJ-Pädagogik Gottfried Müllers werden mit Gewalt durchgesetzt. Keine Süßigkeiten, kein Kino, wenig Spielzeug, dafür ein Arbeitsdienst in Tradition des NS-Reichsarbeitsdienstes. [100] Müller brüstet sich in der *Salem-Zeitung* mit dem Arbeitsdienst, während Bruker, den alles nicht schert, im Kuratorium der rechtsextremen Organisation sitzt. Gegen »Verfall von deutscher Sitte und Moral« sollen die LeserInnen einen »dauerhaften Damm« aus Spenden errichten. [101] »Bedenkt uns«, bettelt Müller sie an, »auch über den Tod hinaus. Vergeßt nicht, uns in Euer Testament aufzunehmen.« Jährlich fließen große Summen in Salems Kassen. Immer wieder sind Gerichte damit beschäftigt, die tatsächliche Verwendung der Spendengelder zu untersuchen. [102]

Salem-Erziehung ist Pädagogik in NS-Tradition. Die Berliner Jugendämter beschließen 1979, keine Kinder mehr in die Salemeinrichtungen zu schicken. [103] Walter Kröger vom Landesjugendamt Hannover berührt das alles wenig. Ihm ist »nichts bekannt«, und es ist »nicht unsere Aufgabe, kontinuierlich Einrichtungen zu beobachten, zu kontrollieren«. [104]

Die Kinder von Salem mußten jahrelang für die Freilassung von SS-Kriegsverbrechern beten, die Gottfried Müller zu seinen Freunden zählte. Zu ihnen gehörte Ex-SS-Obersturmbannführer Herbert Kappler, der »Gestapochef von Rom«. [105] Im März 1944 knieten 335 Menschen in den Ardeatinischen Höhlen bei Rom. Kappler und seine Truppe ermordeten sie, einen nach dem anderen, per Genickschuß. [106] Kappler wurde 1948 in Italien zu lebenslanger Haft verurteilt. Er konnte 1977 unter ungeklärten Umständen fliehen [107] und starb 1978 in Deutschland.

Ein anderer Müller-Freund ist SS-Hauptsturmführer Walter Reder. Im Oktober 1944 ließ er die Zivilbevölkerung des italienischen Dorfes Marzabotto, nahe Bologna, ermorden. [108] 1836 Menschen. Reder vergewaltigte Frauen und ließ zu, »daß seine Offiziere und Truppen [Frauen] vergewaltigten, die erst kurz zuvor aus den Haufen der Leichen niedergemetzelter Eltern, Verwandter und Freunde herausgezogen worden waren«. Einem 17jährigen Mädchen rammte man nach der Vergewaltigung einen Pfahl in den Leib. Die SS-Mörder warfen Säuglinge in die Luft und erschossen sie wie Tontauben. [109] SS-Reder wurde 1951 in Italien zu lebenslanger Haft verurteilt und 1985 vorzeitig entlassen.

Franz Alt ist regelmäßiger Referent auf den Tagungen der Brukerschen *Gesellschaft für Gesundheitsberatung* (GGB) und regelmäßiger Autor in *Der Gesundheitsberater.* Der sanft lächelnde Antisemit, der sein Publikum auch gern unter dem Namen Francesco Altini mit Zauberkunststückchen erfreut, propagiert in seinem Buch »Liebe ist möglich« das Erziehungsmodell der Kinder- und Jugendheime der Bruderschaft Salem: »Das ist praktizierte Bergpredigt heute. Die Wege natürlichen Lebens, die jungen Menschen hier wieder gezeigt werden, könnten Vorboten eines neuen natürlichen Zeitalters sein.« [110] Alt wurde mehrfach auf den Charakter der Einrichtung hingewiesen. Er hat sein schwärmerisches Plädoyer nicht verändert. [111]

Das Urteil — »da die Verfügungsbeklagte sorgfältig recherchiert hat« —: Max Otto Bruker läßt noch 1996 behaupten, er habe mein Buch »Feuer in die Herzen«[112] per Klage vom Markt gefegt. Da Bruker nicht gegen das Buch, sondern gegen meine Reportage »Braunes Müsli — Ernährungspapst Dr. med. Max Otto Bruker«, die in der Zeitschrift *Max* erschien,[113] geklagt hat (und die im Buch nachgedruckt wurde), ist das schon deshalb unmöglich. Bruker legte 1994 eine rund 86seitige Klageschrift mit etwa 200 Seiten Anhang vor und verlor in letzter Instanz in 24 von 25 Punkten. Das folgende Urteil hat Max Otto Bruker seinen AnhängerInnen bis heute verschwiegen.

Am 11. Mai 1995 urteilte der 16. Zivilsenat des Oberlandesgerichts Frankfurt (AZ 16 U 135/94 2/3 O 185/94) unter anderem:

»Der Verfügungskläger (Max Otto Bruker; J. D.) muß es sich (...) gefallen lassen, als Scharnierstelle zwischen Ökologie- und Naturkostbewegung auf der einen und Neonazi-Szene auf der anderen Seite bezeichnet zu werden. Er war (...) in den sechziger Jahren Mitbegründer der deutschen Sektion des Weltbundes zum Schutze des Lebens (WSL) und in dieser Vereinigung von 1967 bis 1974 leitend tätig. Er räumt ein, in einigen Landesverbänden des WSL habe es seinerzeit eine nationalsozialistische Unterwanderung gegeben; (...) Gleichwohl ließ er sich im Jahre 1982 (...) wiederum zum Präsidenten des Bundes wählen, (als sich) in der Führung rechtsradikale Tendenzen breit gemacht hatten.

Der Verfügungskläger (Bruker) stand auch in engem Kontakt zu der Bruderschaft Salem, die er in Fragen der Ernährung ihrer ›Schutzbefohlenen‹ beriet. Er duldete es, daß er über Jahre hinweg in Zeitschriften und auf Briefbogen der Bruderschaft als ihr Kuratoriumsmitglied genannt wurde. Das ›schwülstige Christentum des Herrn Müller‹, des Leiters der Bruderschaft, und der ›deutsch-nationale Unterton in den Salem-Schriften‹, sei ihm nicht aufgefallen, trägt er vor. Tatsächlich erscheint die Bruderschaft Salem als rechtsextrem eingestellt, wie sich auch aus der insoweit unbestrittenen Darstellung der Verfügungsbeklagten in dem Artikel ergibt.

Die Verfügungsbeklagten (Ditfurth und Max-Verlag) dürfen den Verfügungskläger (Bruker) als ›Ex-SA-Mann‹ bezeichnen (...) Da die Verfügungsbeklagte (...) sorgfältig recherchiert hat (...)

(Im) beanstandeten Artikel wird (...) die Frage gestellt, weshalb der Verfügungskläger (Bruker) lüge. Aus der Darstellung ergibt sich, daß der Verdacht unwahrer Äußerungen des Verfügungsklägers nicht von der Hand zu weisen ist. (...)

Der Verfügungskläger war unstreitig in der (rechtsxtremen; J.D.) Wählergemeinschaft Grüne Liste tätig.

(...) Den Verfügungsbeklagten (Ditfurth und Max-Verlag; J. D.) kann nicht verboten werden, im Zusammenhang mit der Äußerung, der Verfügungskläger sei eine Scharnierstelle zwischen Naturkostbewegung und Neonazi-Szene, über bestimmte Personen wie Kappler, Reder, de Benoist und andere zu berichten. Eben mit diesen Personen hatten Organisationen Kontakte, denen der Verfügungskläger (Bruker) angehörte oder die er unterstützte. So waren Alain de Benoist und der NDP- ›Chefideologe‹ Rolf Kosiek in der Zeitschrift ›Neue Anthropologie‹ als Mitglieder des Beirates der Gesellschaft für biologische Anthropologie, Eugenik und Verhaltensforschung e. V. (GfbAEV) aufgeführt. Die GfbAEV wurde in den sechziger Jahren unter dem Namen ›Deutsche Gesellschaft für Erbgesundheitspflege‹ gegründet. Diese stellte 1971 die rhetorische Frage: ›Wer begeht Biologischen Verrat?‹ und antwortete: ›Jeder, der das Erbe seiner Vorfahren, seine Erbgesundheit ... durch Verzicht auf Nachkommen verrät.‹

(...) Darüber hinaus ist nicht erkennbar, welche von den beanstandeten Tatsachenbehauptungen unwahr sein sollen. Der Verfügungskläger muß es sich auch gefallen lassen, mit der FSU, der Frei-Sozialen-Union, dem sogenannten 5%-Block und anderen Organisationen, die zulässig als rechtsextremistisch bezeichnet werden, in Verbindung gebracht zu werden. Er selbst stellt die Verbindung nicht in Abrede. (...) Wertungen (...) die die Grenze zur Schmähkritik überschreiten, sind (...) nicht zu erkennen. (...)

Mit zutreffender Begründung hat es die Kammer (das Landgericht) abgelehnt, den Verfügungsbeklagten die Verbreitung der Grafik ›Brukers Spinnennetz‹ zu untersagen. (...) Da der Verfügungskläger mit den in der Grafik aufgeführten Organisationen tatsächlich in Verbindung stand, könnte den Verfügungsbeklagten eine Verbreitung auch dann nicht verboten werden, wenn man die Grafik nicht als Wertung auffaßt. Soweit dort SS-Kriegsverbrecher genannt sind, ist eine Verbindung zu dem Verfügungskläger nicht hergestellt. Das ist nur im Zusammenhang mit der Bruderschaft Salem und dem Kinder- und Jugendhilfswerk Salem geschehen (welches Bruker jahrelang unterstützt hat, s. o.; J. D.). (...) (Der Kläger hat) vorgetragen, die Zitate seien aus dem Zusammenhang gerissen; daß sie falsch seien, hat er so nicht behauptet. (...) Die Zitate (...) sind zutreffend. (...) die Grenze zur Schmähkritik (wird) unter den gegebenen Umständen nicht überschritten.«

Nur in einem einzigen von etwa 25 Punkten entschied das Gericht gegen eine Aussage, die ich allerdings so gar nicht getroffen hatte. Ich hatte geschrieben: »bestimmen NS-Täter und -Mitläufer wie Bruker ... weitgehend, was wir unter gesunder Ernährung und Lebensführung verstehen sollen«. Tatsächlich kann einer so wenig »NS-Täter *und* Mitläufer« sein wie er zur selben Zeit Eigentümer *und* Mieter derselben Wohnung sein kann. Das Gericht bezog sich auf den Eindruck beim berühmten »unbefangenen Leser«, gestand aber zu, daß die Autorin Bruker nicht vorwerfe »sogenannte NS-Taten« begangen zu haben. NS-Mitläufer allerdings müsse Bruker sich nennen lassen. Korrekt.

Die heutige Umweltbewegung ist sich kaum bewußt, daß sie höchst unterschiedliche Traditionslinien hat, eine verschüttete linke oder soziale und eine konservative bis faschistische. Die Lebensreform-und Naturschutzbewegung der Weimarer Republik hatte Millionen Mitglieder und AnhängerInnen. Der größere Teil ließ sich widerspruchslos in den NS-Faschismus integrieren. Daß dies geschehen konnte, lag auch daran, daß Träger einer sozial engagierten Naturheilkunde von den Nazis ermordet oder, wie der kommunistische Arzt Friedrich Wolf, ins Exil getrieben wurden.[114]
Brukers braune Geschichte begann nicht erst in den sechziger Jahren. Im *Berlin Document Center* (BDC) finde ich Brukers NS-Akte. Das Dokument belegt: Dr. med. Max Otto Bruker war Mitglied der SA[115] und Anwärter für den *Nationalsozialistischen Deutschen Ärztebund* (NSDÄB).
NS-Mitläufer wie Bruker, der von Nazis wie Günther Schwab und NS-Ärzten wie Walter Gmelin politisch gefördert wurde, wol-

len bestimmen, was wir heute unter Gesundheit und gesunder Lebensweise zu verstehen haben. Naturkost- und Bioläden (selbst linke), Reformhäuser und Buchhandlungen stehen voll mit Dr. Brukers Ratschlägen. Wenn er Vorträge hält (»Ärztlicher Rat aus ganzheitlicher Sicht«), lauscht sein Publikum dem »meistgelesenen deutschen Arzt« mit gläubigem Blick. Wer Brukers dogmatische Frischkost-Rezepturen nicht verträgt, ist selbst schuld.

Krankheit, so Brukers Dogma, ist ausschließlich die Folge persönlichen Fehlverhaltens: »Vor drei Generationen kannte nämlich niemand die Krankheiten, die zivilisationsbedingt«[116] sind. »Essen Sie bitte in Ihrem eigenen Interesse nichts, was nicht auch Ihr Urgroßvater zu sich genommen hat. Vor hundert Jahren war die Welt nämlich noch in Ordnung.«[117] Unabhängig davon, daß zum Beispiel Kinderarbeit, Sozialistenverfolgung und Kolonialismus nicht »in Ordnung« waren, ignoriert Bruker auch heute die sozialen Verhältnisse, die Menschen krankmachen: miese Wohnungen, vergiftete Luft, Lärm, entfremdete Arbeit, Erwerbslosigkeit. Aber Bruker will ja nicht die Verhältnisse, von denen er profitiert, angreifen.

Ernährten sich nur alle nach seinen Anweisungen, sei »aus ganzheitlicher biologischer und geisteswissenschaftlicher Sicht« selbst »Krebs kein Problem mehr«.[118] »Diese vollendete Krankheit« sei die Strafe, wenn gegen die Naturgesetze verstoßen wird. Wenn das »Menschengeschlecht« die »Warnsignale gegen die Eingriffe in die Schöpfungsgesetze« nicht mehr erkennt, »(...) wird der fortschrittliche Teil der Menschheit in einem Akt der ausgleichenden Gerechtigkeit durch Krankheit, insbesondere durch Krebs, liquidiert«.[119]

Sein Frischkornbrei soll der Vermehrung des »deutschen Volkes« dienen: »Bei einer biologisch vollwertigen Kost« bringen »auch 15 Schwangerschaften, die hintereinander folgen, ebensowenig Gesundheitsschäden mit sich (...) wie dies bei im Freien lebenden Tieren der Fall ist«,[120] sagt Dr. med. Max Otto Bruker. Mißtrauisch gibt er Ratschläge für die Kontrolle der Zuchtbereitschaft der Frau: Der »Wahrheitsgehalt« der »Beteuerung einer Frau, daß sie fest im Glauben und ganz auf christlichem Boden stehe«, könne an ihrer Bereitschaft zu mehr als einer Schwangerschaft »geprüft« werden: »Wenn sie ein zweites Kind strikt ablehnt, sind ihre Beteuerungen als leere Worte entlarvt.«[121]

Will eine Frau weder Kinder noch sich à la Bruker ernähren, droht des großen Müslimeisters Strafe: »Myome«[122] und andere Plagen sind die »Protestreaktionen« der »Natur«, an denen auch der »Unterleib der Frau« beteiligt sei. So strafe die Natur die »Trägerin der Fortpflanzung«, gefährde die sich verweigernde Frau doch »das Weiterbestehen der Art«. »Äußerst sinnvoll« sei, daß Frauen, die durch Verhütungsmittel oder falsche Ernährung ihren Körper »schädigen«, »durch Beschwerden an den Fortpflanzungsorganen an ihre Verantwortung für die nachfolgenden Generationen gemahnt«[123] werden. Aber nicht jede deutsche Frau soll Kinder kriegen dürfen: Will sie Kinder, mag aber Biokost nicht, wünscht Bruker, daß ihr »die Fähigkeit zur Fortpflanzung verlorenginge, damit deren Nachkommen nicht die Folgen ihrer gesundheitsschädlichen Lebensweise büßen müssen«.[124]

Der rechtsextremistische *Bund Heimattreuer Jugend* (BHJ) wurde 1958 gegründet und existierte bis zur Spaltung 1988.[125] »In der Ideologie des BHJ stand das Volk an erster Stelle einer natürlichen Hierarchie (...) Neben einem biologistischen Menschenbild und einer Geschichtsauffassung als Kampf der Völker trat ein elitäres Weltbild.«[126] Der BHJ hatte enge Kontakte zu anderen rechtsextremen Jugendorganisationen und zur NPD. Der BHJ war neben der *Wiking Jugend* die wichtigste rechtsextremistische Jugendorganisation.[127] Das Zentralorgan des BHJ hieß *Na Klar!*. Bruker, der angeblich mit Nazis nichts zu tun haben will, läßt sich 1983 von *Na Klar!* interviewen. Man plaudert besorgt über »einflußreiche Gruppen (...) [die] den Erfolg der ganzwertigen Vollwerternährung hindern«. Bruker nimmt an, »daß sie von der Zuckerindustrie bestochen sind«. Er lobt sich für seine WSL-Präsidentschaft, und man plaudert über »Ganzheitlichkeit« und versteht sich. Bruker: »Leider hatte ich bisher viel zu wenig Gelegenheit, mit Jugendzeitungen zu sprechen.« *Na Klar!*: »Na, dann ist ja der Anfang gemacht!« Bruker: »In der Tat.«[128]

Es gibt Gründe, die angeblich Linke davon abhalten, Max Otto Bruker als den zu sehen, der er ist: ein Opportunist mit miserablem Gedächtnis, ein ehemaliger SA-Mann, nach dem Krieg gefördert und aufgebaut von alten Nazis, mindestens bis 1982 mit engen Kontakten zu Faschisten, dann sein Fähnchen nach dem Wind hängend, sich liberaler gebend und zugleich der Esoterikszene nähernd; denn an dieser Schnittstelle winken zur Zeit die meisten Gläubigen und das meiste Geld. Die Strukturen, mit denen Bruker sich umgibt, sind inzwischen maßgeschneidert hierarchisch und *strukturell* konkurrenz- und kritikfrei.

Brukers braune Kontakte seien einige Jahre her, sagen manche. Das ist nicht der entscheidende Punkt. Er hat nie gesagt: Ich habe Fehler gemacht, verzeiht mir. Er hat stets *geleugnet*, bis eineR ihm unwiderlegbare Dokumente vor die Nase hielt, dann hieß es, nicht gewußt, geirrt und immer wieder gebetsmühlenartig: »Ich bin Arzt.« Na und? Wer einmal Alexander Mitscherlichs Buch über die Verbrechen deutscher Ärzte im Faschismus[129] gelesen hat, weiß, wie wenig diese schlichte Berufsbezeichnung als Entlastung taugt.

Brukers Fans interessiert es bis heute nicht, daß ihr Held mit weißem Kittel und weißen Haaren lange Jahre die widerlichsten braunen Kontakte pflegte. Es interessiert dieses gnadenlos egozentrische Publikum auch nicht, daß diese Vorwürfe nachgewiesen und belegt sind. Auch Medien plappern ungeprüft nach, was ihnen Bruker erzählt: In der Zeitschrift *Natur*,[130] unter der Leitung von Manfred Bissinger in den achtziger Jahren noch zu Debatten fähig, finde ich im April 1996 eine »Gegendarstellung« von Max Otto Bruker, in der er behauptet, daß er keine »rechtsextremistischen Kontakte unterhalte und auch nicht unterhalten habe«. Die *Natur*-Redaktion merkt dazu beflissen an: »Herr Bruker hat recht. Wir bedauern, insoweit einer Falschinformation aufgesessen zu sein.« Bruker hat keineswegs recht, und die Redaktion ist eilfertig einer der vielen Falschinformationen aufgesessen, die Bruker und seine Gläubigen absichtsvoll verbreiten.

Bruker gibt gemeinsam mit Ilse Gutjahr und Mathias Jung die Zeitschrift *Der Gesundheitsberater* heraus. In ihr schreiben der Faschist Günther Schwab, der Antisemit Franz Alt, der Auschwitz-Leugner und Gesellianer Yoshito Otani, die ewige Mitläuferin Barbara Rütting, der Gesellianer Helmut Creutz, der rechte Anarchist Klaus Schmitt, die Feministin und Bioethik-Kritikerin Erika Feyerabend, der Grüne Hermann Benjes, die bündnisgrüne Bundestagsabgeordnete Halo Saibold, der Lebensmittelexperte Udo Pollmer und andere. Da wird Solidarität für Eugen Drewermann eingefordert und für Lebensschutz, vor Neurosen nach Abtreibungen gewarnt, für »Ganzheitlichkeit«, »Permakultur« und Baghwan/Osho geworben. Silvio Gesell und der antisemitische Rassenpsychologe C. G.

Jung werden gepriesen, und es wird Reklame für Kreuzfahrten gemacht, bei denen Max Otto Bruker referiert und gemeinsam mit Peter Caddy, dem inzwischen verstorbenen Gründer der esoterischen *Findhorn*-Kommune »spirituelle« Kultstätten aufsucht.

Man veranstaltet Frühjahrs- und Herbsttagungen, die rund 150 DM Eintritt kosten. Unter dem Titel »Leben mit der Gewalt?« wird Gewalt bestimmter Art angeprangert: Medien, NS-Zeit und Krieg, Gentechnik, Schule, Neid, Impfen, Boden, Aids, Medizinforschung. Es sind die Dinge, vor denen die guten BürgerInnen sich fürchten. Die Angst zum Beispiel von Flüchtlingen und ImmigrantInnen, von Streikenden und Arbeitslosen spielte keine Rolle, denn beim Kampf gegen die kapitalistischen Ursachen ihrer Situation wäre von diesem Publikum vermutlich niemand auf ihrer Seite. Eine »gläubige, gesundheitsbewußte, langweilige und schreckliche Gemeinde« füllte den Saal, wie Tamara Schaaf berichtet.[131] »Über allem schwebte der Rinderwahnsinn und die Liebe.« Letztere wurde »fast rituell beschworen«. Die Familie ist eine »unhinterfragbare Institution«, und Heterosexualität steht »in Einklang mit den Schöpfungsgesetzen, den göttlichen«.

Ein Professor Hoffmann – Thema »Bodengesundheit« – »brillierte (...) mit braunen Spracheinschüben« wie »Führers Geburtstag« als Datum für Futtermittelumstellung bei Tieren und schwärmte »von der ›Spermienqualität‹ bei Biobauern (...) 1942«. Rauschender Applaus. Nach Tilman Mosers Vortrag fordert ein Teil des Publikums, daß »endlich Schluß« sein müsse, weil man »nicht immer Schuldgefühle haben« wolle. Eine Frau sagt: »Bei den Juden kommt's mir hoch.« Eine andere vergleicht das »Abschlachten der Rinder« mit dem Holocaust. Ein Mann besteht »auf dem Unterschied zwischen politischer und Waffen-SS (...) hervorragende Soldaten«. Beifall. Kritik an der Wehrmacht gibt es nicht. Die SS »war eine verbrecherische Organisation«, meint Mathias Jung, der Brukersche Hauspsychologe. Auch er »habe 1968 aufbegehrt«, gebe aber »heute einem ›linken Patriotismus‹ seine Berechtigung«. Neben Frischkornbrei (teuer und zu süß) gab es gratis »ärztliche[n] Ratschläge aus ganzheitlicher Sicht« von M. O. Bruker. Kostprobe: »Es gibt keine Krankheiten ohne Ursachen« oder »Alle im Freien lebenden Tiere fressen Nahrung unerhitzt, deshalb haben sie keine ernährungsbedingten Krankheiten« oder ... noch Fragen?

Vor dem Kongreß gab es ein Männerplenum, von dem Matthias Schäfer berichtete.[132] 40 Männer meist mittleren Alters tanzten zur Eröffnung händchenhaltend im großen Kreis. Motto: »Tritt ein ins Tor, öffne Dich.« Dann mußten sich alle hinlegen, und zu Meditationsmusik gab es den Auftrag, »sich ihres Verhältnisses zu und ihrer Erlebnisse mit ihrem Vater zu erinnern«. Mathias Jung, der Moderator, täuschte echte Anteilnahme vor. Wie immer in solchen Kursen lebt alles vom Abschöpfen von Problemen der Teilnehmer, preiswertes Material für den Kursguru. Er hat das Material, und die Menschen haben ein Gefühl von »Tiefe«. Mann weint. Betroffenheit und Gefühlsduselei, niemand fragt nach den gesellschaftlichen Rahmenbedingungen von »Väterverhalten«. Jung ist natürlich als »ein sehr weiblicher Typ« aufgewachsen, weil der Vater früh verstorben ist. Die Aufteilung in »männlich und weiblich«, diese künstlich konstruierten Bündel angeblich natürlicher Eigenschaften, wird nicht in Frage gestellt. Es folgen Meditationen, Berührungen, ein Tanz. Mann ist sehr sensibel.

Seit einiger Zeit versucht Bruker, sein Image durch erneute öffentliche Vorträge zu verbessern, 1996 zum Beispiel in Siegen, Hattingen, Neustadt und Kiel. Die Veranstaltung in Kiel wurde von vornherein durch heftige Proteste verhindert. Die Veranstaltung in Siegen, geplant für den 4. Dezember 1995, wurde nach heftigen Protesten und der Ankündigung einer Veranstaltung und einer Demonstration des *Siegener Bündnis gegen Öko-Faschismus* auf den 17. Januar 1996 verschoben. Der Naturkostladen *Nanu* verkaufte die Karten, und der »bekannte Fernseh-Moderator Dr. Franz Alt« und Barbara Rütting kamen Bruker zu Hilfe.

Aus Angst, ihre gesundheitsbewußt-esoterische Klientel zu verlieren, beteiligten sich die örtlichen Grünen nicht an den Aktionen gegen die Veranstaltung.[133] Rund 100 GegendemonstrantInnen hielten eine Kundgebung ab und diskutierten mit BesucherInnen. Wer von den KritikerInnen die Veranstaltung besuchen wollte, gegen den wurde das Hausrecht durchgesetzt.

Von Aktionen gegen eine Bruker-Veranstaltung in Neustadt/Weinstraße berichtet Elisabeth Voß.[134] Gemeinsam mit Ilse Gutjahr und Mathias Jung kündigt Bruker sich für den 17. April 1996 an. Veranstalter: die *Freunde der Stadtbücherei*. Die Karten verkaufen der Naturkostladen *Abraxas* und der Buchladen *Quodlibet*. Beide »Kollektivbetriebe gehören zum krisengeschüttelten libertären Projekt *Wespe* (Werk selbstverwalteter Projekte und Einrichtungen), das einmal angetreten war, eine westdeutsche Kleinstadt mit seiner selbstverwalteten, herrschaftsfreien Lebensweise zu unterwandern«.[135] Die Projekte wußten fast nichts von der Kritik an Bruker und wollten auch nichts wissen. Erst als sie mit dem OLG-Urteil konfrontiert wurden, wurden sie vorsichtiger – so staatsgläubig ist manch ein Anarchist.

Nachdem die Proteste aus den eigenen politischen Kreisen anschwellen und es nicht mehr nur die böse Jutta Ditfurth ist, entscheiden sich die Projekte für den gewagten Doppelschritt. *Abraxas* verteilt vor der Veranstaltung ein Flugblatt mit falschen Informationen – zum Beispiel über die juristische Auseinandersetzung mit Bruker – und mäßiger Kritik an Bruker.[136] *Quodlibet* sind die Vorwürfe »nicht stichhaltig genug«, man möchte die »Stadtbücherei und die Freunde der Stadtbücherei (...) unterstützen«, hat irgendwie die berühmten »Bauchschmerzen«.[137] Elisabeth Voß und Tamara Schaaf verteilen eine ausführliche Erklärung zu Bruker. Mensch bezeichnet sie als »gewaltbereites, gesellschaftsschädigendes Element«. Anonyme Briefe sollen ihnen die Polizei auf den Hals hetzen. Ein Bruker-Fan fotografiert die beiden Frauen. Und drinnen verkauft das anarchistische Projekt *Quodlibet* Bruker-Bücher. Mensch will auf die Knete aus dem Kartenverkauf und dem großen Büchertisch nicht verzichten, so sind die Flugblätter von *Abraxas* und *Quodlibet* armselig. Wenn mensch nicht auf ein gutes Geschäft verzichten will, darf mensch nicht allzu gründlich recherchieren.

Exkurs: Barbara Rütting. Die Mentalität einer totalen Mitläuferin

Es gibt IdeologInnen und MitläuferInnen. Eine, die wechselnden Gurus und vermeintlichen Autoritäten hinterherläuft, ist Barbara Rütting, frei von jedem stringenten kritischen Gedanken.

Sie nahm an der bereits erwähnten Frühjahrstagung Max Otto Brukers *Gesellschaft für Ernährungsberatung e. V.* (GGB) vom 29. bis 31. März 1996 in Lahnstein (Rheinland-Pfalz) teil. Tamara Schaaf hat den Kongreß für die Zeitschrift *ÖkoLinX* beobachtet: »Barbara

Rütting signierte eifrig ihre Koch- und Gesundheitsbücher und plauderte leutselig mit ihren Verehrerinnen. Sie meinte, sie müsse wieder zum Friseur: ›Je älter eine Frau ist, um so kürzer müssen die Haare sein.‹ Sie war ganz offensichtlich der ›Star‹ der Veranstaltung, Ilse Gutjahr dankte ihr mit warmen Worten für ihren mutigen ›Offenen Brief an Jutta Ditfurth‹,[138] und die Gemeinde applaudierte begeistert.«[139]

Diesen Offenen Brief hat Brukers GGB inzwischen in hoher Auflage als Sonderdruck verbreiten lassen und im *Gesundheitsberater* veröffentlicht. Das ist verständlich, denn Rütting verteidigt Bruker blind, indem sie all seine jahrelangen rechtsextremen Verbindungen schlicht und einfach leugnet. Vermutlich hat Bruker ihr das letztinstanzliche Urteil des Oberlandesgerichts Frankfurt/Main von 1995 nicht in die Hand gedrückt, vielleicht wären selbst ihr dann Zweifel gekommen. Dieses Urteil wurde selbstverständlich im *Gesundheitsberater* nicht erwähnt. Bruker muß sich ins Fäustchen gelacht haben über seine törichte, von ihm planvoll falsch informierte Verteidigerin. So ist das eben, wenn eine nicht selbst denkt.

»Am liebsten« würde sie, sagt Rütting in einem Interview, »in einer internationalen Gemeinschaft leben, mit den Besten aus aller Welt. Im Hinblick darauf poliere ich bereits meine Fremdsprachenkenntnisse auf.«[140] Das scheint nicht ganz zu klappen, mit den »Besten aus aller Welt«, denn sie klagt: »Wie kommt es, daß ich keine dynamischen, wachen, intelligenten, künstlerischen, jungen oder gar schönen Menschen anziehe? (...) Ein edler Mensch zieht edle Menschen an und weiß sie auch zu halten – Goethe. Was mache ich falsch, was läuft bei mir falsch?«[141]

Die Suche geht weiter. Im Herbst 1995 fährt Rütting für eine Woche nach *Findhorn* und ist so fasziniert, daß sie überlegt, dort zu leben.[142]

Die Findhorn-Gemeinschaft

»Im 2. Weltkrieg zog eine geheime Expedition der englischen Royal Air Force (RAF) durch das sagenumwobene Land Tibet.«[143] Angeführt von dem Okkultisten und autoritären Militaristen Major Peter Caddy befand sich die Gruppe bei der Suche nach einer »spirituell hochstehenden Rasse« in Konkurrenz zum *SS-Ahnenerbe*, welches ebensolche, theosophisch inspirierten,

»geheimen Expeditionen« unternahm.[144] Die Reise enttäuschte Caddy. Auf der Suche nach der, in der Theosophie wie der Anthroposophie, verheißenen »sechsten arischen Wurzelrasse« gründete Caddy dann 1962 die *Findhorn*-Gemeinschaft in Schottland in der Nähe des RAF- Atomwaffenstandortes Kinloss.

Findhorn ist ein Schloß in einem »magischen Garten«. Eine Computerfirma, ein Design- und Tonstudio, ein Verlag, eine Töpferei, eine Apotheke, eine Weberei und eine Rudolf-Steiner-Schule tragen zum Wohlstand der Sekte bei wie auch die guten Kontakte einer der *Findhorn*-Führer, Sir George Trevelyan, zur *Soil Association*, einer mit dem englischen Königshaus verbundenen anthroposophischen Vereinigung, in der Adlige und Angehörige der herrschenden Klasse organisiert sind. Diese Beziehung erspart der *Findhorn*-Gemeinschaft angeblich sogar jegliche Steuern. Daß Prinz Charles »mit Blumen spricht«, mag daran liegen, daß er, wie sein Vater Prinz Philipp, Findhornianer als Lehrer gehabt haben soll. *Findhorn* verdient an sehr teuren Seminaren und Wirtschaftskonferenzen, die es unter anderen für Volvo, Shell, Rank Xerox, Philips und IBM ausgerichtet hat.[145]

Jakob von Uexküll verlieh seinen »Alternativen Nobelpreis« an Petra Kelly, den Dalai Lama und 1982 an Sir George Trevelyan (geb. 1906), dem neben David Spangler wichtigsten *Findhorn*-Ideologen. Bei Trevelyan mischen sich Anthroposophie und Theosophie. Findhorn liegt offensichtlich absichtlich in der Nähe eines ehemaligen Atomraketenstandorts. Trevelyan: »Der Atomkrieg ist für die ›Spirituellen‹ eine Aussicht auf höchste Freuden, nur für ›Materialisten‹ wird es schrecklich werden.« Denn eine atomare Katastrophe hat ihren Sinn für Lichtgestalten: »Die lebendige Energie im Atomkern« ist »letztlich Christus selbst«. Der Atomkrieg »befreit die ›auf Licht und Liebe eingestellten Seelen‹ und wirft die anderen ›auf eine niedere Evolutionsstufe zurück‹.«[146] Rütting möchte »mit den Besten aus aller Welt« leben, bitte schön!

David Spangler, der in *Findhorn* als Reinkarnation Jesu verehrt wird, übernahm zusammen mit der Psychologin Myrtle Glines die Aufgabe, Menschen aus der Hippie- beziehungsweise Alternativbewegung zu »disziplinierten, sauberen, ordentlichen, nicht mehr rebellischen« New Agern zu erziehen.[147] Auch der Okkultist Spangler bezieht sich auf Theosophie und Anthroposophie. Er betet die »arische Rasse« an und sieht *Findhorn* als »neu gebildetes Heiligtum« für die fünfte Wurzelrasse, die »arische Rasse« mit ihren sechs bis sieben »arischen Unterrassen«.*

Findhorn hat oder hatte eine Meditationsgruppe in der EU-Kommission und allerengste Verbindungen zur Organisation *Planetary Citizens*, die als Unterabteilung der UNESCO anerkannt ist. Mit ihr arbei(te)ten sowohl Konrad Lorenz als auch der *Club of Rome* und viele andere Prominente zusammen. In der BRD ist die Kontaktadresse des europäischen *Findhorn-* Direktoriums mit der von *Planetary Citizens* identisch. *Findhorn* wollte auch in der Bundesrepublik Fuß fassen: über Eso-Prominente wie Barbara Rütting, den Greuth Hof in Bayern und über das *Zentrum für experimentelle Gesellschaftsgestaltung* (ZEGG) und viele andere. Schon von 1987 bis 1991 hatte Rütting vergeblich versucht, im österreichischen Doppendorf selbst eine Lebens- und Arbeitsgemeinschaft,[148] »eine Art Ashram entstehen« zu lassen; »am ehesten vielleicht mit dem Findhorn-Modell in Schottland zu vergleichen. Dort müssen Menschen, die sich für ein Leben in der

---

* Die Gründerin der okkulten, rassistischen »Geheimlehre« Theosophie, Helena Blavatzky, erfand eine extrem rassistische, mystische »Evolutions«-Lehre: die »Wurzelrassenlehre«. Auch ihr Schüler, Rudolf Steiner, der spätere Begründer der esoterisch-okkulten Anthroposophie, ging von der Existenz menschlicher Wurzelrassen aus. Es gebe, sagen beide, sieben aufeinanderfolgende menschliche »Wurzelrassen«, die sich während der »Zeitenrunde planetarischer Existenz« auf einem Planeten entwickeln.
Jede dieser »Wurzelrassen« zerfällt in sechs bis sieben »Unterrassen«. Unterrassen vergangener Wurzelrassen sind nur »elende, aussterbende Stämme und die großen menschenähnlichen Affen«. »Minderwertige« Unterrassen vergangener Wurzelrassen sind dazu bestimmt auszusterben: Kolonialismus und Völkermord erfüllen nur das »Karma« dieser Menschen. Nach den »Lemuriern« (3. Wurzelrasse), die eher »instinktiv« waren, kamen die »Atlantier« (4. Wurzelrasse), die hatten mystische Kräfte, mit denen sie zum Beispiel Korn wachsen lassen konnten. Aus den »besten« Atlantiern wurden die »Arier«, die 5. Wurzelrasse.
Wir befinden uns, laut Theosophie, auf dem Sprung von der 5. zur 6. Unterrasse der arischen Wurzelrasse. Wir stehen damit vor einem kosmischen Zeitensprung (»Wassermann-Zeitalter«/»New Age«), an dem noch »höherwertige«, »spirituelle« Menschen, zum Beispiel Esoterik-Gurus, teilhaben werden. Zu dieser »Elite« gehören auf keinen Fall »Neger«. Ihnen gesteht Steiner nur mindere geistige Fähigkeiten zu, dafür, in klassischer rassistischer Manier, besondere »Triebkraft«. Erst die »Arier« haben die volle »Denkkraft«. Vgl. dazu Jutta Ditfurth, Feuer in die Herzen. Plädoyer für eine ökologische linke Opposition. Stark erweiterte und aktualisierte Neuausgabe, Econ Taschenbuch Verlag, Düsseldorf 1994, S. 327 ff.

Findhorn-Gemeinschaft interessieren, erst einmal beweisen, daß sie dafür geeignet sind, sie müssen einige Monate unentgeltlich mitarbeiten, dafür sogar noch bezahlen.«[149] In ihrem Seminarprogramm hatte sie schon damals eine Veranstaltung zum Thema »Tänze, Spiele und Lieder aus Findhorn« angeboten.[150]

Zentrum für experimentelle Gesellschaftsgestaltung (ZEGG)

Oder doch lieber ein bißchen mehr Sex? Barbara Rütting unterstützt auch ZEGG, eine autoritäre, esoterische, sexistische Sekte »mit seiner Idee der freien Liebe«.[151] Freie Liebe? ZEGG-Guru Dieter Duhm: »Eine Frau ist, wenn sie ihre weibliche und universelle Identität gefunden hat, eine natürliche Anlaufstelle für alle Männer (...) In einer organischen Gemeinschaft wird sie zum Beispiel ganz von selbst die Liebeslehrerin vieler junger Männer sein (...) weil es ihre natürliche Funktion ist und weil sie natürlicherweise in dieser Funktion aufgesucht wird.«[152]

ZEGG-FührerInnen sagen, was sie unter »frei« verstehen: Wenn eine Frau nein sage, meine sie eigentlich ja. Bei einer Vergewaltigung sei das Opfer selbst schuld, dies sei nur der Versuch eines vertriebenen »Geistes«, eine unvollständige Frau zu vervollständigen. Die internen Strukturen von ZEGG sind elitär, hierarchisch und undemokratisch.

Die Zentrale der autoritären Sex-Sekte ZEGG hat ihren Sitz in Belzig/Brandenburg. Dort besitzt das Zentrum einen Gutshof mit zahlreichen Gebäuden auf 15 ha Land im Wert von mehr als zwei Millionen DM. Rund 650 000 DM stammen aus der staatlichen Aufbauhilfe Ost. ZEGG macht Cash über Seminare und Sommeruniversitäten, ZEGG ist wohlhabend und besitzt bzw. betrieb rund ein Dutzend verschiedener Unternehmen und kommerzieller Projekte: *Sex-Peace, Projekt & Verlag Meiga, Meiga 3000* – für eine Modellstadt, *Jetzt e. V.* (Jugendprojekt), ZEGG-Universität, Gutshof Belzig mit Sommercamps und anderen Veranstaltungen, das »Forschungsschiff« Cairos, *Aktion Perestroika*, Theatergruppe *Die Unerlösten*, Firma *Ökotec* und die *Erotische Akademie Casa Las Piteras* auf Lanzarote, auf der fast Zwangsprogramm ist, wovon TUI-Touristen träumen: herumvögeln. Vorläufiges Ziel: eine eigene Stadt mit 10 000 JüngerInnen.

ZEGG-Gründer und Guru Dieter Duhm hat einen Lieblingslehrer: Otto Mühl. Der Ex-Sektenchef aus Wien (AAO = *Aktionsanalytische Organisation*, Kommune Friedrichshof/Wien [153]) wurde 1991 wegen sexuellen Mißbrauchs von kleinen Mädchen zu sieben Jahren Gefängnis verurteilt. Er hatte sich das Recht genommen, die Mädchen mit Gewalt zu entjungfern. ZEGG verharmlost auch den NS-Faschismus. Bei einem ZEGG-Seminar in Süddeutschland wurde vor einiger Zeit bei dröhnender Wagner-Musik nach dem »Faschismus in uns allen« gesucht. Und freie Liebe? ZEGG verharmlost den sexuellen Mißbrauch von Kindern. Hinter den Prozessen wegen sexueller Gewalt stehe eine »Zusammenarbeit von organisiertem Feminismus, Presse und Kirche« und »der Haß durchgedrehter Radikalfeministinnen«. [154] Der Sexualwissenschaftler Ernest Bornemann verteidigte ZEGG: die Zahl der wirklichen Vergewaltigungen sei klein, der Rest Propaganda. Wenn eine Mutter ihrer Tochter erklärt, so Bornemann weiter, alle Männer seien Vergewaltiger, dann werde »aus diesem Kind als Erwachsene niemals eine heterosexuelle Frau werden (...) Das Kind wird als Lesbe ebenfalls frigide sein«. [155]

Dieter Duhm bestreitet aus taktischen Gründen die Nähe zu Otto Mühl. Aber er widmete sein Buch »Die Synthese der Wissenschaft« »in Liebe (...) dem Menschen, von dem ich bisher am meisten gelernt habe: Otto Mühl«. Neben Rudolf Steiner und Wilhelm Reich ist Mühl für ihn einer der »wichtigsten Vorläufer der neuen Epoche«. Duhm lebte einige Zeit in Mühls AAO-Kommune und entwickelte dann mit der Kommune Projekt »Bauhütte« (1979) eine neue Idee, die »vor allem zu tun hat: mit der ehemaligen AAO (...), mit neuer Religiosität, (...) Wir nennen dieses Traumziel ›ZEGG‹: Zentrum für experimentelle Gesellschaftsgestaltung.« [156]

Im Mai 1993 lud der »neu«rechte Hochschullehrer Rudolf Bahro zwei ZEGG-»Führer«, Dieter Duhm und Sabine Lichtenfels, an die Humboldt Universität in Berlin zum Vortrag ein. Nachdem Antifa-Gruppen und die *Ökologische Linke* protestiert und Aktionen angekündigt hatten, verhinderte ein Bescheid der Unipräsidentin (»nicht mit humanistischen Zielen vereinbar«) die Veranstaltung. ZEGG rekrutiert am liebsten in Schulen, Hochschulen und in den Sommercamps der Öko- und Alternativbewegung. Auch die *taz* beschrieb die Sekte wohlwollend.

Bei ZEGG traten *Findhorn*-Hardliner wie Peter Caddy auf, immer bereit, wirre alternative Köpfe auf autoritäres Gedankengut zuzurichten. Beim Umweltjugendfestival *Auftakt* in Magdeburg 1993 durfte sich ZEGG drei Tage lang breit machen, bis eine ihrer Veranstaltungen gesprengt wurde.

ZEGGs politische Theorie: Die Biosphäre, die Gesamtheit aller Lebewesen, Flüsse und Seen, Länder und Meere, Vegetationszonen und Polargebiete sind »ein eigener ganzheitlicher Organismus«, schreibt Dieter Duhm. »Mutter Erde« verbindet all diese »zusammengehörenden Organe« mit einem »einheitlichen Lebensstrom«. Die Biosphäre ist zugleich ein Informationsträger, ein »Biocomputer«, der das Verhalten leitet. Bisher aber war die Evolution »wildwüchsig«, es war »zuviel Angst und Gewalt in ihr enthalten«. Weil die Menschen »über lange Epochen den Informationen der Gewalt folgen ... erhärten wir ihre Strukturen und die entsprechenden Ketten im genetischen Code bzw. die entsprechenden Schaltmuster im Biocomputer«.

Um gesellschaftliche Veränderungen zu erreichen, muß nur der Biocomputer anders programmiert werden. Die neue »gewaltfreie Information ... muß hoch stehen in der geistigen Hierarchie und dadurch eine lenkende Kraft besitzen«, und sie ist »im Bereich der Liebe, der geistigen gleichermaßen wie der sexuellen« zu finden. Die neue Information muß deshalb mit einer »neuen Lebenspraxis verbunden sein. (...) Der elitäre Ansatz wird daran deutlich, daß letztlich nur ZEGG den Biocomputer richtig programmieren kann.«[157] Praktische Aktionen? Das ZEGG-Projekt Regenmacher – mittels Schamanen soll im Sahel Regen herbeigezaubert werden. Statt den Uranabbau zu bekämpfen und IndianerInnen und Aborigines kritisch-solidarisch zu unterstützen, empfiehlt ZEGG: »Experimente in verschiedenen Teilen der Welt, in denen versucht wird, Radioaktivität durch spirituelle und technische Methoden umzuwandeln«.[158]

Rütting war Schauspielerin und entwickelte irgendwann ein kümmelstarkes Brot, das sie – nach ihr selbst benannt – gegen Lizenzgebühren backen und vertreiben läßt. Wie Bruker ist sie der Meinung, daß der Mensch selbst schuld ist, wenn er krank wird, soziale Ursachen für menschliches Leid sind ihr fremd. Wie bei so vielen gut betuchten Mittelschichts-Egos kreisen ihre Gedanken andauernd um die eigene Person; das wird übertüncht mit der Behauptung, sich um die ganze Welt zu sorgen: »Der Einstieg in eine Veränderung überhaupt geschieht am einfachsten über eine Änderung der Eßgewohnheiten. Ich bin überzeugt, daß die Rettung unseres Planeten nur möglich ist über eine – ich formuliere es bewußt vorsichtig – Annäherung an eine vegetarische Lebensweise.« [159]

Max Otto Bruker ist ihr »Lehrmeister in Sachen Ernährung und Gesundheit, der mich auch zur Gesundheitsberaterin ausbildete«. [160] Immer wieder kehrt sie an den Ort ihrer Initiation zurück: »Wieder ein Wochenende in Lahnstein bei der Frühjahrstagung von Dr. Brukers ›Gesellschaft für Gesundheitsberatung‹, in der ich Vorstandsmitglied bin. (...) Dr. Bruker gibt seinen ›ärztlichen Rat aus ganzheitlicher Sicht‹, und dann wie immer der Höhepunkt, Franz Alt mit seinem Vortrag ›Zeit für Religion‹.« [161]

Der Antisemit rührt sie zu Tränen: »Bei den Vorträgen von Franz Alt weine ich von Anfang bis Ende, jedesmal, noch dazu wenn ich spüre, wie auch der neben mir sitzende Dr. Bruker sich die Tränen abwischt, dieser großartige acht Jahrzehnte junge Mann, der nicht müde wird, die Wahrheit zu verbreiten, und dessen Lebensmaxime lautet: Die beste Arznei aber ist die Liebe.« [162] Vermutlich meint sie die »Liebe« zu den Kindern in den Heimen der *Bruderschaft Salem* oder die »Liebe« der *Gesellschaft für biologische Anthropologie, Eugenik und Verhaltensforschung* für nicht-»weiße« Menschen.

Brukers Frischkornbrei und das eigene Kümmelbrot hin oder her, Barbara Rütting überfallen gelegentlich Zweifel: »Der Arzt (...) gibt [mir] Mineralsalze zu schlucken, Magnesium, Zink und Selen, an dem unverständlicherweise bei mir Mangel herrschen soll, wie die bröselnden Fingernägel beweisen – und das trotz Vollwertkost.« [163] Aber für alles gibt es eine beruhigende Erklärung: »Genauso wie alle Psychiater spinnen (...) sind alle Gesundheitsexperten gesundheitlich gefährdet. Gesundheit und Krankheit sind offensichtlich zwei Seiten einer Medaille. Ich jedenfalls kann mich an kaum einen Tag erinnern, an dem mir nicht irgend etwas weh tat, körperlich oder seelisch, Vollwertkost hin oder her.« [164]

Sie hat auch lichte Momente. »Die leisen Zweifel häufen sich, daß die Astrologie doch nicht zuverlässig ist bzw. daß die Astrologen nicht zuverlässig sind. Wallenstein ist schließlich auch baden gegan-

gen, weil er ihnen vertraute.«[165] »Ich benutze die Abende, um mir,
wie jedes Jahr, mein von der Astrologin auf Kassetten gesprochenes
Horoskop anzuhören. (...) Wieder und wieder heißt es: (...) Ich muß
dieses Projekt durchführen. (...) Langsam kommen mir Zweifel, er-
hebliche Zweifel, ob ein Astrologe das Recht hat, einen Menschen
derartig in eine Aufgabe hineinzupeitschen. [Wenn dieser Mensch
blöd genug ist, J. D.] Sollte die Prognose sich als falsch herausstellen,
habe ich Jahre meines Lebens verloren. Noch will ich das nicht glauben.«[166] Die reale Außenwelt schimmert manchmal selbst durch ihren Nebel der Wahrnehmung: »Warum dieses Attentat auf Oskar La-
fontaine? Waren seine Schwingungen nicht stark, nicht hoch genug,
um das zu verhindern? Zwischendurch erscheint mir die ganze Esoterik absoluter Quatsch.«[167]

Doch lichte Momente wie diese sind rasch vorbei, Schuld und
Sühne sind angesagt: »Um mich aufzurichten, lese ich in dem mir ge-
stellten Horoskop. Für mein Leben ist Arbeit angesagt, immer wieder Arbeit; ich hätte schwere karmische Schulden abzutragen, heißt
es – Arbeit für Schwache, für Behinderte gar, o Gott, wie soll ich das
bloß aushalten? Wenn ich die mir gestellte Aufgabe nicht schaffe,
heißt es wieder und wieder, drohe mir Versinken in Hoffnungslosigkeit, Trostlosigkeit, Einsamkeit (...).«[168] Und ist die Einsamkeit mal
aufgehoben, kommen die falschen Leute: »Bin auch ungeduldig mit
den Menschen. Sie saugen an mir wie die Blutegel, erscheinen einfach
bei mir zu Hause, wollen unterhalten werden. Am liebsten würde ich
mit dem Gewehr aus dem Fenster ballern, wenn hier ständig Hinz
und Kunz aufkreuzen. Komme mir vor wie eine Bedürfnisanstalt.«[169]

Was bleibt, um das Alleinsein aufgrund von Jenseitsorientierung
und Egozentrik auszuhalten, ist die ordinäre Alltagsdroge von Millionen Bundesdeutschen: »Ich trinke zuviel Bier. Habe mir das ange-
wöhnt, abends zum Einschlafen. Der Hopfen beruhigt, legt sich wie
Balsam über das strapazierte Gehirn. Sicher immer noch besser als
Tabletten. Die Meditation klappt im Moment überhaupt nicht
mehr.«[170]

Dennoch, wir wissen: Rütting möchte gern zur esoterischen Elite
gehören, zu »den Besten aus aller Welt«. Im Herbst 1995 wurde
sie Sannyasin.[171] Aus der Zentrale der Osho-Jünger in Poona kam
Antwort und »mein neuer Name. Und das ist das Schönste: Ich
heiße jetzt Anand Taruna. Anand steht für ›Glückseligkeit‹, und

Taruna bedeutet ›For ever young‹, für immer jung. Ist das nicht herrlich?«[172]

Shree Rajneesh oder Bhagwan, »der Göttliche«

Shree Rajneesh (1931-1990) wurde von seinen AnhängerInnen bis 1989 Bhagwan (»der Erhabene« oder »der Göttliche«) genannt, dann Osho. Bhagwan war ein selbsternannter »Gott«, für den der Kapitalismus die einzig natürliche Lebensform war, »eine Form der Energie«. Bhagwans Sekte ist eine auf einem mystischen Führerprinzip beruhende totalitäre Gemeinschaft, deren Untertanen den Bezug zur gesellschaftlichen Realität verlieren sollen. In seinen Schülerkreisen wurde er auch als »positive Hitler-Figur« verehrt.

Einer seiner Bewunderer, Rudolf Bahro, der ihn in Oregon/ USA besuchte, transportiert noch heute das positive Bild eines »grünen Adolf«.[173] Aus einer reichen Familie kommend, verachtete Bhagwan »Untermenschen«, die unteren Kasten in Indien, und befürwortete deren Zwangssterilisierung. Bhagwan war außerdem ein Befürworter der »Euthanasie«. Bhagwan- bzw. Osho-JüngerInnen sind ihrem Guru extrem hörig, denn der Weg zu absoluter Selbstverwirklichung führt nach seiner Lehre nur über die unbedingte Treue gegenüber dem Meister. Auf der Flucht vor den indischen Steuerbehörden zog Bhagwan Anfang der achtziger Jahre von Poona nach Oregon (USA), wo seine AnhängerInnen Rajneeshpuram aufbauten, einen kleinen Staat, den eine eigene bewaffnete paramilitärische Truppe schützte. Ab 1986 lebte Baghwan wieder in Poona.[174]

Ein bißchen Meditation, etwas Weltherrschaft, eine Prise Frischkornbrei, alles ist beliebig und soll nur das eigene Wohlbefinden stärken. Barbara Rütting: »Ich treffe zufällig einen PR-Mann, der für uns die Promotion machen will, zunächst unentgeltlich. Er ist beim — ›Universellen Leben‹. Astrid entsetzt: Aber das ist doch eine Sekte! (...) Und wenn schon: Die ersten Christen waren schließlich auch zunächst eine Sekte und wurden bekämpft.«[175]

Die soziale Frage ist irrelevant. Auch Vorstellungen von Demokratie kommen in Rüttings Weltbild, typisch für EsoterikerInnen, nicht vor; nicht einmal der Schatten eines *bürgerlichen* antifaschistischen Bewußtseins ist bei ihr zu finden.»20. April 1990: ›Führers Geburtstag‹. Dieses Datum ist mir eingebrannt ein Leben lang. Neulich hörte ich die Version, auch Hitler sei ein wichtiges Glied im Schöpfungsplan, habe einen wesentlichen Beitrag zur Bewußtwerdung und Entwicklung geleistet. Schwer, diese Einsicht nachzuvollziehen.« [176] Nur »schwer«, nicht unmöglich.

Wo Prominente sich sammeln, Rütting ist dabei: »So bin ich natürlich unter den Erstunterzeichnern der Aktion ›Ökologischer Marshallplan‹.« [177] Franz Alt, bei dessen Vorträgen sie stets so gerührt ist und weint, erfand ihn gemeinsam mit anderen, um den Menschen im Trikont die »Überbevölkerung« abzugewöhnen. [178]

Wenn »keine dynamischen, wachen, intelligenten, künstlerischen, jungen oder gar schönen« und »edlen« Menschen kommen wollen, zieht es die Bürgerin Rütting zum Tier.

Selbstverständlich demonstriert sie gegen Tierversuche. [179] Selbstverständlich nennt sie gequälte Tiere »KZ-Hühner« [180] und hilft durch diese unsägliche Terminologie die Shoa zu relativieren. Barbara Rütting hat auch einen Beitrag für das Buch »Warum ich Vegetarier bin. Prominente erzählen« geschrieben, das ein gewisser Helmut F. Kaplan herausgibt. [181] Kaplan, 1952 geboren, ist »Philosoph« und »Autor« und zählt laut Verlagsinformation »zu den Pionieren der Tierrechtsbewegung«. Er gelte »im deutschsprachigen Raum als deren Chefideologe«. Kaplan sei außerdem »Österreich-Koordinator des internationalen *Great Ape Projects*«. Das *Great Ape Project* ist von dem australischen »Euthanasie«-Befürworter Peter Singer initiiert worden.

Tiere lassen sich beherrschen, können nicht (wider)sprechen und sind oft so dankbar: »Wieder zu Haus in Sommerholz. Das Wiedersehen mit meinen Tieren – ein Glück, das nicht zu beschreiben ist, das nur verstehen kann, wer selbst mit diesen Wunderwesen lebt oder gelebt hat. Diese wilde Freude, diese warmfellige Sanftheit dann, wenn alle zufrieden und ruhig daliegen. Ob ich traurig bin oder Falten bekomme oder altere – sie lieben mich. Sie verlassen mich nur, wenn sie sterben müssen. Sie lieben mich – bis in den Tod.« [182]

Aber selbst die blöden Viecher funktionieren nicht immer so, wie Frau Rütting will. Ihre beiden Hündinnen, Lemmi und Lilly, vertragen sich nicht: »Lemmi ist die Leidtragende, weil sie schwächer ist und ein eher stiller, introvertierter Typ, der sich zurückzieht und leidet. Für sie ist die Bachblüte *Willow*, Weide, angezeigt und *Mimulus* gegen Schüchternheit. Lilly bekommt jetzt zusätzlich *Holly*, die Stechpalme, gegen Haß, Neid und Eifersucht und dazu noch *Heather*, Heidenkraut, gut für jemanden, der sich immer in den Vordergrund spielen muß. Daneben erhalten beide 14tägig das homöopathische Mittel *Hyoscyamus*.«[183] Doch es scheint nicht zu wirken: »Die beiden Hündinnen haben sich wieder einmal blutig gebissen. (...) Helfen die Bach-Blüten und die homöopathischen Tropfen doch nicht? Oder wäre es ohne sie noch schlimmer?«[184] Was der Tierfreundin bleibt, die sich nicht einmal selbst auch nur eine einzige Frage vernünftig beantworten kann, ist nicht viel: »Ich nehme die Bachblüte *Olive* gegen Erschöpfungszustände.«[185]

Und wenn das auch nicht hilft? Frau Rütting hat ein ganzes Arsenal an Fläschchen zu Hause: »Totale physische wie psychische Erschöpfung. In meiner Verzweiflung schlage ich irgendeine Seite des Buches ›Heile dich selbst mit den Bach-Blüten‹ auf. Und da wird mir die Blüte der Ulme empfohlen, als die heilende Blüte für Menschen, die ihrer Berufung treu folgen und sich zum Wohle anderer verausgaben – bei denen es aber auch Zeiten gibt, in denen sie zu Depressionen neigen, weil sie merken, daß die Aufgabe, die sie sich gestellt haben, zu schwer, sogar übermenschlich ist. Na, das ist es doch! Eine Pipette voll der Blüte Ulme auf der Zunge, fühle ich mich gleich wohler und beschließe, daß die Botschaft so zu deuten ist: Krise geht vorüber, weitermachen!«[186]

Des ehemaligen Schulmediziner Dr. Edward Bachs Lehre paßt gut ins antisoziale ökorechte Weltbild, schuld hat allein der Kranke, soziale Lebensverhältnisse spielen keine Rolle. Es ist die ewig gleiche Sicht der materiell Begüterten, deren sozial privilegierte Situation durch einen Aufstand bedroht wäre, der aber für die Mehrheit der Menschen erst die Bedingungen herstellen würde, unter denen sie gesund leben könnten. Mörderischer Streß, Lärm, krebserzeugende Gifte, krankmachende Ausbeutungsverhältnisse und umfassende Entfremdung – nichts davon ist per Meditation und Bachblüte heilbar.

Bach habe, sagt Rütting, »die indische Auffassung weiterentwickelt, wonach Krankheit nicht materiellen Ursprungs, sondern das Ergebnis von falschem Denken und Tun ist und daß sie aufhört, wenn Denken und Tun in Ordnung gebracht sind«.[187] Nach Bach ist

Krankheit »ganz das Resultat eines Konflikts zwischen unserem geistigen und dem sterblichen Selbst. Daraus folgt, daß, was uns als Krankheit bekannt ist, einzig und allein auf Fehler in uns selbst zurückzuführen ist, so wie der Tod der Sünde Sold ist.«[188] Oder wie Rüttings Lieblingspatriarch es ausdrückt: »Es gibt nur eine Krankheitsursache, den Verstoß gegen naturgegebene Lebensgesetze.« (Max Otto Bruker)[189] Wenn Krankheit und Tod der Preis für die Sünden im jetzigen oder »früheren Leben« sind, dann sind wohl auch die fünfzigtausend Kinder, die die kapitalistische Weltwirtschaftsordnung täglich mordet, selbst schuld, einfach zuviel gesündigt.

Ayurveda, Transzendentale Meditation (TM), der Maharishi Yogi und die Naturgesetzpartei

Im Juli 1989 läßt sich Barbara Rütting in die Transzendentale Meditation (TM) einführen: »Einige Tage später hatte ich mein Mantra. Und seitdem meditiere ich morgens und abends je zwanzig Minuten.«[190] Auch hier geht es nicht ohne »große Vorbilder«: »Gorbatschow, der große Veränderer, soll transzendentale Meditation praktizieren, mit einem Lehrer aus Regensburg, wird erzählt. Wundern würde es mich nicht. Nur meditative Menschen können Mauern aufbrechen. ›Das weiche Wasser bricht den Stein‹ war unser Mutlangen-Credo bei den großen Anti-Raketen-Demos.«[191]

Im Winter 1990 steht die militärische Intervention der USA am Golf unmittelbar bevor. Rütting empfiehlt Meditation: »Am 31. [Dezember 1990] findet wieder die weltweite Meditation zur Heilung der Erde statt. Es sind immer noch zu wenige, die meditieren. Nach der Studie von Maharishi braucht jedes Land so viele fortgeschrittene Meditierende, wie der Wurzel aus 1 Prozent entsprechen.«[192]

Was ist Transzendentale Meditation? Das Oberverwaltungsgericht (OVG) in Münster hat entschieden (AZ: 5 B 3304/93), daß die TM-Bewegung als »Jugend- und Psychosekte« bezeichnet werden darf. Bei der TM geht es nicht etwa nur um Entspannungstechniken, sondern um solche, die zur »Erleuchtung« führen sollen. Die TM-Lehrer sind weder psychiatrisch noch psychologisch ausgebildet. Bei labilen Menschen könne TM zu psychischen Schäden bis zur Persönlichkeitszerstörung führen.[193]

Der parteipolitische Arm der Transzendentalen Meditation ist die *Naturgesetzpartei*, die Barbara Rütting mit ihrem Auftritt in einem TV-Wahlwerbespot [194] unterstützt hat. Bei Wahlveranstaltungen wird das »yogische Fliegen« demonstriert, in Wirklichkeit ein breitärschiges Hüpfen mit verschränkten Beinen. Es soll beweisen, daß TM-Meditierende und KandidatInnen der Naturgesetzpartei über eine »größere Beherrschung des *Naturgesetzes*« und eine »überdurchschnittliche Geordnetheit der Gehirnfunktion« verfügen. [195] Die *Naturgesetzpartei* verspricht, ein neues Deutschland zu schaffen, »frei von Krankheit, Verbrechen und Umweltverschmutzung«, die »Entwicklung des vollen Potentials menschlichen Bewußtseins« und die Fähigkeit, die »eigenen Wünsche im Einklang mit dem Naturgesetz zu erfüllen« und die Gesellschaft vor »Außenseitern und Verwahrlosten zu bewahren«, eine Armee soll »von der Ebene der absoluten Stille des *Naturgesetzes* aus operieren«. [196]

Die medizinische Abteilung der Transzendentalen Meditation ist Ayurveda, sehr beliebt in Kreisen gestreßter Medienleute und ManagerInnen, die genug Knete für die teuren Kuren haben und genug Ignoranz, um nicht wissen zu wollen, welche Ideologie dahintersteht. Ayurveda ist eine uralte asiatische Medizin, die inzwischen weitgehend vom Maharishi für seine TM vereinnahmt wurde. Viele, wenn nicht die meisten Ayurveda-Kliniken stehen heute in Verbindung zur TM und praktizieren das sogenannte Maharishi-Ayurveda (MA). [197]

Dieter von Schmädel, Professor für Medizinische Soziologe in Regensburg, schreibt 1993 im *Journal of the European Ayurvedic Society*: »Bei (...) MA [handelt es sich] nicht um eine Weiterentwicklung von Ayurveda (...), sondern vielmehr darum, Ayurveda für ganz andere Zwecke zu benutzen.« Schmädel sieht in der TM einen »Konzern im Esoterik- und Gesundheitsbereich« mit dem Ziel, »die TM-Ausübenden zu einer religiösen Gemeinschaft [zu] formen und gleichzeitig den Durchbruch zur weltweiten Anerkennung der TM und MA-Heilslehre und ihres Führers Maharishi Mahesh Yogi [zu] bringen«. [198]

Wer arm ist, ist faul oder nicht intelligent, sagt der Yogi. Anfang der achtziger Jahre kaufte *General Motors* des Yogis TM-Programm für die ganze Belegschaft. TM hatte Ende der achtziger

Jahre weltweit zwei Millionen Mitglieder, in der Bundesrepublik mehr als 100 000. Der Maharishi wurde so reich, daß er 1984 mit der Unterstützung des Diktators Marcos zwei philippinische Universitäten mit 60 000 StudentInnen für TM-Massenexperimente kaufen konnte.

Mitte der sechziger Jahre befanden sich die Beatles auf esoterischem Trip und entdeckten Maharishi Maheshi Yogi als Guru. Der wurde weltberühmt, was die Flucht des esoterischen Teils der Hippiebewegung aus der Politik beschleunigte. John Lennon beschreibt, wie sie begriffen, wem sie da aufgesessen waren: »Als die Nachricht vom Tode Brian Epsteins kam, waren wir geschockt (...) Wir gingen zum Maharishi und sagten: ›Brian ist tot!‹ Und er antwortete so auf die Art: ›Ah, so? Vergiß es, sei glücklich‹ – wie ein Vollidiot. Lächle, das sagte er – und wir haben es getan.« [199] Später waren die Beatles davon überzeugt, daß ihr Guru versucht hatte, Mia Farrow zu vergewaltigen. Wir »sagten: ›Wir hauen ab.‹ Er fragte erstaunt, warum. Ich sagte: ›Wenn du so kosmisch bist, dann weißt du es sowieso.‹ Und da warf er mir einen Blick zu, der besagte: ›Ich bring' dich um, du Hund!‹ (...) ich hatte ihn durchschaut. Ich hab' dann das Lied ›Sexy Sadie‹ geschrieben (...) Sexy Sadie, was hast Du getan, Du hast jeden zum Trottel gemacht.« [200] Zu so viel Erkenntnis ist Barbara Rütting nicht bereit.

4 »Der wahrhaft völkisch-gesinnte Mensch haßt den Klassengeist und möchte ein schönes Volksleben. Völkisches Empfinden duldet keine Zinsknechtung.«

Silvio Gesell, die Freiwirtschaftslehre und ihre AnhängerInnen

Peter Bierl verstieß gegen ein Tabu. Der Redakteur der Zeitschrift *ÖkoLinX* kündigte für die folgende Ausgabe eine Kritik an Silvio Gesell und seiner Freiwirtschaftslehre an.[201] Noch vor der Veröffentlichung des angekündigten Textes erreichte die verantwortliche Redakteurin und Herausgeberin[202] Schmähpost aus anarchistischen Kreisen. Ein gewisser Bernd Kramer schrieb: »Ich kenne den guten Mann [Peter Bierl] gar nicht, aber mit meiner allgemein anerkannten Ferndiagnostik muß er die Nacht vor dem Verfassen des Artikelchens ganz intensiv von Scheiße geträumt haben (...) Mit Verlaub Madame, ich würde diesen Mann dem freien Arbeitsmarkt wieder zugänglich machen: Schmeißen Sie ihn raus. − Eigentlich ist es ja schon ein Unding, daß unser Verlag überhaupt mit dem Adjektiv ›faschistisch‹ in Verbindung gebracht wird; würde mein Vater noch leben (er war zwei Jahre im KZ) (...) Kennen Sie den Witz: Warum onaniert ein Taubstummer immer mit der linken Hand? Ganz einfach: Mit der rechten muß er stöhnen (...)« Die *ÖkoLinX*-Redaktion solle »nicht in den Farbkasten der Druckmaschine kacken, dann kommt wirklich nur Scheiße dabei heraus«.[203]

Absender dieses primitiven Ergusses ist Bernd Kramer, der seinen Vater, der im KZ war, als Freibrief mißbraucht. Kramer ist der anarchistische Verleger des anarchistischen *Karin Kramer Verlages* in Berlin. Seine Annahme, »daß unser Verlag überhaupt mit dem Adjektiv ›faschistisch‹ in Verbindung gebracht« wird, eilte den Tatsachen voraus, denn bis zu diesem Zeitpunkt hatte *ÖkoLinX* seinen Verlag überhaupt noch nicht erwähnt. Das folgte in der nächsten Ausgabe [204] und mußte auch so sein.

1989 erschien in Kramers Verlag eine Jubelschrift über den antisemitischen Sozialdarwinisten: »Silvio Gesell. ›Marx‹ der Anarchisten?« [205] Autor und Herausgeber: der Anarchist Klaus Schmitt. Einer der Co-Autoren ist der Nationalrevolutionär Günter Bartsch. Die »nationalrevolutionäre« Strömung der »Neuen« Rechten bezieht sich auf den »solidaristischen« Flügel der »Nationalrevolutionäre« des NS-Faschisten Otto Strasser. Sie operieren als eine Art Intellektuellenfraktion der »Neuen« Rechten, versuchen faschistischem Gedankengut in der linken und alternativen Szene Sympathien zu verschaffen und nehmen Themen wie Ökologie, Kultur und Bewußtsein auf, die sie anschließend nationalistisch bis faschistisch interpretieren. [206]

»Silvio Gesell. ›Marx‹ der Anarchisten?« ist eine Jubelschrift für Gesell, voll antilinker Hetze, sozialdarwinistischer Propaganda und prokapitalistischer Euphorie.

Aber was ist schon ein Schmähbrief gegen eine Gaspistole?

Bierls Text erscheint, [207] und das Café *El Locco* lädt den *Öko-LinX*-Autor zu einem Referat über Silvio Gesell im Rahmen des *Anarchistischen Bildungsprogramms* für Mitte Mai 1994 nach Berlin ein. Kurz zuvor hatte Klaus Schmitt – im Rahmen desselben Bildungsprogrammes – zwei Abende im *Infoladen Bambule* ungestört Propaganda für Gesells Ideen machen dürfen. Schmitt hat ohnehin keine Probleme, seine Ideologie in Berlin zu verbreiten: Als Initiator und Chefideologe der sogenannten Knochengeldaktion am Prenzlauer Berg (siehe S. 106 f.) darf er sich auch in der *taz* verbreiten.

Die Veranstaltung mit Peter Bierl ist gut besucht. Im politisch links gemischten Publikum befindet sich auch Klaus Schmitt mit einigen Freunden; sie pöbeln den Referenten an und versuchen, seinen Vortrag lautstark zu stören. Bierl erklärt nach seinem Vortrag, daß er gekommen sei, um über eventuelle Kritik an seinem Gesell-Text zu debattieren, nicht aber mit Klaus Schmitt über dessen »rassistische und frauenverachtende Positionen«. Die Gesell-Jünger schäumen, aber drei Viertel der Anwesenden stimmen zu: Toleranz habe dort eine Grenze, wo menschenverachtende Positionen etabliert werden sollen. Schmitt will nicht gehen und nicht aufhören zu stören. Die

Mehrheit gibt nach und wechselt mit dem Referenten den Saal. Schmitt und einige seiner Anhänger laufen hinterher. Ihm wird gesagt, daß er draußen bleiben solle. Schmitt zieht eine Pistole, fuchtelt damit herum und richtet sie auf die Umstehenden. Viele erschrecken, bekommen Angst, andere sind wütend. Nach einigen Minuten läuft Schmitt davon. [208]

In einigen Berliner anarchistischen Publikationen wie dem *A-Kurier* oder dem *telegraph* ist anschließend vom »Meinungsterror« böser MarxistInnen die Rede. Schmitts Griff zur (Gas-)Pistole wird verschwiegen oder als *Notwehr* gerechtfertigt, obwohl ihn niemand physisch angegriffen hat. Eine inhaltliche Auseinandersetzung findet nicht statt. So verblöden ganze Szenen. Ich komme später auf die rechts-anarchistischen Unterstützernetze für Gesell zurück.

Gesells Freiwirtschaftslehre

Silvio Gesells Hauptwerk, »Die Natürliche Wirtschaftsordnung durch Freiland und Freigeld« (NWO), erschien 1916 in der ersten Auflage. Darin setzt er sich vor allem mit Karl Marx auseinander. Gesell hielt »eine ausbeutungsfreie Wirtschaft vollkommen vereinbar (...) mit dem Privateigentum und der Privatwirtschaft«. [209] »Im Gegensatz zu Marx, der den Kapitalismus als eine auf dem Privateigentum an *Produktions*mitteln und ausbeuterischer Lohnarbeit beruhende und Mehrwert produzierende Warenproduktion erkannt hatte, sah Gesell zunächst die Zirkulation − hier vor allem die Geldordnung, im weiteren dann auch die Bodenordnung − als Hebel zur Überwindung des Kapitalismus an. Die ›soziale Frage‹ galt ihm nicht als Klassenfrage, sondern als ein Problem der Beseitigung von Zins und Grundrente als ›arbeitslosem Einkommen‹: Der Grundbesitz sollte in Gemeineigentum überführt und sodann verpachtet, das Pachtgeld an die Mütter nach Zahl ihrer Kinder verteilt werden.« [210]

Die Überwindung des Kapitalismus in eine Marktwirtschaft ohne Zins beruht auf der Illusion, daß es gleichzeitig eine Art zinsgebändigten und einen wettbewerbs-entfesselten Kapitalismus geben könne.

Für Marx steckte die Wurzel der Ausbeutung im Produktionsprozeß: Nur menschliche Arbeit schafft durch das Bearbeiten der Natur, der Stoffe der ›sinnlichen Außenwelt‹ und dem darin von der

Natur gegebenen Reichtum, neue Produkte, neue Werte, zunächst
Gebrauchswerte. Im kapitalistischen Verwertungsprozeß interessiert
jedoch nur der Tauschwert, der sich aus der gesellschaftlich durch-
schnittlichen Arbeitszeit zur Herstellung der Waren ergibt. Der
Lohn der ArbeiterInnen, die die Waren herstellen, liegt allerdings un-
ter dem Tauschwert der erstellten Produkte. Denn der Wert der Ware
Arbeitskraft entspricht – im Durchschnitt – lediglich dem Tauschwert der Güter und Dienstleistungen, die der lohnarbeitende
Mensch braucht, um seine Arbeitskraft zu reproduzieren: Nahrung,
Wohnung, Kleidung, Fortpflanzung. Was zur Reproduktion der
Ware Arbeitskraft gehört, hängt immer vom Stand der sozialen Aus-
einandersetzungen und der technologischen und wissenschaftlichen
Entwicklung ab, das bestimmt insbesondere Faktoren wie Gesund-
heit, Bildung, Kultur, nicht lebensnotwendiger Konsum. Die Diffe-
renz zwischen Lohn und dem Wert der hergestellten Waren ist der
Mehrwert, den das Kapital als Profit einbehält und für die Kapitalakkumulation einsetzt.

Gesell will das Privateigentum an Produktionsmitteln nicht auf-
heben, auch Ausbeutung und Profit sind nicht das Problem des mittelständischen Unternehmers, der einen Weg sucht, kommende Krisen des Kapitalismus abzuwehren. Gesell und seine modernen
AnhängerInnen wissen sich, wie wir sehen werden, dabei einig mit
dem Kapital und den herrschenden Kreisen.

Auch der Arbeiter ist bei Gesell eine verschwommene Kategorie.
Egal, ob Privateigner an Produktionsmitteln oder lohnabhängig:
»Als Arbeiter (...) gilt jeder, der vom Ertrag seiner Arbeit lebt. Bauern, Handwerker, Lohnarbeiter, Künstler, Geistliche, Soldaten, Offiziere, Könige sind Arbeiter in unserem Sinne. Einen Gegensatz zu
all diesen Arbeitern bilden in unserer Volkswirtschaft einzig und allein die Rentner, denn ihr Einkommen fließt ihnen völlig unabhängig
von jeder Arbeit zu.«[211] Mit Rentnern meint Gesell Menschen, die
von Kapitalzinsen leben, Rentiers. Mit den Kaufleuten hat der Kaufmann Gesell besonderes Mitgefühl, sind sie doch das wichtigste,
wenn auch verheimlichte Subjekt seiner Ideologie: »Auch diesem
Arbeiter [Kaufmann] müssen sie in Form von Handelsgewinnen einen Lohn bewilligen, der irgendeinen geeigneten Mann veranlaßt,
sich diesem sorgenreichen Erwerbszweig zu widmen.«[212]

Alle so von Gesell definierten »Arbeiter« – vom König bis zum

Offizier und Pfarrer – haben ein Recht auf den »vollen Arbeitsertrag« ohne Abzug von Zinsen oder Renten. Wer sich Produktionsmittel privat angeeignet hat, hat Glück gehabt, ohnehin herrscht die nackte Konkurrenz: »Dem Tüchtigsten der höchste Arbeitsertrag, über den er frei verfügen kann.«[213]

Gesell sieht sich in der Tradition von Pierre-Joseph Proudhon (1809-1865). Auch der habe das Problem in der Zirkulation gesehen, weil die Knappheit des Geldes Produktion und Austausch lähmten; genauer gesagt: die Geldbesitzer sind es, die dieses Tauschmittel horten, um Zinsen zu kassieren.[214]

Die Illusion der GesellianerInnen, eine »Marktwirtschaft ohne Kapitalismus«, basiert auf drei Säulen: *Freiland*, *Freihandel* und *Freigeld*.

Freiland: Das Privateigentum an Boden wird in einem ersten Schritt vollkommen abgeschafft. Unabhängig von »der Rasse, der Religion, der Bildung und körperlichen Verfassung«, habe jeder dann das Recht auf völlige Freizügigkeit und dürfe überall so viel Boden pachten, wie er bebauen könne.[215] (Zum rassistischen Konstrukt »Rasse« siehe S. 42). Dieses Recht auf völlige Freizügigkeit ist strikt bürgerlich-formal: Verpachtet wird an den Meistbietenden.[216] Silvio Gesell unterstellt, daß sich das Freiland dank seiner ökonomischen Vorzüge weltweit ausbreiten wird: Staaten, die sich weigern und weiter Monopolgewinne ermöglichen, würden die »Arbeitsscheuen der ganzen Welt ins Land ziehen (...) Alle Bummler, Sonnenbrüder und Zigeuner würden dorthin ziehen, wo man die Bodenschätze an das Ausland mit Renten belastet abgibt. (...) Nur keine Monopole, nur keinen Wucher mit unseren Bodenschätzen, wird es im Freilandstaat heißen – wir haben genug Bummler, genug Läuse im Pelze.«[217] Diese diskriminierende Wortwahl für Menschen, die sich der Unmenschlichkeit der Lohnarbeit widersetzen, zeigt den Gesellschen Sozialdarwinismus und dessen Unterscheidung in »minderwertige« und »höherwertige« Menschen.

Der Arbeitsertrag aus dem Freiland fungiert als »Höchst- und Mindestmaß des allgemeinen Arbeitslohnes«, das heißt, ist der angebotene Lohn geringer, mutieren die Proleten einfach zu Pachtbauern (= Mindestmaß), mehr Lohn können sie – genauer gesagt: sollen sie, weil Gesell Klassenkampf und Streik ablehnt – nicht bekommen (= Höchstmaß). Freiland ist damit die »einzige Stütze bei Lohnverhandlungen«, eine Ausweichmöglichkeit für weiße, europäische Proletarier im Sinne von Auswanderung. Das »freie Land«, das Gesell meint, ist angeblich »herrenloses« Land im Trikont; er vertritt also implizit ein kolonialistisches Expansionsprogramm. [218]

Gesell beschimpft die USA, die den »Landsleuten« Columbus' die Immigration verweigern. »Die Rassenpolitik der Amerikaner«, sagt Gesell, könne sich »ja auch einmal gegen die Europäer richten, auch kann in dieser amerikanischen Rassenpolitik der schwarze Bestandteil, können die Neger eines Tages die Oberhand gewinnen«. [219] An anderer Stelle spricht er von »der Empörung (...) bei den schwarzen, wimmelnden Arbeitermassen überall (...), die zum Krieg führen«. [220] Gesell kein Rassist, wie Schmitt und andere behaupten?

Freiland ist »kein Allheilmittel«, [221] sagt Silvio Gesell, kein Mittel gegen Wirtschaftskrisen und Arbeitslosigkeit. [222] Weil der Austausch der Waren durch Geld vermittelt werde, existiere eine »Zwangsnachfrage nach Geld«. [223] »Die Nachfrage nach Geld hängt vom Warenstrom ab, den die Arbeits- und Besitzteilung erzeugt, und die Größe dieses Stromes wiederum hängt ab von der Zahl der Arbeiter« [224] und von deren Qualifikation. Am Ende ist für Gesell »der Lohn zuzüglich Kapitalzins und Bodenrente (...) weiter nichts als das Arbeitserzeugnis, das wir als Ware zum Maßstab des Geldpreises erklärt haben.« [225] Ausbeutung, Mehrwert und Profit sind für Gesell nicht von Interesse. Er läßt die Ursachen aus und schimpft auf Zoll, Zins, Wucher und behinderten Wettbewerb, wie ein x-beliebiger Kaufmann an einem x-beliebigen Stammtisch jener Zeit.

Nur beim Austausch von Waren kommt es zur Ausbeutung, jeder betrügt jeden. [226] Entweder existiert dann keine Ausbeutung, weil jeder Betrüger und Betrogener ist, oder Gesell denkt an eine Konzentration von Reichtum bei den schlauen Betrügern und eine Verarmung der dummen Betrogenen. Ein Ausleseprozeß aufgrund angeborener oder erlernter Fähigkeiten?

Was der Wert der Ware ist, begreift Gesell nicht, er sieht in ihm nur eine »geheimnisvolle, gespensterhafte Eigenschaft der Waren«, [227] über die er sich mokiert, weil er keinen Begriff von der Struktur der kapitalistischen Produktionsweise hat. Ihn, den Kaufmann, der alles aus der Zirkulationssphäre, vom Warentausch her betrachtet, stören aus seiner Interessenlage heraus, die ihn weitgehend blind macht, vor allem Zins und böse Wucherer. Die Marxsche Werttheorie, die Ausbeutung im Produktionsprozeß festmacht, ist sein Feindbild: »Ein Hirngespinst ist der sogenannte Wert, ein jeder Wirklichkeit bares Erzeugnis der Einbildung.«[228] Gesell kommt mit dem Abstraktionsgrad des Marxschen »Kapital« nicht klar, und so wird der Wert bei ihm zum »Hirngespinst« und »Wertgespenst«.[229] Aber auch Gesell preist die Vorzüge der Arbeitsteilung, weil sie die Produktion steigert und weniger Arbeitszeit pro Produktionseinheit erfordert. Das heißt zum Beispiel:[230] Angenommen Produzent A und Produzentin B stellen bei gleichen Ausgaben für den Lebensunterhalt in derselben Zeit zehn bzw. hundert Stück einer Ware her. Trotz des höheren Materialaufwandes und Verschleißes an Werkzeug kann B ihre Produkte billiger verkaufen, A bleibt auf seinen Waren sitzen oder verkauft unter seinen Produktionskosten. Höhere Arbeitsproduktivität setzt sich unter Konkurrenzbedingungen durch, weil sie weniger menschliche Arbeitskraft je Wareneinheit bedeutet. Insofern reguliert die Wertgröße der Waren »in letzter Instanz« die Preise, was nicht bedeutet, die Wertgröße, das heißt die gesellschaftlich notwendige Arbeitszeit, diktiere immer den Preis, sondern dieser schwankt, entsprechend dem »Mehr oder Minder, worin sie [die Wertgröße der Ware] unter gegebenen Umständen veräußerlich ist«.[231] Die Wertgröße setzt sich als »blindwirkendes Durchschnittsgesetz« durch.[232]

Als Beweis für den vermeintlichen Unsinn der Werttheorie dient ihm – mensch will es kaum glauben – auch deren Abwesenheit in den zentralen Arbeitsbüchern der Unternehmer: »Müßte, wenn diese Lehre wirklich von so ›fundamentaler‹ Bedeutung ist, nicht in jedem Hauptbuch gleich auf der ersten Seite hinter den Worten ›Mit Gott‹ auch die ›Werttheorie‹ angegeben sein, zu der der Unternehmer schwört, und die die Richtung für die Geschäftsführung angeben soll?«[233] Gesell kann nicht anders argumentieren, »weil sonst die Ausbeutung nicht in der Zirkulation verankert und für ›fairen‹ Wettbewerb plädiert werden kann. Spätestens diese Aussage zeigt, daß Gesell ein Spinner ist und seine Theorie den Ängsten und Illusionen des Kleinbürgers entspringt.«[234]

Kapitalismus ist Zinswirtschaft, sagen die GesellianerInnen. Schwächt sich die Konjunktur ab, sinken die Gewinne, der Zinssatz fällt aber nur bis zum »Urzins«, das heißt nicht unter seine »natürliche« Grenze von 2,5 Prozent. Ist der Zins höher, ziehen es die Geldbesitzer vor zu horten und bringen auf diese Weise die zirkulierende Geldmenge und das Warenangebot in ein Ungleichgewicht. Geld kann gehortet werden, weil es nicht verfault. Silvio Gesell formulierte bereits 1891 die Idee des »rostenden Geldes«, später »Frei- oder Schwundgeld« genannt, das nicht mehr gehortet werden kann. Dieses Geld verliert nach und nach an Wert und muß deshalb ausgegeben bzw. investiert werden. Damit formulierte der Kaufmann Gesell auch sein Interesse: Absatzsteigerung.

Wirtschaftskrisen entstehen laut Gesell, weil Geld gehortet und damit Zins erpreßt, also arbeitsloses Einkommen erzielt werden kann. Die *gute* Marktwirtschaft (mit schrankenlosem Wettbewerb und hemmungsloser, sozialdarwinistischer Konkurrenz) verwandelt sich in den Augen Gesells zum ausbeuterischen *bösen* Kapitalismus, es entsteht gutes und böses Kapital. Weil die Gesellsche Freiwirtschaftsideologie nichts anderes will als einen guten Kapitalismus, ihn aber trotzdem – das lag im Trend, selbst Nazis verlangten das – abschaffen wollen mußte, wurde ein Trick gefunden, den Kapitalismus so eingeschränkt zu definieren, daß mensch ihn abschaffen konnte, ohne ihn abzuschaffen: »Kapitalismus« ist ein »wirtschaftlicher Zustand, in dem die Nachfrage nach Leihgeld und Sachgut (Realkapital) das Angebot übertrifft und darum den Zins bedingt.«[237] Aus der Abschaffung des Kapitalismus wird nichts als die »Reform« zum eigenen kaufmännischen Nutzen. Ausgebeutet und fremdbestimmt gearbeitet, die Natur vernichtet und kolonialisiert wird weiter – marktwirtschaftlich.

Gegen Karl Heinz Roth, Robert Kurz, Winfried Wolf und andere, die auch gern riesige Mengen spekulativen Finanzkapitals um die Welt wandern sehen und diesem bösen Teil des Kapitals gern die Hauptursache von Crashs und Krisen anlasten, argumentieren Thomas Ebermann und Rainer Trampert, wie sie auch gegen Gesell streiten könnten: »›Diese Unterscheidung zwischen ›Industrie‹ und ›Finanzwelt‹, zwischen ›produktivem‹ und ›parasitärem‹ Kapital ist so alt wie der Kapitalismus selbst; sie ließ einen Scheinkampf gegen ›Zinssklaverei‹ und unverantwortliche Spekulanten entstehen.‹ Ihre verheerendste Auswirkung hatte sie in der Zeit des Nationalsozialismus, als sie dem Zweck diente, ein ›Volk‹ darauf abzurichten, sich ›seinen‹ nationalen Wirtschaftsführern bedingungslos zu unterwerfen und Juden als (tatsächlich fiktive) Feinde zu hassen.«[238]

Ebermann und Trampert fragen Roth, der das »Finanzkapital als

Hauptakteur des Geschehens«, als die »schamloseste, mobilste, abstrakteste und somit am wenigsten greifbare Form des Kapitals« ausmacht, ob er begreife, wenn er Verständnis für die »Kapitaleigentümer, die Lohnabhängigen und die Verwalter bzw. Bezieher von sozialstaatlichen Transferleistungen« durchschimmern lasse, die »zur Flucht nach vorn« genötigt seien, »daß er ›schaffendes‹ Kapital, Staat und Ausgebeutete zusammenschweißt, um diese Volksgemeinschaft zur Flucht nach vorn zu treiben gegen den vermeintlichen Peiniger, dargestellt als nicht greifbares Geld?«[239] »Zwischen verschiedenen Kapitalformen moralisch unterscheiden zu wollen, war schon immer falsch. Eine solche Unterscheidung hat zudem keine materielle Basis, weil ›die gegenseitige Durchdringung von Industrie und Finanzwelt ... perfekt geworden‹ ist. Der ›schaffende‹ Kapitalist ist auch immer Geldbesitzer – er kann es parken oder damit Waren und Menschen für seine Mehrwertproduktion kaufen –, und die Banken sind Miteigentümer an den Unternehmen. Durchaus nicht der Börsenspekulant, sondern der investierende Arm desselben Kapitalismus regelt den Austauschprozeß des Menschen mit der Natur so, daß Arbeiter ›selbst von Kindesbeinen an in den Teil einer Teilmaschine‹ verwandelt werden, die ›alle freie körperliche und geistige Tätigkeit ... konfisziert‹ und ›alle Sinnesorgane ... gleichmäßig verletzt‹. Dieser Austauschprozeß untergräbt, schreibt Marx, ›zugleich die Springquellen allen Reichtums ... : die Erde und den Arbeiter‹.«[240]

Auf der einen Seite die »Schaffer«, fleißige Arbeiter und produktive Kapitalisten, auf der anderen die »Raffer«, Zinswucherer und das Finanzkapital. Mit seiner Forderung nach »Freiland«, »Freigeld« und der Abschaffung des Zinses griff Gesell »natürlich auf den in Europa seit Jahrhunderten bestehenden Widerstand gegen den Wucher zurück, der sich schon in katholischen Enzykliken widergespiegelt hatte und Ursache vieler antisemitischer Unruhen gewesen war. Aber auch er fand seine Nachfolger. Die Brechung der Zinsknechtschaft war somit durchaus kein zum ersten Mal von den NS-Faschisten erhobener Programmpunkt, denn sie war schon lange Teil der völkischen Forderung nach einer Nationalwirtschaft gewesen, die jenseits von Kapitalismus wie auch Marxismus lag«[241] (George L. Mosse).

Auch manch wohlmeinender Antifaschist begreift diesen historischen Kontext nicht, wenn er wie beispielsweise Oliver Geden behauptet: »Der bisweilen erhobene Vorwurf, Gesell habe mit seinem Terminus ›Zinsnehmer‹ die Juden zu den Schuldigen für das fehlerhafte Geldsystem machen wollen, geht (...) völlig an der Realität vorbei.«[242] Geden fällt auf das eine oder andere philosemitische Zitat Gesells herein, wenn er ausblendet, daß seine *zentrale* Forderung, den Kapitalismus von der »Zinsknechtschaft« zu befreien, objektiv auf Zustimmung durch die mehrheitlich antisemitische deutsche Gesellschaft zielte. Um antisemitische Einstellungen für seine Theorie zu aktivieren, brauchte Gesell selbst keine antisemitische Propaganda zu betreiben.

Gesell will keine Revolution, allenfalls eine sozialdarwinistische, sondern eine Evolution, wie wir in der Auseinandersetzung mit Margrit Kennedy zeigen werden. Das Subjekt der Freiwirtschaftslehre ist der ellenbogenstarke, leistungsbereite, hemmungslos konkurrierende, gesunde Einzelkämpfer. Ein Prachtexemplar im Sinne der deutschen Rassenhygieniker. Wie Gesell wollten sie »die frühe und vollständige staatliche ›Ausjätung‹ sowie die Verhinderung der Fortpflanzung ›Minderwertiger‹«.[243] Unter Berufung auf Darwin war der Begriff »Rassenhygiene« 1895 von Alfred Ploetz geprägt worden und spätestens seit den zwanziger Jahren nicht mehr unabhängig von der Verherrlichung der »germanischen Rasse« zu denken. Mit dem rassenhygienischen Raster war es leicht, Mißliebige wie Juden zur »Parasitenrasse« zu erklären und ihre systematische Ausrottung und die der »Erbkranken« und »Minderwertigen« vorzubereiten. Im deutschen Faschismus zog die Rassenhygiene in alle Bereiche der Gesellschaft ein.[244]

Freiland, Freihandel und Freigeld bilden zusammen die Elemente einer »natürlichen Wirtschaftsordnung«. Sie sei »eine Ordnung, in der die Menschen den Wettstreit mit der ihnen von der Natur verliehenen Ausrüstung auf vollkommener Ebene auszufechten haben, wo darum dem Tüchtigsten die Führung zufällt, wo jedes Vorrecht aufgehoben ist und der Einzelne, dem Eigennutz folgend, geradeaus auf sein Ziel lossteuert, ohne sich in seiner Tatkraft durch Rücksichten ankränkeln zu lassen«.[245] Der Schwache und Kranke hat keinen Platz in Gesells sozialdarwinistischer Vorstellungswelt. Die »Fortpflanzung der Fehlerhaften«[246] gelte es durch »das große Zuchtwahlrecht, dieses wichtigste Sieb bei der Auslesetätigkeit der Natur«[247] zu bekämpfen. Zu diesem Zweck, allein wegen ihrer besonderen biologischen Funktion im Gesellschen Hochzuchtprogramm, soll die fruchtbare Frau den Zugriff auf Grundrente und Boden nach Zahl ihrer Kinder erhalten, nicht weil, wie Klaus Schmitt schwätzt, Gesell der »erste Anarcho-Feminist« ist.

Die »Natürliche Wirtschaftsordnung« lasse sich »auch als ›Manchestertum‹ bezeichnen«, sagt Gesell, »jene Ordnung, die den wahrhaft freien Geistern immer als Ziel vorgeschwebt hat – eine Ordnung, die von selber, ohne fremdes Zutun steht und nur dem freien Spiel der Kräfte überlassen zu werden braucht«.[248] »Die Manchesterschule war auf dem richtigen Wege, und auch das, was man von Darwin her später in diese Lehre hineintrug, war richtig.«[249]

Nur den »Fehler« des Manchesterkapitalismus, Privilegien des Grund- und Geldbesitzes zu akzeptieren, will Gesell korrigieren. Nur so sei das Ziel, die Höherzüchtung der Menschheit, garantiert: »Die Auslese durch den freien, von keinerlei Vorrecht mehr gefälschten Wettstreit wird in der Natürlichen Wirtschaftsordnung vollständig von der persönlichen Arbeitsleistung geleitet (...) Denn die Arbeit ist die einzige Waffe des gesitteten Menschen in seinem ›Kampfe ums Dasein‹ (...) Doch steht es außerhalb jedes Zweifels, daß der freie Wettbewerb den Tüchtigen begünstigt und seine stärkere Fortpflanzung zur Folge hat.«[250] Eine solche »Rassenpolitik«, schreibt Gesell, »darf nicht an Staaten, Landesgrenzen, an Staatsgesetze gebunden werden. Rassenpolitik ist ureigene Angelegenheit jedes einzelnen Menschen«. Es folgt ein antisemitisches Stereotyp: »Das einzige Volk, das seit Jahrtausenden beharrlich Rassenpolitik treibt, die Juden, hat überhaupt kein eigenes Land, und kennt die Staatshoheit nicht.«[251]

Die Vorstellung von »freiem« Land verbindet sich mit ganz gegensätzlichen sozialen Utopien: mit der urkommunistischen Idee von vergesellschaftetem Boden. »Das Land denen, die es bearbeiten!« lautete eine Parole der portugiesischen Revolution von 1974. Aber auch mit dem inhaltlich völlig konträren »Befreit das Land!«, eine Forderung in germanisch-völkischen Utopien Ende des 19. und zu Beginn des 20. Jahrhunderts, welche »deutschen Boden« mit Mythen belegten, aus kapitalistischer (Zins-)Knechtschaft befreien und wieder zum freien Träger völkischer Boden- und Rassenkultur machen wollten.

»Was kann«, fragt Gesell, »aus einem Volke werden, wenn von

oben her mit den heiligsten Gefühlen Mißbrauch getrieben wird, wenn man (...) das natürliche Gefühl völkischer Zusammengehörigkeit, zu Machtzwecken mißbraucht?«[252] Während bei Gesell die Produktionsmittel in privater Hand bleiben, soll der Boden verstaatlicht werden. Um die Bodenverstaatlichung gänzlich willkürlich zu begründen, muß vom Praktischen über das Völkische bis zum Mythisch-Biologistischem alles herhalten, um ja jeden Gedanken an eine Vergesellschaftung der Produktionsmittel, welche wesentliche Voraussetzung wäre, um die patriarchal-kapitalistische Herrschaft zu vertreiben: die angebliche »Ausführbarkeit (...) durch die Erfahrung (...) [ist] schon bewiesen«,[253] »(...) jeder dem vaterländischen Boden gegenüber völlig gleichberechtigt (...) jeden mit Stolz erfüllen«,[254] der Boden »eine treue Mutter«,[255] und »der gesunde Mensch beansprucht die ganze Erdkugel«,[256] die »ein Organ des Menschen«[257] ist.

Das Freiland »bedeutet (...) Freihandel, Weltfreihandel die spurlose Versenkung aller Zollgrenzen«,[258] benennt Gesell sein Interesse. Doch wie frei ist der Boden der FreiwirtschaftlerInnen? Der »Staat kauft den gesamten Privatgrundbesitz« und »entschädigt die Grundbesitzer«.[259] »Etwas mehr Schwierigkeit« schaffe »die Bodenverstaatlichung in der Stadt«.[260] So oder so: »Die Übergabe des Bodens (...) erfolgt auf dem Weg der öffentlichen Pachtversteigerung (...) Das Pachtgeld fließt in die Staatskasse und wird restlos in Monatsbeträgen unter die Mütter nach Zahl der Kinder verteilt«,[261] die Mutterrente. Die Verstaatlichung des Bodens sei die Voraussetzung für Frieden und mache »die heutige Parteipolitik wesenlos«.[262] »Politik und Grundrente sind eins. (...) Das Bewußtsein, daß nun jeder dem vaterländischen Boden gegenüber völlig gleichberechtigt ist« – sofern er genug Geld für die Pacht hatte –, »wird jeden mit Stolz erfüllen.«[263] Gesell will alles, bloß keine Revolution: »Ist es nicht im Gegenteil vielleicht besser (...), wir lassen die Sicherheitsventile unseres Kapitalismus wie bisher weiter arbeiten, bis wir die Grundlagen des echten Bürgerfriedens gefunden haben (...)?«[264] Gesell stützt also bewußt den blutigen Klassenkampf von oben, die Lohnabhängigen dürfen nicht für ihre Freiheit und Gleichheit kämpfen, denn das würde schrecklich, auch für den bürgerlichen Kaufmann. Die größte Bedrohung für den »Bürgerfrieden« und »Völkerfrieden« ist ohnehin nicht die Ausbeutung im Arbeitsprozeß, der grenzenlose Akkumulationszwang des Kapitals und der Imperialismus, sondern das Gold. Gesell hat geradezu wahnhafte Phantasien über die Schuld des Goldes an Kriegen, am Untergang von Rom[265] usw.

In dem Roman »Der abgebaute Staat« betont Gesell die Züchtung von »Kraft, Gesundheit, Geist, Schönheit« als gesellschaftliches Ziel. Frauen haben sich dem unterzuordnen, Verhütung ist schlecht, weil es dann an »menschlichem Auslesematerial« mangelt. Kopfzerbrechen bereitet Gesell das »Überbevölkerungsproblem«. Einerseits werde es weniger Geburten geben, weil Frauen länger nach geeigneten Vätern suchten und nur »die Lebensbejahenden« Kinder zur Welt brächten. Die übrigen Frauen ließen sich sterilisieren und wären lohnabhängig. Doch nach seiner sozialdarwinistischen Logik stürben diese Frauen aus, und nur die »Lebensbejahenden« pflanzten sich fort, so daß die »Gefahr einer künftigen Überbevölkerung« zu befürchten sei.[266]

Andreas Müller, Gesells Alter ego in »Der abgebaute Staat«, verlangt in einer fiktiven Reichstagssitzung nach dem ebenso fiktiven Wahlsieg der Anhänger der Mutterrente den »Schutz der Rasse« und die »Förderung der Hochzucht«.[267] »Mißehen« seien zu vermeiden, »deren Produkte nun die Kranken- und Zuchthäuser füllen«, Müller/Gesell klagt über den »Rassenverfall«,[268] gegen den er »das große, freie Zuchtwahlrecht«[269] der Frau empfiehlt. Wie jeder miese NS-Rassenhygieniker stellt Gesell »statistische Erhebungen (...) über die Kosten, die die Produkte der Unzucht verursachen«, an, entsetzlich sei, »wieviel wir jährlich ausgeben für das Armenwesen, die Krankenpflege, die Blinden-, Irren-, Zucht- und Waisenhäuser (...).«[270] Nach einer »100jährigen Fehlzucht« will er keine »hohlbrüstigen Jünglinge, keine bleichsüchtigen Mädchen um uns sehen. Wir wollen Geist, Gesundheit, Schönheit, Kraft und die Lebensfreude (...).«[271]

Statt den Staat wie behauptet abzubauen, ersetzen Freiwirtschaftler ihn durch den biologistischen »Mutterbund« der »Naturweiber«. In Gesells Vision vom *abgebauten Staat* ist der Mutterbund eine Art biologistisch begründeter Ersatzstaat: zuständig für pädagogische und soziale Einrichtungen, für die gesamte Infrastruktur, wie Kanal-, Straßen- und Brückenbau, für Entwässerung und Aufforstung, für Einwanderungsregelung (!) und Grundrentenerhöhung.[272]

Und es gibt in dieser Zukunft eine Mutterrentenkasse, eine Mut-

terrentenwährung und eine Börse. In dem älteren Buch, »Die Natürliche Wirtschaftsordnung«, wird der Staat im Geldsektor noch durch
das Reichswährungsamt – »Alleinherrscher, sowohl über die Geld-
herstellung wie über das Geldangebot«[273] –, eine Staatskasse, Steu-
erämter, ein Statistisches Amt usw. repräsentiert. »Privatinitiative ersetzt restlos den Staat.«[274] Staatsabbau? Ausgetauscht wird nur das
Geschlecht. Jetzt sollen die Frauen herrschen, die sind gut, die sind
gerecht, die »weibliche Natur« wird's schon richten.

Ist die »Rückkehr der Frau zur Landwirtschaft (...) nicht die
glücklichste Lösung« der »Frauenfrage«? fragt Silvio Gesell rheto-
risch.[275] Aber nicht jede Frau verkörpert das wahre Leben, die Naturgesetze und ist es wert, sich der Hochzucht der Rasse zu widmen.
Es ist »das Naturweib, das wie eine Königin über die Natur ringsum
verfügt«, nicht zu vergleichen mit »unseren armseligen Fabrikarbei-
terinnen«.[276] Und dieses Naturweib läßt in »bei der Gattenwahl« in
»geschlechtlichen Fragen (...) ihre Neigungen, Wünsche und Triebe«
für »die vererbungsfähigen Vorzüge (...) den Ausschlag geben«.[277]
Statt des »wesenlosen politischen Wahlrechts«, das die Frauen gerade
(1918) erobert hatten, könnten sie dann das »große Zuchtwahlrecht«
ausüben.[278] So wird aus dem Kampf um politische Rechte für Frauen
wieder einmal der – diesmal freiwirtschaftliche – Ruf nach Scholle,
Wiege und Rassenhygiene.

Wer war Silvio Gesell?

Gesell wurde am 7. März 1862 in St. Vith in Belgien geboren. Er ab-
solvierte eine kaufmännische Lehre in Malaga und lebte in Argenti-
nien, der Schweiz und in Deutschland. 1887 eröffnete er in Buenos
Aires ein Geschäft für zahnärztliche Artikel. Die argentinische Fi-
nanzkrise von 1890 ließ ihn volkswirtschaftliche Studien anstellen,
autodidaktisch entwickelte er seine monetäre Krisentheorie.

Gesell arbeitete als Kaufmann bzw. bewirtschaftete in der Schweiz
ein Landgut. 1891 erschien eine erste Schrift des Autodidakten (»Die
Reformation im Münzwesen als Brücke zum sozialen Staat«), in der
er erstmals die »Idee des rostenden Geldes« formuliert. Um seine
Ideen zu verwirklichen, beteiligt sich Gesell an dem 1909 gegründeten *Physiokratischen Kampfbund*. 1914 erwägt er, als Kriegsfreiwilli-
ger ins deutsche Heer einzutreten, zieht sich dann aber auf sein

Schweizer Landgut zurück.[279] 1916 erschien sein Hauptwerk: »Die Natürliche Wirtschaftsordnung«.

Nach dem Ersten Weltkrieg entstehen verschiedene freiwirtschaftliche Bünde und Parteien. Der *Freiwirtschaftsbund F.F.F. e. V.* (FWB), ein Zusammenschluß verschiedener freiwirtschaftlicher Gruppen, verfügt 1924 über 200 Ortsgruppen mit rund 10000 bis 15000 Mitgliedern.[280] Deren ideologische Orientierung reicht von rechtsextrem und völkisch bis hin zu Sympathien für Bündnisse mit der ArbeiterInnenbewegung, ohne jedoch Teil dieser Bewegung zu sein. Anziehend waren die Freiwirte vor allem für inflationsgeschädigte Mittelschichtsangehörige, die antikommunistisch eingestellt waren, nichts mit den SozialdemokratInnen zu tun haben wollten, aber (noch) nicht reif waren für den offenen Übergang in den Faschismus.

Die letzten Jahre seines Lebens verbrachte Gesell in der *Lebensgemeinschaft Oranienburg-Eden.* Die Siedlung Eden wurde 1893 von LebensreformerInnen und VegetarierInnen gegründet und war zu Beginn »keine völkische Siedlung«,[281] doch 1916, als Gesells Hauptwerk »Die Natürliche Wirtschaftsordnung«[282] erschien, war dies nicht mehr so. »Franz Oppenheimer behauptete sogar noch in den frühen dreißiger Jahren, daß die Siedlungen alle politischen Schattierungen tolerierten – vom Nationalsozialismus bis hin zum Kommunismus.[283] Dieser Behauptung widersprechen aber alle Zeugnisse. Die Siedler entwickelten in zunehmendem Maß eine völkische Lebensweise« (George L. Mosse).[284]

George L. Mosse, Professor für neue Geschichte an der Madison University in Jerusalem beschreibt in seinem Standardwerk »Die völkische Revolution« die Bedeutung der Siedlung Eden für den völkischen Strang zum NS-Faschismus.[285] Carl Russwurm, der Führer von Eden, verband die germanischen Grundlagen des Freiheitsbegriffs mit Silvio Gesells Freiland- und Freigeld-Theorien.[286] Die Siedler feierten germanische Rituale, »heidnische« Weihnachten und Sonnwendfeiern. Von Eden gingen die Gründungen anderer völkischer Siedlungen aus, die den »geistigen Adel deutschen Bluts« fördern sollten und »die Pflege armanischen Weistums«.[287]

»›Außer vegetarischer Ernährung‹, heißt es im Programmheft von Eden 1917, war zum ›natürlichen Leben‹ in der alternativen Kommune«[288] die rechte Einstellung Bedingung: »1916 wurde anläßlich der ersten Feier des ›Freiland-Tages‹ in Eden verkündet: ›Zu solchem Siedeln ist die deutsch-völkische Gesinnung Voraussetzung. Und dazu befähigt nur deutsches Ariertum.‹« [289] In einer Zeitung zeigt der Verlagsbuchhändler Helmut Haacke unter der Rubrik »Sippen-Anzeigen« an: »Mein Weib gebar mir heute eine Tochter von deutschem Blute und lichtem Wesen. Wir nennen sie Adelheid Ingeborg Helga. Oranienburg-Eden, am 10. im Lenzmond 1919.« Die Anzeige schmückt – vierzehn Jahre vor der Machtübergabe an die Nazis – ein Hakenkreuz. [290] Silvio Gesell verbrachte – allem Leugnen seiner heutigen Fans zum Trotz – seinen Lebensabend in einer völkisch-rassistischen, antisemitischen Kommune, die schon vor Durchsetzung des NS-Faschismus einige seiner zentralen Elemente zu ihrem Inhalt gemacht hatte.

Wie alle ehemals linken AnhängerInnen völkischer Ideologie behaupten auch die AnhängerInnen Silvio Gesells, dessen eugenische und sozialdarwinistische Positionen würden sich aus »jener Zeit« erklären, als wären antisemitische, völkische, eugenische und sozialdarwinistische Positionen damals etwas »Natürliches« gewesen. Diese Rechtfertigungen geben erstens Aufschluß über die historische Unwissenheit oder die Unehrlichkeit derjenigen, die sie gebrauchen. Zweitens taugen sie nicht, um zu begründen, weshalb heute eineR Gesells Ideologie propagiert.

Wenige Wochen vor der Geburt jener Haacke-Tochter »von deutschem Blute«, am 15. Januar 1919, wurden Rosa Luxemburg und Karl Liebknecht in Berlin von Freikorps ermordet. Die Freikorps hatten sich vorher der Zustimmung des sozialdemokratischen Reichswehrministers Gustav Noske versichert. An der zum Mord aufrufenden Hetze der Berliner Zeitungen hatte sich auch der sozialdemokratische *Vorwärts* beteiligt. [291] Die polnische Jüdin Rosa Luxemburg, die nie einen Gesells Ideologie vergleichbaren Dreck geschrieben hat, hätte in Gesells arischer Siedlung Eden nicht einmal Wohnrecht bekommen.

1919 wurde Silvio Gesell für ganze sieben Tage, vom 7. bis zum 13. April, Volksbeauftragter für Finanzen der Bayerischen Räteregierung. Aus diesen wenigen Tagen wird bis heute der Mythos gebastelt, Gesell sei ein Anarchist, ein Revolutionär gewesen. Wie wenig dies der historischen Wahrheit entspricht, werden wir später sehen. 1930 starb Gesell in Berlin.

Der Mythos: Gesell und die Münchner Räterepublik von 1919

Gesells Verwicklung in die Münchner Räterepublik dient seit Jahrzehnten zur pauschalen Entlastung von den Vorwürfen des völkischen Biologismus. Alle, die in Silvio Gesell einen halben oder ganzen Anarchisten sehen wollen, weil er 1919 sieben Tage Volksbeauftragter für Finanzen der Bayerischen Räteregierung war, straft Gesell selbst Lügen. Auch die Legende, Erich Mühsam habe Gesell in die Räterepublik geholt, ist eine Erfindung von SchönschreiberInnen.

Die erste Phase der bayerischen bzw. Münchner Rätebewegung dauerte vom Sturz der Monarchie bis zur Ermordung des Ministerpräsidenten Kurt Eisner (USPD) am 21. Februar 1919. Am 7. April 1919 rufen der Münchner Zentralrat, Vertreter der sozialistischen Parteien und Vertreter der Anarchisten die Erste Räterepublik aus. Für Silvio Gesell ist die Räterepublik nur eine Übergangsphase in allgemeiner Unordnung, sein einziges Interesse ist, sein Konzept auszuprobieren, bis »nach vollzogenem Heilschnitt der Landtag die Kräfte wiedergewinnen würde, um das Regiment ohne weitere Hilfe weiterführen zu können«. [292]

Gesell beschreibt selbst, wie er an den Sieben-Tage-Job kam: »Im März vernahm ich in Berlin, daß Herr Niekisch [Nationalrevolutionär] (...) in München in der sozialen Bewegung eine Rolle spiele. Ich schrieb darauf an meinen Freund Dr. Christen, der Herrn Niekisch persönlich aufsuchte. Es kam darauf die drahtliche Anfrage, ob ich mich an der Sozialisierungskommission der Regierung Hoffmann beteiligen würde. Ich bejahte. (...) Als ich mich am 7. abends ins Wittelsbacher Palais begab – es war das erste Mal –, um nach Herrn Niekisch zu fragen, wußte ich nicht, daß etwas Besonderes geschehen sei. Niekisch sagte mir, er habe mich für die Finanzen vorgeschlagen, und ich nahm die Wahl an. Gleichzeitig teilte er mir mit, daß Landauer, der meine Bestrebungen kannte und von dessen Anwesenheit ich erst jetzt etwas erfuhr, die Wahl unterstützte.« [293]

Ernst Toller, damals Vorsitzender der Münchner USPD und Kommandant der Roten Armee, wertete diese Wahl als Ausdruck von Unwissenheit und Unklarheit. Am 13. April wird diese erste Räteregierung abgesetzt, ein Bündnis unter Führung der KPD ruft die Zweite Räterepublik aus. [294]

Nach der Niederschlagung der Rätebewegung durch die Freikorps Anfang Mai 1919 wird Gesell verhaftet und vor Gericht gestellt. Während andere hingerichtet wurden oder lange Jahre in Zuchthäusern verschwanden, kam Gesell frei. Auszüge aus seiner Verteidigungsrede:

»(...) Vielleicht sieht es der Landtag jetzt nach acht Monaten Revolution und Putscherei endlich ein, daß er sich zu durchgreifenden Taten ermannen muß, (...) Ob dann diese mit Zustimmung des Landtags gebildete rein proletarische Vollziehungsgewalt sich Räteregierung oder parlamentarische Regierung nennen wird (...)?« Mir erscheint es »ziemlich gleichgültig (...), in welchen äußeren Formen diese Tat sich vollziehen wird, ob in Befehlsform einer proletarischen Vollziehungsgewalt der demokratischen Regierung oder in Form der sogenannten Räteregierung. Auf diese rein formalen Unterschiede lege ich keinen Wert. (...) Daß diese Räteregierung mich als Finanzmann erwählte, war für mich ein Beweis, daß es sich nicht oder noch nicht um Bolschewismus oder Kommunismus handelte (...) und ich sah die Wahrscheinlichkeit, daß nach vollzogenem Heilschnitt der Landtag die Kräfte wiedergewinnen würde, um das Regiment ohne weitere Hilfe weiterführen zu können. (...) Volksbeauftragter einer Räteregierung zu sein, deren Ziel wahrscheinlich meinen Bestrebungen geradewegs widersprach. (...) Und ist es nicht gerade auch heute das, was Bayern braucht, einen Finanzminister, der ohne Rücksichten sich sachlich einstellen kann und, ohne nach links und rechts zu schielen, den geraden Weg geht? Der Starke ist ja immer am mächtigsten allein. (...) Ich greife das Kapital nicht mit Gewalt an – mit Streik und Betriebshemmung, mit Sabotage. Ich greife es mit der einzigen Waffe an, die dem Proletariat angeboren ist, mit der Arbeit. (...) Es heißt hier, sich nicht bequem im Hintergrunde halten und abwarten, sondern Opfer bringen für die erstrebten Hochziele (...) damit alle im Volke sich brüderlich geeint fühlen. Denn eine Teilung des Volkes in hohe, mittlere und niedre Schichten bedeutet völkischen Verfall. Völkisches Empfinden duldet keine Zinsknechtung anderer oder gar die Beteiligung daran. Wer noch etwas rassisches, völkisches Empfinden verspürt, der gehe in sich, tue Buße; der gestehe, daß er und seine Ahnen Verrat begingen am eigenen Volk, am eigenen Blut.

Der wahrhaft völkisch-gesinnte Mensch, der den Klassengeist haßt und ein schönes Volksleben sehen möchte — wie man es vielleicht ahnen kann, aber noch nie erlebt hat, — der verläßt Vater, Mutter und Standesangehörige, um zu denen zu stoßen, die an der völkischen Auflösung nur leidend mitwirkten, zum geknechteten, ausgebeuteten Proletariat. (...) Sie brauchen als Vorspann einen ungebrochenen Hengst, keinen Parteiklepper, — mich brauchen Sie! (...) Und nun, da mich das Proletariat aufforderte, sollte ich mich, mein ganzes Leben verleugnen, sollte ich das Proletariat verraten? (...) weil ich zureichenden Grund für die Annahme habe, daß es meinen nun schon zahlreichen und weitverbreiteten Freunden gelingen wird, die Arbeiterbewegung von den kommunistischen Zielen ab auf die Bahn der vorrechtslosen Freiwirtschaft zu lenken. (...) Irgend ein Verrat an Parteibestrebungen lag hier nicht vor. Niekisch und Landauer, die meine Wahl vorgeschlagen, wußten, was sie taten, wußten, daß ich keine Puppe bin. Sie kannten meine Ziele, die den Kapitalismus, die Zinsknechtschaft bekämpfen, aber ebensosehr den Kommunismus, die Gemeinwirtschaft. (...) Die Arbeiter, und gerade die tüchtigeren, streben nach Freiheit; Zwang und Bevormundung haben sie genug zu kosten bekommen. (...) Was Sie darum an mir einkerkern oder erschießen würden, das wäre die Theorie des Zinses. (...) Die Lehre vom Zins (...) ist das Scheidewasser für edle und unedle Geister, (...) Heraus aus dem Gerichtssaale mit der Theorie des Zinses! Hände weg von Silvio Gesell!«[295]

Silvio Gesell distanzierte sich weit mehr von allem Linken, als er zu seiner Verteidigung mußte. Seine Rede ist eine abstoßende Melange aus völkischem Antikommunismus und Anbiederei an die neuen Herren. Von seinen Anhängern wird Gesells Teilnahme an der Räteregierung als besonders raffinierte antikommunistische Taktik verkauft. Der Individualist würde sich »auch jeder anderen Regierung mit seiner völlig unpolitischen, seiner reinen Facharbeit zur Verfügung stell[en]«.

Gesells Distanzierungen belasteten andere Mitangeklagte. — Räterepublikaner wie der Kommunist Leviné oder der Anarchist Erich Mühsam wurden zum Tode bzw. zu 15 Jahren Haft verurteilt.[296]

Die Beziehung zwischen Mühsam und Gesell ist widersprüchlich.

Gustav Landauer und Erich Mühsam standen dem *Deutschen Monistenbund* nahe, der einen mystischen, spirituell fundierten Sozialismus mit freier Religiosität und die »wilde Natur« pries. In seinem Nachruf auf Gesell widerspricht Mühsam dessen Theorien 1930 fundamental: »Gesells Freiland-Lehre ist stark anfechtbar, seine Geldtheorie dagegen scheint berufen, nicht, wie er annahm, das Wirtschaftsregulativ der freiheitlichen Gesellschaft zu werden, wohl aber das Übergangsverfahren vom kapitalistischen Währungssystem zum geldlosen Kommunismus zu ermöglichen.«[297] Und selbst darin hatte Mühsam unrecht.

Der Einfluß von Silvio Gesells Ideen in bürgerlichen, rechten, rechtsextremen, alternativen, anarchistischen und esoterischen Zirkeln

Die Freisoziale Union (FSU)
Gesell wurde kurz vor dem Ersten Weltkrieg die Hauptfigur der Freiwirtschaftsbewegung, bevor diese — im doppelten Wortsinn — im aufkommenden Faschismus unterging.

Nach dem Zweiten Weltkrieg fand Gesells Ideologie ihren Weg in verschiedene »freiwirtschaftliche« Organisationen. Die bekannteste Nach-NS-Partei, die ideologisch ausdrücklich auf Gesells Ideologie beruht, wurde die *Freisoziale Union* (FSU), eine rechtsextreme Partei, die allen möglichen Gestalten, die später in den Grünen und anderswo ihre Einflußbereiche entwickelten, als Kaderschmiede diente: Max Otto Bruker, Georg Otto, Helmut Creutz usw. Die FSU wurde am 9. September 1950 in Bielefeld mit dem Ziel gegründet, »die Erkenntnisse Silvio Gesells durch eine unabhängige politische Organisation zu verwirklichen«.[298] Paragraph 2 der FSU-Satzung vom 18. Juni 1960 lautet: »Die Partei erstrebt die Verwirklichung einer natürlichen Gesellschaftsordnung nach der Lehre ihres Begründers Silvio Gesell (...)« Es folgen vier neoliberale Grundsätze:
— die »Überwindung aller Absatzstörungen und damit jeder unfreiwilligen Arbeitslosigkeit«;
— »gleiches Anrecht auf den Boden« und dessen Zuteilung an die »Mütter (...) nach Zahl der von ihnen versorgten Kinder«;
— »völlige Gewerbefreiheit und freier Wettbewerb in allen Zweigen der Wirtschaft«:

— »endgültige Sicherung des Friedens durch volle Freizügigkeit der Menschen und der Güter« und »Aufhebung aller Zölle«, »feste Valuta« (Weltwährung).[299]

Bis 1958 forderte die FSU die »Wiedervereinigung« und kämpfte gegen die Westintegration.[300] In den fünfziger Jahren pflegte sie enge Beziehungen zu Otto Strassers (Ex-NSDAP) *Deutsch-Sozialer Union* (DSU). Zu den sie ideologisch verbindenden Punkten gehörte die nationale Frage. Versuche, Wahlbündnisse etwa in Berlin, Nordrhein-Westfalen und auch für die Bundestagswahlen 1953 einzugehen, scheiterten, nicht etwa an ideologischen Gräben, sondern an nachgeordneten Querelen und der Sorge der FSU-Funktionäre um ein eigenständiges politisches Profil ihrer Partei.[301]

Ferdinand Böttger trat der FSU 1952 bei, er wurde Organisationsreferent beim FSU-Vorstand und 1969 Generalsekretär, 1981 gab er dieses Amt aus Gesundheitsgründen auf.[302] Böttger kam aus der *Sozialistischen Reichspartei* (SRP), die 1949 von ehemaligen NS-Funktionären gegründet worden war, unter ihnen der Wehrmachtsmajor Otto Remer.[303] »Nach Mitgliederzahl und organisatorischer Schlagkraft wurde die SRP zur größten eindeutigen Nachfolgeorganisation der NSDAP.«[304] 1952 wurde die SRP vom Bundesverfassungsgericht als verfassungswidrig verboten. Ersatzorganisationen und Neugründungen wurden untersagt, Abgeordnetenmandate verfielen, das Vermögen der SRP wurde eingezogen. Böttger fand in der FSU seine neue politische Heimat. Wegen weiterer ehemaliger SRP-Mitglieder wurde der FSU 1952 die Teilnahme an den Kommunalwahlen in Wolfsburg untersagt.[305]

In den siebziger Jahren wurde Böttger zusätzlich Landesvorsitzender des neofaschistischen *Weltbunds zum Schutz des Lebens* (WSL), Hamburg. Er war nicht das einzige führende FSU-Mitglied, das beim WSL mitarbeitete. Max Otto Bruker und Helmut Mommsen vom WSL kandidierten 1969 auf der FSU-Liste für den Bundestag.[306] Die Gesell-Anhänger Felix Binn und Helmut Creutz referierten im rechtsextremen *Collegium Humanum* des WSL in Vlotho.[307]

Mitglieder der FSU bemühten sich vor der Bundestagswahl 1976 um ein Wahlbündnis mit Namen *Arbeitskreis der Wählergemeinschaften, Unabhängigen Parteien und Bürgerinitiativen* (AWUB).[308] Beim ersten öffentlichen Treffen referierten neben dem Gesellianer Otto Malig (FSU) auch der Faschist Erwin Schönborn (*Kampfbund deutscher Soldaten*), Karl-Heinz Keuken (Ex-NPD, Ex-DVU)[309] und Martin Pape (Mitglied der nationalrevolutionären *Unabhängigen Arbeiter Partei* (UAP), 1968 Gründer der *Sozial Liberalen Deutschen Partei* (1978 umbenannt in FAP).[310] Man beschloß, das Bündnis *Arbeitsgemeinschaft 4. Partei* zu gründen. Fast vergessen ist heute, daß es sich bei der Debatte über eine »vierte Partei« im Vorfeld der Bundestagswahlen 1976 nicht um irgendeine weitere Parlamentspartei handelte, sondern daß diese Diskussionen ausschließlich im rechten bis rechtsextremen Spektrum der bundesdeutschen Gesellschaft geführt wurden.

Das Protokoll des ersten öffentlichen Treffens der AWUB nennt weitere Organisationen, mit denen Kontakt gepflegt wurde. Neben Vertretern der rechtsextremen FSU gehörte dazu auch die *Freie Deutsche Bauernschaft* von Thies Christophersen, des Autors der »Auschwitz-Lüge«. Das *Deutsche Kulturwerk Europäischen Geistes* (DKEG), ein Zweig des *Witikobundes*, eine Organisation von Altnazis aus dem »Sudetenland«, verlieh 1973 den *Schillerpreis des deutschen Volkes* an Konrad Lorenz, Irenäus Eibl-Eibesfeldt hielt die Laudatio. Vertreten war auch die faschistische *Gesellschaft für biologische Anthropologie, Eugenik und Verhaltensforschung* (GfbAEV), in deren Wissenschaftlichem Beirat Max Otto Bruker elf Jahre lang Mitglied war, und, neben vielen anderen, die *Sigrid Hunke Gesellschaft*, deren Namensgeberin Rudolf Bahro heute nahesteht, und die *Bruderschaft Salem*, die erwähnte Kinder- und Jugenderziehungseinrichtung in Tradition der NS-Pädagogik.[311]

Das Interforum Oranienburg Arbeitskreis Franz Oppenheimer

GesellianerInnen finden sich in zahlreichen Klein- und Kleinstkreisen, die alle aufzuzählen, zu langweilig wäre. Einer dieser Klüngel sei als Beispiel genannt: das *Interforum Oranienburg e. V. Arbeitskreis Franz Oppenheimer* in Berlin. Was sich in Berlin an politischem Schwachsinn tummelt, ist auch auf Entfernung kaum auszuhalten. Das *Interforum Oranienburg* wurde 1990 gegründet, um die Konzepte und Ideen von Rudolf Steiner, Silvio Gesell und Franz Oppenheimer zu verbreiten. Am 28. September 1993 wurde an der Humboldt-Universität der 50. Todestag von Franz Oppenheimer (1864-1943) gefeiert. Sein Werk stelle die Alternative, einen »Dritten Weg«

zwischen Kapitalismus und Kommunismus vor. Referenten waren unter anderen die Gesellianer Georg Otto und Tristan Abromeit, beide Mitglieder der Grünen. Als Schirmherr wirkte Rudolf Bahro. Im *Interforum* agiert auch Irmgard Kohlhepp, angeblich früher Mitglied der KPD, später Alternative Liste Westberlin, Landesverband der Grünen. Auf offiziellem Briefpapier des *Interforum Oranienburg* wütet ein gewisser Bernhard Heldt in Verteidigung von Klaus Schmitt herum, beschimpft RedakteurInnen der *ÖkoLinX* als Stasi-Spitzel (er ist falsch informiert: Wir hatten unter Breschnew die Leitung des KGB), die ihn schon immer verfolgt hätten. Er geifert über die Kritik an Gesell und Rudolf Steiner. Heldt sieht »den Faschismus nicht für den wirklichen Grund und die Ursache einer Problemsicht« an, »(...) wie er [?] im Antifaschismus zum Ausdruck kommt«. Das ist verständlich, denn Heldt war Gründungsmitglied der *Republikaner.*

Der Nationalrevolutionär Günter Bartsch

Einer der bekanntesten Verehrer Silvio Gesells ist der Nationalrevolutionär Günter Bartsch. Sein Weg führte in wirrem Zickzack durch eine Reihe von linken Zusammenhängen und esoterischen Sekten zu den Nationalrevolutionären. Von 1947 bis 1953 war er Mitglied der KPD in Niedersachsen. 1972 veröffentlichte er das Buch »Anarchismus in Deutschland«, in dem Silvio Gesell als »Anarcho-Liberaler« charakterisiert wird. 1975 schreibt Bartsch »Revolution von rechts?«, worin er sich positiv auf Teile der »Neuen« Rechten sowie das ehemalige NSDAP-Mitglied Otto Strasser bezieht. Von »Kronstadt zum Achbergerlebnis« markiert Bartschs Brücke vom Anarchismus zur Anthroposophie. Seine Texte erscheinen in den rechtsextremen Blättern *Wir selbst, Criticon* und *Junges Forum* sowie in den SPD-nahen *Frankfurter Heften.* 1989 erscheint Bartschs Biographie über Otto Strasser im Verlag des *Wir-selbst*-Herausgebers Siegfried Bublies (Ex-NPD, Republikaner), »die von Strasser selbst stammen könnte«.[312] Im selben Jahr gibt Klaus Schmitt »Silvio Gesell. ›Marx‹ der Anarchisten?« heraus, für das Bartsch den Beitrag »Silvio Gesell, die Physiokraten und die Anarchisten« verfaßt hat.[313]

Silvio Gesell will »Marktwirtschaft ohne Kapitalismus«,[314] plakatiert Bartsch. Als es ob es die gäbe. Was soll das sein, ein Gemüsemarkt, auf dem Naturalien getauscht werden? Wie wir gesehen haben, bleibt Gesell aller Propaganda zum Trotz beim Kapitalismus und seinen tragenden Säulen: grenzenloser Kapitalakkumulation und unbegrenztem Wachstum, schrankenlosem Wettbewerb und mörderischer Konkurrenz, Ausbeutung und Profit. Marktwirtschaft sei »eine Art kybernetisches System, das auf Selbststeuerung und Rückkoppelung beruht«,[315] das wolle Gesell aus den Fängen der Konzerne, Trusts und Preiskartelle befreien. Seine Zinsbefreiung ist ein Kapitalismus-immanenter Vorschlag. »Der Kapitalismus beruht aus seiner [Gesells] Sicht nicht auf dem Privateigentum an Produktionsmitteln und auf Lohnarbeit, wie Marx behauptete, sondern auf Zins und Grundrente, welche arbeitslose Einkommen ermöglichen.«[316]

»Gesells Hochzucht-Idee hat sicher etwas Befremdendes mit einer Spur des Sozialdarwinismus.« Doch das richte »sich vor allem gegen Ehen mit Alkoholikern«,[317] wirbt Bartsch um Verständnis. Daß Gesell menschliche »Rassen« postuliert, stört Bartsch nicht, er teilt anscheinend diese Meinung. Gesell sei kein »Faschist, eher ein Feminist«,[318] weil er den Frauen zugestehe, sich ihre hochwertigen Zuchtpartner selbst auszusuchen. »Alkoholiker werden ›keine Frauen mehr finden, die ihre ekelhafte Gesellschaft dulden, darum in der Regel auch keine Nachkommen hinterlassen‹.«[319] Diese »physiokratische Eugenik, begründet auf freier Liebeswahl [der Frauen] und freiem Wettbewerb [der Männer], wird (...) die Ursachen der Degeneration beseitigen«,[320] sagt Bartsch. Die »natürliche Auslese« soll die Tüchtigsten nach oben bringen.

Bartsch fälscht Geschichte und verklärt den großen Meister, wo er kann. So behauptet er beispielsweise, Gesell sei nur gegen den »Zwangskommunismus, aber nicht gegen den Gemeinschaftskommunismus«[321] gewesen. Bei Gesell selbst hört sich das so an: »Sie kannten meine Ziele, die den Kapitalismus, die Zinsknechtschaft bekämpfen, aber ebensosehr den Kommunismus, die Gemeinwirtschaft.«[322] Unsozial? Nein, denn der »freie Wettstreit ermöglicht es den Tüchtigen, ein kleines Vermögen zu erwerben, mit dem sie großzügig und sozial umgehen werden«.[323]

Gesell wollte, wie seine Anhänger Margrit Kennedy und Werner Onken betonen, »die soziale Frage in Freiheit lösen um dem Kommunismus seine Attraktivität als Alternative zum Kapitalismus zu nehmen«.[324] Eine Revolution ist unnötig, weil erstens Kleinkapitalist

Gesell die Produktionsmittel ohnehin nicht enteignen will und zweitens der freie Mensch ja per Hochzucht hergestellt wird – »wahrhaft human«. Gesell: »Genossenschaften, Gemeinwesen, Vergesellschaftung usw., – sie können die Tatsache nicht verschleiern, daß es sich im Grunde immer um denselben Schrecken, um den Tod der persönlichen Freiheit, Unabhängigkeit, Selbstverantwortung (...) handelt.« [325]

Gesell, der Physiokrat, muß zum Anarchisten werden, obwohl er sich selbst nie so bezeichnet hat. Bartsch: »Akratie und Anarchie sind synonyme Begriffe.« [326] Ein »Akrat« ist nach Gesell ein »Vollmensch« im Gegensatz zu den heutigen Teilmenschen. Der »Anarchist« Gesell schafft den Staat irgendwie ab und setzt statt dessen »Faustrecht«, Todesstrafe und »Richter Lynch« [327] auf die Tagesordnung seiner Zukunftsgesellschaft. »Mit dem Abbau des Staates (...) stehen sich mit dem Revolver in der Hand alle gleich stark gerüstet gegenüber und da gleiche Rüstung praktisch Abrüstung bedeutet, so sind alle gleich stark, denn die natürliche Stärke gilt dem Revolver nichts.« [328]

Statt Gleichheit das Recht des Reaktionsschnelleren, der hier der Stärkere ist. Logik scheint nicht Gesells Stärke zu sein. »Wer ihn [den einzelnen] schädigt, wird von seiner Nachbarschaft festgenommen und verurteilt. Die Ausführung des Urteils, im gegebenen Fall auch eine Hinrichtung, übernimmt der Geschädigte.« [329] Gerechtigkeit? »In der einen Stadt wird man die Idioten hängen, in der anderen wird man sie in Kurgärten zu Tode verhätscheln. Jeder nach seiner Façon.« Der Nationalrevolutionär und Gesell-Fanatiker Günter Bartsch mag den »erste[n] männliche[n] Anarcho-Feminist« [330] Silvio Gesell, der »Schwächlinge und Feiglinge verachtet«, [331] und er spinnt: »Gesell soll am 11. März 1930 an einer Lungenentzündung gestorben sein. Aber vielleicht war sein Sarg leer. (...) Er ging in den Untergrund, und nun kehrt er daraus zurück.« [332]

Den scheinheiligen Antisemiten Franz Alt [333] hat Margrit Kennedy auf den Gesell-Trip gebracht. Er will mit ihr und den Freiwirtschaftlern zusammenarbeiten, sagt er. Die ÖDP, [334] wie auch die Bündnisgrünen, verbreiten Gesellsche Ideologie.

Georg Otto, Helmut Creutz, Bündnis 90/Die Grünen
Innerhalb der Grünen gibt es heute keine systematische Auseinandersetzung mit rechten und rechtsextremen Strömungen mehr. Daß es in der Gründungsphase gelang, Ökofaschisten wie Herbert Gruhl und Baldur Springmann aus der Partei zu treiben, war der Erfolg der später von den sogenannten Realos aus der Partei gedrängten Linken. Auf diese Weise konnte die drohende Besetzung der Ökologie von rechts und ihre gesellschaftliche Wirkung als modernisierte Blut-und-Boden-Variante in und mit einer erfolgreichen grünen Partei vorläufig verhindert werden. Heute tummeln sich ÖkofaschistInnen, AntisemitInnen, GesellianerInnen und andere rechte Fraktionen weitgehend unbehelligt in den Grünen. Sie haben unter anderen in Antje Vollmer, der bündnisgrünen Bundestagsvizepräsidentin und Vertriebenenkumpanin, eine Repräsentantin gefunden, die viele Positionen der »Neuen« Rechten vertritt. [335]

In den *Grünen*, heute *Bündnis 90/Die Grünen*, tummelten sich die GesellianerInnen von Beginn an. Am Anfang standen sie im Schatten der Aufmerksamkeit um Herbert Gruhl, Baldur Springmann und andere ÖkofaschistInnen. Aber sie ließen sich nicht mit ihnen vertreiben.

Der bekannteste grüne »Zinsknecht« ist Georg Otto aus Niedersachsen. Oberstudienrat Otto, geboren 1928, nahm vermutlich 1947/1948 Kontakte zur Freiwirtschaftsbewegung auf. Er wurde Mitglied der rechtsextremen *Freisozialen Union* (FSU), deren Programmbereiche Gesundheit und Umweltschutz er mitformulierte. 1969 war er Bundestagskandidat der FSU in Niedersachsen, um nach der Wahl in die SPD einzutreten, die er 1977 verließ, um die *Grüne Liste Umweltschutz* (GLU) in Hildesheim zu gründen. Von 1978 bis 1979 war Otto GLU-Landesvorsitzender in Niedersachsen und 1979 Europakandidat der *Sonstigen Politischen Vereinigung* (SPV/*Die Grünen*), wie die Partei *Die Grünen* vor ihrer Gründung als Bundespartei im Januar 1980 hieß. Die GLU ist, neben der Herbert-Gruhl-Gründung *Grüne Aktion Zukunft* (GAZ) und der braunen *Grüne Liste Schleswig-Holstein* (GLSH), einer der rechten Vorläufer der Grünen. Zeitweise gab es braune Zellen in Rheinland-Pfalz, Solidaristen in Nordrhein-Westfalen und in Berlin die Besetzung des grünen Landesverbandes durch den faschistischen *Witikobund,* der Berliner Landesverband wurde vom damals linken grünen Bundesvorstand aufgelöst.

Die späteren linken Grünen, MarxistInnen, MarxistInnen-LeninistInnen, AnarchistInnen, Antiautoritäre usw., hatten sich in *Bunten Listen* (z. B. *Bunte Liste Hamburg*), *Alternativen Listen* (z. B. *Alternative Liste Westberlin*) oder in der *Grünen Liste Wählergemeinschaft* (GLW), die später in die *Grüne Liste Hessen* (GLH) aufging, organisiert und sich so auf ihr parlamentarisches Experiment vorbereitet, das einige, die wie ich aus der linksradikalen antiparlamentarischen Anti-AKW-Bewegung der siebziger Jahre kamen, nach unseren Erfahrungen im Deutschen Herbst 1977 für notwendig hielten.

1980 wurde Georg Otto (erfolgloser) Bundestagskandidat der Grünen, er arbeitete im *Liberal-Sozialen Arbeitskreis* und im *Arbeitskreis Dritter Weg* mit. Ab 1981 war er fünf Jahre grüner Ratsherr in Hildesheim und nannte seine *Liberalsozialen* später in *Liberalsozialisten* um, um sich so – wie er wohl hoffte – erfolgreicher an die zeitweilige linke Mehrheit in der Partei anzubiedern.[336] Otto ist Autor diverser Pro-Gesell-Broschüren und -Flugblätter sowie zahlloser Briefe in Sachen Gesell und Freiwirtschaft an die Gremien der Partei.

Helmut Creutz, Grüner aus Aachen, ist geschickter in der Selbstdarstellung als Georg Otto, und so war ihm mehr Erfolg beschert. Creutz ist einer der penetrantesten Gesell-Jubler. Wie Otto war er Mitglied der rechtsextremen FSU.

Creutz tummelte sich in den Kreisen von *anders leben – anders wirtschaften,* dem »liberalsozialen« Arbeitskreis *Dritter Weg* und war Mitarbeiter der gleichnamigen Zeitschrift; außerdem arbeitete er mit den LSI (*Lebensschutzinformationen*), einem Organ des rechtsextremen *Weltbunds zum Schutz des Lebens* (WSL) zusammen, dessen Präsident Max Otto Bruker zweimal war (siehe Kapitel 3). Creutz trat als Referent im *Collegium Humanum,* der Bildungsstätte des WSL, auf[337] und veröffentlicht seine Pro-Gesell-Texte regelmäßig in Brukers Zeitschrift *Der Gesundheitsberater* und in *Contraste,* der *Monatszeitung für Selbstverwaltung,* die bedauerlicherweise regelmäßig offene Seiten für esoterische, »neu«rechte und ökofaschistische AutorInnen und Texte hat.

Lange Jahre gab es in Hamburg und Niedersachsen zähe Versuche von linken Grünen um Raimund Hoeft, die Partei dazu zu bringen, den rechten Kreisverband Harburg-Land aufzulösen. Die verantwortlichen Gremien und FunktionärInnen, zeitweise verantwortlich auch Helmut Lippelt, heute bündnisgrüner Bundestagsabgeordneter, ignorierten selbst offenen Antisemitismus. Bei den Grünen in Harburg-Land beschäftigte man sich, nicht nur im Kreisvorstand und in einer grünen Frauengruppe, mit Yoshito Otani, einem Gesell-Propagandisten und knallharten Antisemiten, auf den sich Margrit Kennedy gern bezieht und für dessen Mitarbeit an ihrem Buch sie sich artig bedankt. Otani stellt die Vernichtung der Jüdinnen und Juden in KZs und die Gaskammern von Auschwitz in Frage. Er leugnet die Kriegsschuld der Deutschen und schiebt selbst die Schuld am Ersten Weltkrieg »jüdischen Bankhäusern« zu. Otani bezieht sich in seinem Buch »Untergang eines Mythos« auf die sogenannten »Protokolle der Weisen von Zion«.

Die »Protokolle« sind die berühmteste antisemitische Fälschung von Texten. Sie gelten als Erfindung des zaristischen Geheimdienstes *Ochrana*. »Es handelt sich um fiktive Gespräche auf einer fiktiven jüdischen Geheimkonferenz und deren angeblichen Beschluß, die jüdische Weltherrschaft ›unter einem König aus dem Haus Zion‹ durch Gewalt, Betrug und List zu erringen.« Die »Protokolle« erschienen 1903 erstmals in der St. Petersburger Zeitung *Snamja*. Sie knüpfen an alte antijudaistische christliche Weltverschwörungsmythen an. Die erste deutsche Übersetzung erschien 1920 und hatte bis 1938 22 Auflagen. Bereits 1921 hatte die Londoner *Times* die Fälschung nachgewiesen, wie auch Schweizer Gerichte 1935 und 1937. Der NSDAP kamen die Protokolle äußerst gelegen. Hitler, Rosenberg, Streicher und andere waren tief beeindruckt von den propagandistischen Möglichkeiten. Die Protokolle lieferten »Beweise« für die antisemitischen Propagandalügen und sollten Hitlers Kriegserklärung an die »jüdisch-imperialistischen Mächte« rechtfertigen. Nach dem Zweiten Weltkrieg erlebten die Fälschungen hohe Auflagen in arabischen Ländern, aber auch — wieder — in Europa, Afrika und den USA.[338]

Mit solchem anitsemitischen Stoff des Gesellianers Otani wurde im grünen Kreisverband Harburg-Land geschult, und niemand griff ein. Ganze Arbeitskreise wurden in den *Grünen* eingerichtet, die nur der Verbreitung der Gesellschen Ideologie dienten, viele dürften heute noch bestehen. *Die Grünen* in Nordrhein-Westfalen leisteten sich eine *Landes-Arbeits-Gemeinschaft Wirtschaft* mit einem *AK Geld und Banken* in Düsseldorf, der nur aus Gesell-DebattiererInnen zu bestehen schien. In Baden-Württemberg schlug sich Gesells Ideologie im Wirtschaftsprogramm nieder, und auch bei den *Grünen* in Sachsen-Anhalt wird dem Sozialdarwinisten Gesell gehuldigt. [339]

Margrit Kennedy

Sie hatte ein Erweckungserlebnis: »Durch Helmut Creutz habe ich dann im Mai 1983 (...) in einer halben Stunde begriffen (...)«,[340] und ab da war sie auf dem Gesell-Trip.

Die Gesellianerin Margrit Kennedy ist Architektin, Umweltschützerin und Professorin an der Universität Hannover. Gesells Ideologie scheint ihr gerade heute sehr nützlich: »In der Vergangenheit wurde die krebsartige Akkumulation von Geldvermögen und damit Macht in den Händen einer Minderheit durch Revolution, Kriege oder ökonomische Zusammenbrüche beseitigt. *Heute sind solche Methoden nicht mehr praktizierbar*«(Hervorhebg. i. Orig.).[341] Das Subjekt ihrer Fürsorge sind »die Reichen«.[342] »Werden jene zehn Prozent der Bevölkerung, (...) die an den wesentlichen Schalthebeln der Macht sitzen, es zulassen (...) da sie dann nicht mehr die Möglichkeit haben, von der überwiegenden Mehrheit der Bevölkerung ein arbeitsfreies Einkommen zu beziehen? (...) Die historische Antwort lautet: Natürlich nicht!«

Doch Kennedy tröstet uns: »Und ich sage ihnen, die meisten Reichen verstehen genausowenig, wie unser Geldsystem funktioniert, wie der Mann auf der Straße.«[343] »Leider haben«, sagt sie, »viele seiner [Gesells] Anhänger den Fehler begangen, die Menschheit aufzuteilen in die Bösen, die vom jetzigen System profitieren und die Guten, die draufzahlen und leiden. Ich lehne diese Vereinfachung ab.« »Ich sage nicht: Die Milliardäre sind die Bösen, und die große Mehrheit der Leute, die draufzahlen, die Guten.«[344] Sie habe erfahren, »daß diese Sichtweise sich sehr befreiend auswirkt, vor allem im Hinblick auf einen Dialog mit den Menschen, die sonst die ›Bösen‹ wären. Ich möchte nämlich auch mit den Reichen sprechen« – das wissen wir inzwischen – »und ihnen klar machen können, daß der Ast, auf dem sie sitzen, ihnen nichts bringt, wenn der Baum, an dem er wächst, krank ist.«[345]

Den »Reichen« wird der »weiche Weg« einer »gesellschaftlichen Evolution« zur Vermeidung des »harten Wegs« einer »Revolution« versprochen.[346] Gesells Rezepte wirken wie »homöopathische Mittel«, die »den Übergang zu einer Gesellschaft, die ›für das Leben‹ ist, ›sanft‹ erleichtern helfen.«[347] »*Der evolutionäre Weg gäbe den Reichen die Möglichkeit, ihr Geld zu behalten, das sie bisher durch Zinsen gewonnen haben. Der revolutionäre Weg wird unweigerlich zu fühlbaren Verlusten führen, möglicherweise sogar zur persönlichen Gefährdung*«(Hervorhebg. i. Orig.).[348]

Beide, Gesell wie Kennedy, fürchten die Revolution, denn sie haben sich für die herrschende Klasse entschieden. Evolution, Wegsteuern, Rosten, Schwinden usw., alles Worte, die nur der Verewigung kapitalistischer Verhältnisse dienen. Das Interessante an diesen Kapitalismus-BändigerInnen ist, daß sie den Kapitalismus durch schrankenlose Enthemmung der Menschen im gnadenlosen ökonomischen Wettbewerb erst richtig entfesseln wollen.

Margrit Kennedy mag es mystisch, sie bezieht sich auf »Moses, Aristoteles, Jesus, Mohammed, Luther, Zwingli und Ghandi«, wenn sie gegen den Zins wettert, und damit implizit auch auf den christlichen Antijudaismus. Sie setzt auf »das spirituelle Wissen, welches in vielen Teilen der Welt« wachse, und »auf tiefgreifende Bewußtseinumwandlungen« für eine »friedliche Transformation des Geldsystems«.[349] In biologistischer Manier unterscheidet sie eine »Frauenwelt«, zu der »lebende Systeme« gehörten wie »Pflanzen, Tiere und Menschen und besonders Kinder«, während die »›Männerwelt‹ gemeinhin automatisiert«, »Menschen und alles, was nach eigenen Gesetzen wächst und lebt, auszuschalten sucht«.[350] Margrit Kennedy gehört zur esoterischen Szene, sie schreibt für Bücher wie »Gaia. Das Erwachen der Göttin«,[351] in dem das ganze Potpourri an Germanen- und Naturmystik, von der Weltesche »Ygdrasil« bis zur »Uterus-Herzens-Bildung« für die »Gebärmutter Erde« gefeiert wird. Sie hat Kontakt zur esoterischen Sekte *Findhorn*, und sie tritt bei der sexistisch-autoritären Sekte ZEGG auf. Im Juli 1993 referierte sie im Rahmen der Vorlesungsreihe von Rudolf Bahro an der Berliner Humboldt Universität.[352]

Ökologische und alternative Medien

Kaum hat die Zeitschrift *Politische Ökologie*, die hin und wieder auch mit Pro-Mediations-Texten befriedend gegen möglichen linken Widerstand eingreift,[353] etwas moderat Kritisches gegen die Verbindung von Ökologiebewegung und rechtem Rand geschrieben, wüten Gesellianer in Leserbriefen: »Zwar wurde (...) von Nationalisten und Antisemiten versucht, die Freiwirtschaftstheorie zu mißbrauchen. Das darf aber nicht pauschal der Freiwirtschaftsbewegung und schon gar nicht ihrem geistigen Vater angelastet werden.«[354]

Oder: »Ist eine solche Zinssenkung etwas schlechtes, nur weil die Nazis die leere Parole ›Brechung der Zinsknechtschaft‹ zum Stimmenfang mißbraucht haben?« schimpft Wilhelm Schmülling, verantwortlicher Redakteur der Zeitschrift *Der dritte Weg*, Essen.[355] Schmülling behauptet, daß »nicht erwähnt [wird], daß von den Nazis alle freiwirtschaftlichen Vereinigungen und Publikationen verboten« wurden. Die Ablehnung der Gesellschen Theorie durch die Nazis sei »überdeutlich« gewesen.[356] Wieder wird behauptet: »das Gesell-Konzept« stelle »primär ein Wirtschaftsprogramm und nicht eine Weltanschauung dar«.[357]

Die Kenntnis über die Entstehungsbedingungen des deutschen Faschismus ist so gering, daß es für Interessierte kein Problem ist, Leuten heute glaubhaft zu machen, diese oder jene Strömung, Geisteshaltung oder Organisation sei bereits deshalb *antifaschistisch*, weil sie von den Nazis verboten oder verfolgt worden sei. Dieses Argument benutzen die meisten bürgerlichen Strömungen heute, darunter antisemitische Konservative, AnthroposophInnen und auch die GesellianerInnen. Daß diejenigen Strömungen, die auf die eine oder andere Weise dem NS-Faschismus zum Durchbruch verhalfen, dann auch in der neuen Herrschaftsformation zu erfolgreichen In-Groups werden würden, hatte ihnen niemand garantiert. Der Umkehrschluß, wer von der siegreichen herrschenden Clique (NSDAP-Führung) drangsaliert wurde, müsse antifaschistisch sein, ist absurd. Genauso unzulässig wie die Hoffnung von Bernd Kramer, daß das Leiden seiner Verwandten im KZ, ihm an rechtsextremem Gedankengut zu verlegen erlaube, was immer seinem benebelten Kopf auch einfällt.

Die Zeitschrift *Politische Ökologie* gab dem Druck der Gesell-Fans blitzschnell nach und ließ bereits in ihrer nächsten Ausgabe dem

Gesellianer und *Grünen*-Mitglied Helmut Creutz ausführlich das Wort. Eine danebenstehende vorgebliche »Contra«-Position der ehemaligen wirtschaftspolitischen Referentin der *Grünen* im Bundestag, Elisabeth Paskuy, beginnt mit folgenden Worten: »Ich bedaure es, daß die Ökonomenzunft dieser Bewegung (der Freiwirtschaftler, deren Konzepte auf Silvio Gesells Theorie aus dem Jahre 1916 gründen) kein Augenmerk zu schenken gewillt ist. Dieser Beitrag will dazu Anstöße geben.«[358] So funktioniert eine *» Contra«*-Position.

Umweltjugendbewegung

Aufgrund der gegenwärtigen Verwirrtheit umweltbewegter und alternativer Gemüter rekrutieren GesellianerInnen in diesem Spektrum mit einem gewissen Erfolg. Im Programm des BUND fanden wir die Einladung für ein Seminar über Silvio Gesells Freiwirtschaftslehre, Referent: Helmut Creutz, Organisator und verantwortlich: Jens Dörschel, der sich manchmal auch Ökosozialist nennt, aber noch nicht auf die Idee gekommen war, ein Seminar über Marx' »Kapital« anzubieten, was der BUND-Jugend nur nützen könnte. Auf Kritik reagiert Dörschel beleidigt: Es sei sein »Wunsch«, sich »auf Seminaren mit Andersdenkenden persönlich auseinanderzusetzen, ob nun mit Freiwirten oder ökologischen Modernisierern aus CDU, FDP und der Wirtschaft«.[359] Aber mit Gesell kann mensch sich auch auseinandersetzen, ohne daß AnhängerInnen der Gesellschen Ideologie ein Forum geboten wird.

Auch auf dem Auftaktfestival der Umweltjugendbewegung im Juli 1994 in Magdeburg waren die Gesellianer unter vielfältigen Etiketten zugegen, als *Liberalsoziale* beispielsweise. *Christen für eine gerechte Wirtschaftsordnung* warben mit Rudolf Steiner und dem Antisemiten Yoshito Otani für ihre »Zinstheorie«.

Es ist immer deutlicher zu sehen, daß die Umweltjugendbewegung in ihrer Masse unpolitisch gehalten, entpolitisiert und damit in Wirklichkeit nach rechts orientiert werden soll, orientiert aufs rein praktische »Do it!«, aufs Gefühlige, auf Nabelschau, Psycho- und verblödende Wohlfühlgrüppchen. Es wurde ein Begriff von Toleranz und Pluralismus durchgesetzt, der einem hemmungslosen Eklektizismus entspringt, theoriefeindlich und von Geschichtsbewußtsein weitgehend frei. An solcher Entpolitisierung sind viele interessiert, nicht nur Typen wie der esoterisch-anarchistisch-rechte Kleinverleger Hermann Cropp (»Packpapier-Hermann«) aus Osnabrück, Eingeweihten bekannt durch seinen Kniefall vor dem von ihm selbst zuvor kritisierten Max Otto Bruker. Cropp bringt 1995 Eduard Gugenberger und Roman Schweidlenkas »Bioregionalismus. Bewegung für das 21. Jahrhundert« heraus (vgl. Kapitel 5) und trägt damit einmal mehr zur Verbreitung von biologistischem Gedankengut bei. Auch Neoliberale wie die Bündnisgrünen wissen, daß durch eine verblödete Umweltjugendbewegung Kritik und Konkurrenz kleingehalten werden können – von etwaigen antikapitalistischen Attacken ganz abgesehen.

Die Mehrheit der Umweltjugendbewegung weiß nichts von ihrer großen Vorgängerin aus der Zeit vor 1933, ihrer Ignoranz gegenüber der sozialen Frage, ihrer Mystifizierung der Natur und ihrer Selbstauflösung ins »Dritte Reich«, als ein Großteil ihrer Mitglieder voller Begeisterung in die zuvor unbedeutende *Hitlerjugend* (HJ) überlief. Und so ist die Umweltjugendbewegung aufs schlimmste darauf vorbereitet, eine vergleichbare Entwicklung durchzumachen, sofern die gesellschaftlichen Rahmenbedingungen nur ungünstig genug sind.

Gesell goes East – Die Knochengeldaktion am Prenzlauer Berg

Auf Initiative einer Künstlergruppe galt am Prenzlauer Berg in Berlin im November und Dezember 1993 eine zweite Währung: der »Knochen«. Die Idee basiert auf der sogenannten »Schwundgeldtheorie« Silvio Gesells. Die Gruppe *Ioe Bsaffot* und die Galerie *o zwei* (Berlin, Prenzlauer Berg) organisierten gemeinsam die Aktion »Künstler machen Geld«. Rund drei Dutzend KünstlerInnen entwarfen je einen Geldschein. Der Wert jedes Scheins betrug 20 Knochen oder ein Pfund Knochen und mußte für 20 DM gekauft werden. Die Geldscheine wurden zu 50 Stück gebündelt und jedes Bündel zu 1000 DM verkauft. Pro Woche verlor jeder Geldschein eine DM an Wert, der durch zusätzliche Kaufmarken ausgeglichen wurde, die aufgeklebt werden mußten! Nach sieben Wochen sind das für ein Bündel zusätzliche 350 DM. (Natürlich verlieren die echten 20 DM-Scheine, die für das Schwundgeld an die Herstellerinnen bezahlt wurden, längst nicht so schnell an Wert. Sonst wär's ja auch kein Geschäft.)

Der Gewinn sollte mit den KünstlerInnen geteilt werden, was in »weihevoller Form« zu geschehen habe. Einige Läden und Kneipen am Prenzlauer Berg erklärten, daß sie Knochengeld nähmen. Sie profitierten von der Aktion, denn wer nicht zu viel Geld verlieren will, muß es ausgeben. Doch so wird lediglich Kaufkraft abgeschöpft, und einige Geschäfte erhöhen ihre Einnahmen. Eine Art nichtprogressive Steuer, kein Griff in die Tasche der Kapitalisten. Es ist eine Wirtschaftsförderungsmaßnahme zugunsten der Kneipen am Prenzlauer Berg, ein läppisches Spiel im Rahmen und in der Logik des Kapitalismus. Weder Produktionsbedingungen noch Profit werden auch nur andeutungsweise in Frage gestellt.

Das zeigt sich auch an anderen Beispielen: Statt zu kritisieren, daß der Staat SozialhilfeempfängerInnen und Erwerbslose zur Zwangsarbeit verpflichtet, fordern angeblich anarchistische Gesell-Fans, daß ein sogenanntes »Zweitgeld (ein Geld, das an Wert verliert, wenn es nicht ausgegeben wird, d. A.) für Notstandsarbeiten an Arbeitslose« in der Ex-DDR gezahlt wird. [360]

Daß Steuern, wie die Geldsteuer (Hortungsgebühr, Schwundgeld), als negative Sanktionen die zentrale Steuerung des Kapitalismus zum Guten bewirken soll, steht im Zentrum der Gesellschen Lehre.

Im Rahmenprogramm der Knochengeld-Aktion finden wir Vorträge von Gesellianern, unter anderem von Klaus Schmitt (über das »Wörgeler Schwundgeld« am 6. 11. 1993) und Helmut Creutz (»Zaster, Zins und Zinseszins« am 8. 12. 1993). Dem »Strategiepapier Nr. 5« von *Ioe Bsaffot* durften wir die freudige Botschaft entnehmen: »Stirnerianer und Steinerianer geben sich den Henkel in die Hand, Bahro läßt grüßen ...« [361] Dann sind ja alle beieinander.

Eine Aktion, die keine Propaganda für eine rechtsextreme, antisemitische, prokapitalistische Gesellsche Wirtschaftstheorie gewesen wäre, kam den KünstlerInnen nicht in den Sinn. Bis heute haben sich die KünstlerInnen, darunter auch Mitglieder der IG Medien, nicht mit der Kritik an der Aktion auseinandergesetzt. [362]

Klaus Schmitt, die Gaspistole der Anarchisten

Schmitt denunziert seine linken GegnerInnen gerne als »rote FaschistInnen«, schreibt Louis Lerouge, zum Beispiel indem Schmitt ihm, Lerouge, vorwerfe, »auf der Seite der serbischen Faschisten zu stehen«, anstatt inhaltlich auf seine Kritik an Gesell einzugehen. [363]
Contraste, die nach der Veröffentlichung von Pro-Gesell-Texten nun

wenigstens eine kritische Debatte zuläßt, solle »ihre teuren Seiten (nicht) mit ›Antifa‹-Gewäsch verschwinden«, hetzt der Antikommunist Klaus Schmitt,[364] der eben diese Zeitschrift zuvor mit Pro-Gesell-»Gewäsch« füllen durfte.[365]

Sein mehrfach erwähntes Buch »Silvio Gesell — der ›Marx‹ der Anarchisten?« wird im Katalog des *Karin Kramer Verlages* übrigens so angepriesen: »... eine Alternative sowohl zum Privatkapitalismus der Liberalen als auch zum Staatskapitalismus der Marxisten (...): das anarchistische Konzept einer Marktwirtschaft ohne Kapitalismus.«[366] Auch bei Kramer wird also den AnhängerInnen die friedliche Bändigung des Kapitalismus vorgegaukelt und tatsächlich der Entfesselung des totalen, inhumanen Wettbewerbs, Motto: »Der Stärkere überlebt«, das Wort geredet.

In nationalrevolutionärer Manier nimmt Schmitt historisch Bezug: »Doch ohne die ›Brechung der Zinsknechtschaft‹ (einst zündende NSDAP-Parole) läßt sich keine soziale Revolution machen, keine ökologische Gesellschaft aufbauen, noch nicht einmal ein krisenfester und ausbeutungsfreier Selbstverwaltungsbetrieb eröffnen (...).«[367]

Zu Klaus »Gaspistole« Schmitts Anliegen gehört die Teil-Entnazifizierung der NSDAP: »Die linken Nazis vertraten zwar eine staatssozialistische und — ähnlich wie der faschistische, konservative und rassistische Flügel der NSDAP — eine antisemitische Position, wendeten sich jedoch entschieden gegen das Finanz- und Bodenkapital und versprachen dem Proletariat ›Arbeit und Brot‹ und den Kleinbürgern und Bauern die ›Brechung der Zinsknechtschaft‹.«[368] Ihr Erfolg, sagt Schmitt, habe auch mit ihrem »zinsorientierten Antikapitalismus«[369] zu tun gehabt. Der »Erfolg« dieses »zinsorientierten Antikapitalismus« bei den proletarischen und kleinbürgerlichen Juden und Jüdinnen dürfte in dieser Hinsicht anfänglich geringer, später um so endgültiger gewesen sein.

»Trotz vieler theoretischer Mängel und politischer Differenzen in der NSDAP hat sie Anfang der 30er Jahre ein — wie sich zeigen sollte — durchaus brauchbares Wirtschaftsprogramm zur Überwindung der Deflationskrise vorgelegt.«[370] Was sich »zeigte« und in faschistischem Interesse »brauchbar« war, war eine terroristische Zentralwirtschaft, die vollständig auf wirtschaftliche und militärische Eroberung anderer Teile Europas ausgerichtet war und in der — neben der Shoa — Hunderttausende von Menschen durch Arbeit, durch vollständige Verwertung ermordet wurden. Ein offensichtlich »brauchbares Wirtschaftsprogramm«. Schmitt trifft eine fast mystische Unterscheidung, wie dies heute in rechten anarchistischen Kreisen wieder hochbeliebt ist: auf der einen Seite die »bösen« Nazis, auf der anderen Seite die »guten« Nazis um den Zinstheoretiker Gottfried Feder und die Brüder Gregor und Otto Strasser. Immerhin hat Otto Strasser die SA mit aufgebaut, in der dann auch Max Otto Bruker Mitglied wurde, der wiederum Silvio Gesell heiß verehrt.

»Neu«rechte Nationalrevolutionäre wie Günter Bartsch, aber auch die faschistische *Nationalistische Front* (NF) Jürgen Riegers (»Schluß mit den Holocaust-Vorwürfen! Deutscher, willst Du ewig zahlen?«[371]), die Anfang der neunziger Jahre an vorderster Front Pogrome organisiert haben, beziehen sich — wie Henning Eichberg — auf die Brüder Otto und Gregor Strasser, die Führer des angeblichen »linken Flügels« der NSDAP. Hauptfigur war Otto Strasser (1897-1974), der 1925 in die NSDAP eintrat, 1930 austrat und die *Kampfgemeinschaft revolutionärer Nationalsozialisten* (genannt *Schwarze Front*) gründete. 1933 geriet diese Faschistenfraktion mit Hitler in Konflikt, weil sie einem völkischen Sozialismus huldigten und das Wort Sozialismus damit in seinen Ohren zu sehr betonten. Die Konkurrenz zur nationalrevolutionären *Schwarzen Front* der Strasser-Brüder, Himmlers SS, setzte sich durch.

Nach dem Zweiten Weltkrieg wurde der *Bund für Deutschlands Erneuerung* auf Basis der Thesen Otto Strassers gegründet und nannte sich, nachdem er 1956 in Berlin verboten worden war, in *Deutsch-Soziale Union* (DSU) um, die sich auch Strasser-Partei nannte.[372] Auch Ex-NS-Reichsarbeitsdienstführer Erwin Schönborns *Deutsche Freiheits-Partei* (DFP), gegründet im Mai 1954, orientierte sich an Strassers Thesen. Schönborn sind wir als Führer des 1975 gegründeten *Kampfbundes Deutscher Soldaten* (KDS) im Zusammenhang mit Max Otto Bruker begegnet. Auch der KDS leugnet die industriell betriebene Vernichtung von Millionen von Jüdinnen und Juden, von KommunistInnen, SozialistInnen, Homosexuellen, von Roma und Sinti in Auschwitz.

Daß die Anarchisten Rudolf Rocker und Erich Mühsam mit Otto Strasser diskutiert haben, ist Klaus Schmitt Beleg genug, um daraus inhaltliche Übereinstimmungen zwischen ihnen und dem angeblichen linken Flügel der NSDAP abzuleiten.[373] »Kurz vor der Macht-ergreifung der Nazis befand sich die Linke, und dies gilt für die zahlenmäßig kleine Gruppe der Linksradikalen erst recht, dermaßen in der Defensive, daß sich ein Gespräch mit einer oppositionellen Gruppe der Nazis praktisch auszahlen konnte«,[374] schreibt Wolfgang Haug[375] in einem Leserbrief an *Contraste*. Unabhängig davon, ob mensch diese Taktik gutheißt, ergibt sich aus ihr keineswegs die von Schmitt unterstellte »geistige Nähe«. Daß Schmitt diese gern konstruieren möchte, ist nachvollziehbar, denn Erich Mühsam als Kronzeuge würde Schmitts eigene »geistige Nähe« zur »Neuen« Rechten in anarchistischen Kreisen schönfärben.

Klaus Schmitt schätzt vor allem Gesells biologistische Freiland-Idee: Ein Mütterbund, Gesells Staatsersatz, verwaltet den gesamten Boden einer Gemeinschaft und verpachtet ihn an die Meistbietenden. Die Größe des Bodens hängt von der Gebärfreudigkeit der Frauen ab. Schmitt behauptet: Gesell habe dies als Beitrag zur »biologischen und kulturellen Fortentwicklung der Menschheit« verstanden, als Möglichkeit, den potentiellen Vater unter eugenischen Gesichtspunkten auszuwählen.[376] Er setzt auf die rassistische Eugenik Silvio Gesells: »(...) immerhin ist dieser Gedanke einer für die Gesunderhaltung des Erbguts und für die Evolution der menschlichen Art vorteilhaften und von den betroffenen Individuen *selbstbestimmten* Eugenik eine diskutable Alternative zu den auf uns zukommenden, von Staat und Kapital *fremdbestimmten* Genmanipulationen und ›Hochzucht‹-Programmen (...).«[377] Gesell formuliert das so: »Jede Zucht, die nicht in völliger Freiheit erfolgt, bei der die natürlichen Triebe nicht die führende Rolle spielen, ist widernatürliche Zucht, ist Unzucht, Sodomie.«[378] Auch vermeintlich »selbstbestimmte« Eugenik ist immer fremdbestimmte Selektion von Menschen in solche mit »höherwertigem« und »minderwertigem« Erbgut. Purer biologistischer Rassismus.

Schmitt kann der Menschenzucht viel abgewinnen: »Der Gedanke, das Erbgut gesund zu erhalten und eventuell den Selektionsprozeß durch bewußtes menschliches Handeln fortzuführen, (...) ist im Grund genommen eher eine höchst humane Kulturaufgabe. Denn wir kommen kaum um die Erkenntnis von Konrad Lorenz herum: ›Das lang gesuchte Zwischenglied zwischen dem Tier und dem wahrhaft humanen Menschen – sind wir!‹«[379] Der rassistische Anarchist leugnet, daß der »wahrhafte« Mensch, um »human« zu sein, humane *gesellschaftliche* Verhältnisse braucht, die unter der Bedingungen von Kapitalismus, Hochzucht-Auslese oder völkischem Denken nicht gedeihen können. Human kann ein behinderter oder kranker Mensch nach dieser Logik nicht sein.

Der Mensch ist weder gut noch böse, er hat ein unbeschreiblich großes Potential an Möglichkeiten, die aber erst in einer Gesellschaft, die die soziale Gleichheit garantiert, zur vollen Entfaltung kommen können. Es ist »wahrhaft inhuman«, einen Zusammenhang zwischen »Hochzucht« und »Humanität« zu konstruieren, es entwertet die heutigen Menschen. Schmitt leitet seinen »naturwüchsigen Wettbewerb« als »vorantreibende Naturgesetzlichkeit« mit »selektiven Vorteilen« aus der Tradition der biologistischen Verhaltensforschung Konrad Lorenz' und Irenäus Eibl-Eibesfeldts ab.[380] Schmitt reißt das Tor weit auf für Bioethik und gentechnische Manipulation beziehungsweise die Züchtung eines neuen Übermenschen.

Auch für die polygame, rassistische Frauenkommune, wie sie Gesell in »Der abgebaute Staat« beschreibt, plädiert Schmitt: »Die Kinder dieser Frauen stammen von verschiedenen Vätern hoher ›physischer und psychischer Qualität‹ ab, und zwar von Männern *aus den verschiedensten Völkern und Rassen der Erde!* Es geht hier also nicht um die ›Aufnordung‹ einer bestimmten Rasse, wie es die NS-Rassisten vorhatten, sondern um die Fortentwicklung der *gesamten* Gattung Mensch« (Hervorhebg. im Orig.).[381]

Schmitt, der Rechtsanarchist, übernimmt die ideologische Konstruktion von Menschenrassen, meint, weil die Kinder von Vätern unterschiedlicher »Rassen« stammten, hebe sich der Rassismus auf. Wer entscheidet, wer Väter »hoher physischer und psychischer Qualität« sind? Was ist mit den Menschen, die männlich oder weiblich, den erbgesundheitlichen Kriterien nicht entsprechen oder nicht genug »eugenische Disziplin« walten lassen? Drohung mit dem Revolver oder gleich Hinrichtung? »Jeder nach seiner Façon!«

Der *abgebaute Staat* ist keiner, in dem Menschen wirklich frei und sozial gleich leben könnten. Der sozialen Gleichheit versperrt der eugenische Kult des kraftstrotzenden (arischen) erbgesunden Menschen den Weg. Die Freiheit wird durch ein geschlechtsspezifisches Apartheidsystem erstickt. Aus der Mütterrente »können die Mütter ohne patristische und bürokratische Bevormundungen und nach eigenem Gutdünken selbstverwaltete Kinderkrippen, Kinderläden, Spielplätze, Kinder- und Jugendheime, Freie Schulen und Frauen- und Kinderkommunen, aber auch Betreuer finanzieren«.[382] Das Naturweib ist nichts als eine »freie« Zuchtstute in einer Art feministischem Patriarchat, dessen vorwiegendes Interesse auf die Aufzucht erbgesunden Menschenmaterials und die Pflege der Scholle (»Blut und Boden«) gerichtet ist. Es ersetzt die patriarchale Staatsherrschaft durch die Herrschaft des Mütterbundes. Die Eugenik der Mütter soll auch das »Überbevölkerungproblem« lösen, »das malthusianische System der Empfängnisverhütung und das daraus sich entwickelnde Ein- und Zweikindersystem führen mit mathematischer Notwendigkeit zur Degeneration und zum Untergang, weil hier der wichtigste Faktor der Arterhaltung, die Auslese, wegen Mangel an Auslesematerial ausgeschaltet wird.«[383] Das wird einen wie Franz Alt freuen: nach der Übereinstimmung beim Antisemitismus nun auch noch bei der Abtreibung.

Das frühgeschichtliche Modell der »Muttersippe« und die »geschlechtsspezifische Arbeitsteilung« der Frauenkollektive in indianischen Gesellschaften (Schmitt verklärt sie zu herrschaftsfreien Stammeskulturen!) *verbunden* mit einer kapitalistischen, auf Ausbeutung und Naturvernichtung beruhenden Gesellschaft – was für ein Gesellschaftsmodell und wieviel Emanzipation wird dabei wohl herauskommen?[384] Nichts anderes als ein biologistischer Mütterkult, der nicht mit einem Millimeter gesellschaftlicher Emanzipation, sondern mit einer knochenreaktionären Festlegung auf Frauen- und Männerrollen verbunden ist, in einer stickigen, von völlig enthemmt konkurrierenden Menschen beherrschten Gesellschaft, gnadenlos gegen »Minderwertige«. Eine soziale Utopie, die mehr mit dem völkischen Mythos gemanischer Heldensagen als mit befreiten Gesellschaften zu tun hat, wie sie sich soziale AnarchistInnen oder undogmatische MarxistInnen vorstellen.

1994 wurde Klaus Schmitt von der schweizerischen Sektion der INWO (*Internationale Vereinigung für natürliche Wirtschaftsordnung)* in die Schweiz eingeladen. Er sollte in der Shedhalle in Zürich einen Vortrag halten. Die Rote Fabrik widmete Gesell eine ganze Ausgabe ihrer *Fabrik Zeitung.* Als Klaus Schmitt aber noch vor der Veranstaltung »von den Vorzügen der ›Zuchtwahl‹ und der ›Eugenik‹ zu faseln begann, wurde er von den Kuratorinnen der Shedhalle zurechtgewiesen und trat daraufhin noch vor seinem Vortrag die Heimreise an«. [385]

Das sonstige anarchistische Spektrum

Im Gegensatz zum *Karin Kramer Verlag*, der bereits Ende der siebziger, Anfang der achtziger Jahre Texte von Henning Eichborn, einem der einflußreichsten nationalrevolutionären Theoretikern veröffentlicht hatte, [386] hat die anarchistische Zeitschrift *Schwarzer Faden* schon 1984 einen ausführlichen Artikel veröffentlicht, in dem die Gesellsche Theorie sowie die GesellianerInnen scharf kritisiert wurden. [387]

Der Berliner *A-Kurier* druckt nach der Gaspistolenaffäre einen tatsachenfreien Beitrag aus *telegraph*[388] nach, in dem mit keinem einzigen Wort auf Peter Bierls inhaltliche Kritik an Gesell eingegangen wird, sondern der Referent nach Strich und Faden beleidigt wird. Ein gewisser Knobi, der nicht mit seinem Namen für seinen Text geradestehen will, darf einen törichten Text schreiben, in dem er alle Gesell-Kritik als marxistische Verschwörung gegen den Anarchismus anprangert. [389]

Für diesen Text auch von AnarchistInnen angegriffen, reagiert der *A-Kurier* wachsweich: Einerseits distanziert er sich von Gesell, andererseits wirft er denen, die Gesell und anarchistische GesellianerInnen kritisieren voller Pathos »Spaltung« vor: »Eine Debatte (...) in der (...) bestehende Spaltungen vertieft und ihnen noch weitere hinzugefügt werden, ist ganz einfach politisch verantwortungslos gegenüber der gesamten antifaschistischen Bewegung, vor allem aber gegenüber denjenigen, für die der Kampf gegen Faschismus, Rassismus und Sexismus um so existentieller ist, je weniger weiß und männlich sie sind.«[390] Jenseits der paternalistischen Attitüde (wir verteidigen die Marginalisierten dieser Erde gegen böse weiße, möglicherweise männliche Kritiker, sind aber selbst nicht so »betroffen«) fehlt im langen Brief des *A-Kurier* jegliche antikapitalistische Position: Dabei könnte es doch sein, daß eine *antikapitalistische* Perspektive den »Verdammten dieser Erde« (Frantz Fanon) nicht gleichgültig ist.

Wer Berührungspunkte von faschistoider Ideologie mit dem Anarchismus und seinen VertreterInnen benennt und kritisiert, um in angemessener Weise *links* – und darin auch einen linken, sozialen

Anarchismus – von *rechts* abzugrenzen, spaltet in den Augen des *A-Kurier* »die Bewegung«. Wenn es sich bei dieser um eine Bewegung handeln sollte, die durch die Kritik an einer antisemitischen, rassistischen, völkischen Ideologie gespalten werden könnte, dürfte sie es eigentlich nicht wert sein, vom *A-Kurier* verteidigt zu werden.

Die traditionsreiche anarchistische Zeitschrift *Schwarzer Faden* kritisiert den *telegraph*: »Der Ostberliner telegraph, der Klaus Schmitt ein großes Interview zur Ausbreitung seiner Ideen einräumte, verteidigte indirekt Schmitts Ausraster, indem die Kritik Bierls als marxistisch abqualifiziert wurde und die Konfliktebene flugs zu einer zwischen ›Anarchisten und Marxisten‹ umgedeutet wurde. Ein seltsames Gebaren, zumal eine Kritik an Schmitts Verhalten genausowenig vorkam wie eine kritische Auseinandersetzung mit seinen Positionen bzw. eine mit den Inhalten Gesells (...) Wenn Bierl von einem marxistischen Ansatz aus argumentiert, aber das richtige sagt, wo liegt das Problem? Wenn er das verkehrte sagt, weshalb wird nicht inhaltlich dagegen gehalten?«[391]

Die Attraktivität der Ideen Silvio Gesells bei Teilen des anarchistischen Spektrums ist weder Zufall noch Unwissenheit. Der Ansatz eines individualistischen Freiheitskonzepts ist offen für Mystik, für Egokult und Verteidigung des Eigentums wie beispielsweise bei Max Stirner (1806-1856), bis hin zu faschistischen Konsequenzen.[392] Daß sich Gesell ebenso auf Nietzsche und Stirner wie auf Proudhon beruft,[393] liegt in der Logik seiner Ideologie.

Mit Proudhon stimmte er nicht nur in der Zinskritik überein. Trotz der berühmten Formulierung »Eigentum ist Diebstahl« verteidigte Proudhon Privateigentum, wenn es aus eigener Arbeit entsprungen war, gegen Wucher und Spekulanten. Er bekämpfte nicht nur jegliche revolutionäre Politik und die Emanzipation der Frau, sondern war auch ein erklärter Antidemokrat.[394] Gesell schreibt: »Die Rechte der Massen können niemals eng genug begrenzt werden (...) Der Fortschritt geht also vom Massenrecht zum Recht des Einzelmenschen. Die Völker sind im Vergleich zu ihren Bestandteilen immer minderwertig«.[395]

»Der verquere Freiheitsbegriff [der GessellianerInnen], in dem das Subjekt überhöht und losgelöst erscheint, ist letztlich Brücke zum Ego-Trip, etwa bei Stirner, und Anknüpfungspunkt für New Age und Gesellschen Sozialdarwinismus: Auslese der Besten ohne Rücksicht auf andere und, wie in der liberalen Doktrin, ohne staatliche Eingriffe. Der Dschungel als Utopie.«[396] Viele AnhängerInnen der Gesellschen Freiwirtschaftslehre möchten die Idee gern ganz und gar von Gesell trennen. Die »Kritik an weltanschaulichen Ansichten einiger Anhänger der Freiwirtschaftsidee (...)« diskriminiere »die Theorie selbst«.[397] Da wird die »Freiwirtschaftsidee« als »echte Alternative zwischen Kapitalismus und Kommunismus« gelobt und besonders die Machenschaften des Kommunismus gegeißelt, der nicht erst in der Praxis, sondern bereits »bezüglich der menschlichen Natur« gescheitert sei.[398] Mensch zeigt Einfühlungsvermögen gegenüber dem Antisemiten und prokapitalistischen mittelständischen Unternehmer Gesell, verständlich sei, »daß ein Mensch im Lauf seines Leben auch mal seine politische bzw. weltanschauliche Meinung korrigieren kann«, ohnehin sei es ein Rätsel, wie »man bei der Freiwirtschaftsidee (...) etwas Rechtsextremes, Antisemitisches oder Prokapitalistisches finden«[399] könne, denn sie sei »eine rein wirtschaftspolitische Theorie, die zunächst erst mal nichts mit Weltanschauung zu tun« habe.

Wenn es in gewissen anarchistischen Kreisen angeblich nicht um Silvio Gesell, sondern nur um die Freiwirtschaftslehre geht, weshalb konnten »anarchistische« Gesellianer im *Infoladen Bambule*, Berlin, Vorträge halten, wie Klaus Schmitt am 26. Oktober 1993 und am 2. November 1993?[400] Weshalb erscheint im »anarchistischen« *Karin Kramer Verlag* das Pro Gesell Buch »Silvio Gesell. ›Marx‹ der Anarchisten?« unter Beteiligung rechtsextremer Autoren? Wie konnte im anarchistischen *Libertad-Verlag* ein Werk des Wiener Gesellianers Gerhard Senft, »Weder Kapitalismus noch Kommunismus. Silvio Gesell und das libertäre Modell der Freiwirtschaft«,[401] erscheinen, für das wie folgt geworben wird: es eröffne »Zugänge zur Gedankenwelt Silvio Gesells«.[402] Offensichtlich alles eine einzige marxistische Weltverschwörung.

Das vor dem Zweiten Weltkrieg tatsächlich Moderne an der Gesellschen Wirtschaftslehre, die Funktionsfähigkeit des Marktmechanismus durch politische Maßnahmen bzw. den Staat zu sichern, brauchte später keine eigenständige neben den staatstragenden Parteien funktionierende Organisation mehr, auch wenn die GesellianerInnen sich bis heute abmühen. Das praktisch Brauchbare an der Gesellschen Lehre haben neoliberale Kapitalismustheoretiker längst

abgeschrieben. Es verwundert nicht, daß unter anderem Keynes die
Gesellsche Ideologie lobte, das Anliegen der »Natürlichen Wirtschaftsordnung« sei die »Entfesselung des Wettbewerbs statt (...)
seine[r] Abschaffung«. [403]

Exkurs: Dalai Lama, Häuptling der Gelbmützen.
Über die Mißachtung der »spirituellen Verwurzelung der
tibetischen Volksseele«

Sie starren nach oben, auf Riesenstatuen aus Gold und Bronze, ge-
schmückt mit Edelsteinen, und auf riesenhafte, herrschsüchtig über
den Dörfern liegende Klosteranlagen. Die TouristInnen stürzen sich
auf die Devotionalienstände und geben viel Geld aus. Nach unten
blicken sie selten. Da kriechen tibetische Gläubige auf dem Bauch
durch den Dreck, mangelernährt, oft in elendem gesundheitlichen
Zustand, und nähern sich unterwürfig den Kultstätten.

Tibet ist eines der rückständigsten und ärmsten Länder der Erde.
Aber welcheN deutschen BildungsbürgerIn (viele) oder welchen
US-Schauspieler (Richard Gere) interessiert schon die soziale Lage
der Menschen in Tibet, wenn es um teure alte Kunst und vor allem
um das eigene »spirituelle Heil« geht?

Ich habe Kinder bei ihrer klösterlichen »Ausbildung« in Tibet beobachtet. Es sind ausschließlich Jungen – Tibet ist ein feudales Patriarchat –, die ab dem Alter von vier Jahren in die Klöster geholt werden und dann jahrelang, bis zu sechzehn Stunden am Tag, einer
religiösen Indoktrination unterzogen werden. Sie sitzen abgeschlos-
sen in muffigen verdunkelten Räumen, unter Funzeln, in denen stin-
kende Yak-Butter verbrannt wird. Die Kinder müssen von morgens
bis abends buddhistische Texte auswendig lernen, die sie andauernd
halblaut vor sich hin murmeln. Individuelle Selbstbestimmung? Ab-
sichtsvolle Gehirnwäsche!

Die lamaistische Elite Tibets besaß und besitzt alle Macht über die
Menschen: Sie war und ist Großgrundbesitzer, sie besaß (und besitzt
weitgehend) die politische Macht, vor allem aber okkupiert sie das
Bewußtsein der Menschen. Wer Kinder, vorzugsweise die aufge-
schlossensten und klügsten, für die Klöster einkassiert, wer bis in die
Neuzeit Schulen und Universitäten verhindert, der will jede *weltliche*

Konkurrenz zur Herrschaft des tibetischen Lamaismus von vorne-
herein verhindern.

Was passiert, frage ich leitende Mönche, wenn auch nur *einer* der
Jungen, sobald er erwachsen ist, sein Leben nicht im Kloster verbrin-
gen will? Lächelnd wird mir die Chancenlosigkeit eines selbstbestimmten Lebens in Tibet klargemacht: Die Familie wird den jungen
Mann verstoßen, denn er hat ihre Ehre beleidigt. Niemand wird ihm
helfen, er wird aus der Gesellschaft ausgestoßen. Er hat kein Geld
und nichts zu essen. Wenn er dann fort will aus Tibet, muß er laufen,
ohne Geld, ohne warme Kleidung und vermutlich barfuß, und wird
bei dem Weg über die 4 000 Meter hohen schneebedeckten Berge, die
Tibet umgeben, zwangsläufig sterben.

Tibet ist die asiatische Form einer feudalen Sklavenhaltergesell-
schaft. Die allseits dummschwätzerisch propagierte *völkische* Selbstbestimmung für Tibet hat – wie auch anderswo – nichts, rein gar
nichts, mit der Selbstbestimmung der tibetischen *Menschen* zu tun.
Im Gegenteil, sie ist ihr feindlich.

In der gegenwärtigen Kampagne des reinkarnierten Häuptlings
der Gelbmützensekte, dem »Dalai Lama« (der Name bedeutet
»Ozean der Weisheit«), geht es um machtpolitische Interessen: Er
will das Mandat der Welt(regierungen), alleiniger Vertreter des tibetischen Volkes zu sein, »geistiges und weltliches Oberhaupt« von in
religiösem Wahn und in feudaler Indoktrination planvoll ungebildet
gehaltenen Menschen.

Die Klöster des tibetischen Buddhismus haben die Menschen seit
Jahrhunderten versklavt. Zeitweise überzogen – als architektoni-
scher Ausdruck des lamaistischen Absolutismus – 6 000 Klosteranlagen das Land. Darunter die Sommerresidenz des Dalai Lama, *Norbu-
linka*, mit ihren etwa 400 Räumen und der *Potala*-Palast mit etwa
1 000 Räumen. Tentzin Gyatsu alias Dalai Lama ist seit den vierziger
Jahren der Chef des Gelupga (Gelbmützen)-Ordens, einer der vier
bedeutenderen von rund 20 tibetisch-buddhistischen Sekten. Herr
Gyatsu sieht sich als 14. Wiedergeburt seiner Amtsvorgänger, deren
politisches und religiöse Regime, von keiner demokratischen Revolte
berührt, seit Mitte des 15. Jahrhunderts besteht.

Die Geschichte Tibets ist ein wildes Auf und Ab von Erobern und
Erobertwerden. 1728 kam Tibet in den Herrschaftsbereich der chinesischen Mandschus, die innenpolitische Macht blieb bei den Gelb-

mützen. Desgleichen als 1788 eine nepalesische Armee einmarschierte, die drei Jahre später von den Chinesen zurückgedrängt wurde. 1904 marschierten die Briten in Lhasa, der Hauptstadt Tibets, ein. China verstärkte daraufhin seine Präsenz. 1914 gewährten die Briten auf der Konferenz von Simla Tibet die innere Autonomie unter chinesischem Protektorat. Der damalige 13. Dalai Lama kehrte aus dem chinesischen Exil zurück nach Lhasa.

Dalai Lamas werden nicht gewählt, sondern von den religiösen Machthabern als »Reinkarnationen« (der buddhistischen Mythenfigur Chenrezi) in hilflosen Kleinkindern aufgespürt. Dabei helfen verschiedene astrologische, okkulte und andere esoterische Methoden. Der Inhalt der Gelbmützenlehre, jener spezifischen Form des tibetischen lamaistischen Buddhismus, ist der übliche Geister- und Dämonenglauben mit viel Angst und entwürdigenden Unterwerfungsritualen.

Der ständig grinsende, ach so gewaltlose Gelbmützen-Häuptling, der es schafft, seinen deutschen Fans mehrstündige Vorträge über *Nichts* zu halten, ohne daß sie ihre Leere im Kopf spüren, ist der Führer einer repressiven, äußerst gewaltvoll herrschenden Clique. Bis in dieses Jahrhundert waren Folter und körperliche Verstümmelungen übliche Praxis gegen unbotmäßige Untertanen.

Als ich mit dem Journalisten Colin Goldner anläßlich des Besuchs des Herrn Gyatsu im Juni 1996 in der BRD für die *taz* einen kurzen Kommentar schreibe (nach zahllosen Pro-Dalai-Lama-Darstellungen im Blatt wurde uns lediglich ein winziger Text gestattet),[404] schäumen die Gläubigen vor Wut. Ihre dümmste Unterstellung ist, wer *gegen* den Dalai Lama sei, sei *für* die chinesische Militärdiktatur. Als ob jemand, der ernsthaft gegen die chinesischen Repressionen kämpfen will, positiv zum tibetischen lamaistischen Feudalismus stehen müßte.

Am meisten erregte Herrn Gyatsus deutsche Fans unsere »Religionsfeindlichkeit«, die »Mißachtung der spirituellen Verwurzelung der tibetischen *Volks*seele« und der buddhistischen »Weisheitslehre«: einer hörte gar die »Slogans der Roten Garden der sogenannten Kulturrevolution«. Nicht »Zufallsdeutungen«, sondern »präzisen Angaben« seines verstorbenen Vorgängers zufolge sei der 14. Dalai Lama als dessen kindliche Reinkarnation gefunden worden. Wir durften als AutorInnen des Kommentars auf die Flut von dummen und diffamierenden LeserInnenbriefen[405] nicht einmal mehr mit einem kurzen Leserbrief antworten! Dafür »bestellte« die *taz* gleich »daraufhin einen Beitrag über die Rolle des Dalai Lama in der tibetischen Gesellschaft«, wie aus den *Mitteilungen der Tibet Initiative Deutschland e. V.* Nr. 11 vom Juli 1996 zu erfahren ist. Linke Kritik an religiösem Feudalismus wird zensiert, eine früher linke Tageszeitung bestellt sich ihre Beiträge bei den AnhängerInnen des Feudalsystems selbst. – Warum nicht gleich Beiträge übers Auto aus der PR-Abteilung von Mercesdes, über Pharmazeutika direkt bei Hoechst?

Mit Religion und der »völkisch-spirituellen Verwurzelung« irgendwelcher Seelen habe ich tatsächlich nichts im Sinn: aufschlußreich aber, daß dies die Ideologie eines Großteils der Tibet-UnterstützerInnen-Szene zu sein scheint. Mit der Esoterik klaut sich das deutsche Bürgertum Fragmente aus Religionen aller Art, die seinem Interesse an sozialer Ungleichheit und Sicherung der eigenen Privilegien entsprechen, zumindest nicht abträglich sind. Antisemitische, ariosophische und extrem rassistische theosophische Gruppen haben Hitler in die theosophische »Große Weisse Bruderschaft« (»Weisheitslehre«) eingereiht, wo er auf Jesus, Buddha, Krishna und Mahatma Gandhi trifft. In Tibet soll es in den vierziger Jahren eine Hitler-UnterstützerInnen-Szene gegeben haben. Der Dalai Lama, der auf die Frage nach diesem merkwürdigen Phänomen noch nie eine Antwort geben wollte, hat in seinen Ausbildungsstätten inzwischen Zehntausende von Menschen »erleuchtet«, beziehungsweise ihnen diese Erleuchtung doch zumindest innerhalb von sechzehn Leben versprochen.

Manch eineR behauptet, der Dalai Lama sei inzwischen zu demokratischen Auffassungen konvertiert und habe politische Macht abgegeben. Einer Überprüfung hält diese Propaganda nicht eine Minute stand:

– Seine Reisen dienen Herrn Gyatsu der Untermauerung seines Alleinvertretungsanspruches und dessen der hinter ihm stehenden feudalreligiösen lamaistischen Elite.

– Herr Gyatsu hat bisher kein konkretes Konzept vorgelegt, wie die Menschen in Tibet eine Grundlage für eine *wirkliche* Selbstbestimmung erlangen könnten, die sich ja auch gegen den Herrschaftsanspruch der Lamas richten müßte. Die angebliche Demokratisierung der Strukturen der Exilregierung kann eine rein taktische Entscheidung sein, die Feudalherrschaft in Tibet existiert weiter. Abgesehen davon ist die Exilregierung durchgängig mit hochrangigen Lamas besetzt.

– Wie demokratisch ist einer, der sich für eine »Reinkarnation« hält und sich »Seine Heiligkeit« titulieren läßt?

– Der Dalai Lama ist weltweit mit rechtsextremen und antisemitischen EsoterikerInnen im Gespräch, mit ihnen befreundet, läßt sich von ihnen unterstützen und unterstützt sie. Texte des Dalai Lama werden in rechtsextremen Verlagen veröffentlicht, was er – wenn er es denn wollte – leicht verhindern könnte.

– Unter denen, die er unterstützte, ist der rechtsextreme japanische Sektenführer Shoko Asahara, verantwortlich für die U-Bahn-Attentate in Tokio.

– Der »Ozean der Weisheit« verweigert seit Jahren die Antwort auf die Frage nach der historischen Hitler-UnterstützerInnen-Szene in Tibet. Tibet war der Ort von spirituellen Projektionen für unterschiedliche Strömungen des europäischen Okkultismus einschließlich einiger SS-Führungsfiguren. Die von Himmler 1935 gegründete Forschungs- und Lehrgemeinschaft *SS-Ahnenerbe* soll, auf der Suche nach einer »spirituell hochstehenden Superrasse«, 1938/39 sogar eine Geheimexpedition nach Tibet unternommen haben.[406] Man halluzinierte von einer »okkulten Achse Berlin-Lhasa«.

Die tibetische Exilregierung will zurück an die vollkommene Macht. Dafür ist internationale PR nötig. Im Innern geht es darum, »den Widerspruch zwischen Kommunismus und Kapitalismus auszunutzen, um mit allen Mitteln, auch dem des bewaffneten Aufstands, Reformen in Tibet zu verhindern«, sagte ein Mitglied der tibetischen Regierung auf einer geheimen Beratung 1956 in Tschamdo.[407] Mit »Reformen« ist alles gemeint, was die Macht der Klöster in Frage stellen könnte. Aus diesem Kreis entstand die tibetische Exilregierung.

Eine weltliche Macht gab es in Tibet, als Könige von Dalai Lamas Gnaden in seinem Auftrag regierten, aber nicht herrschten. So wird es wohl gemeint sein, wenn davon gesprochen wird, die weltliche Macht irgendwann einmal abzugeben, was einige Dalai-Lama-FreundInnen schon in haltlose Verzückung versetzt. *Nichts* wird in Tibet von den Lamas getan, um auch nur die vage Möglichkeit selbst der biedersten bürgerlich-republikanischen Struktur vorzubereiten.

Wer die Menschen in Tibet, nicht aber völkische Geopolitik, esoterischen Wahn oder die chinesische Außenpolitik unterstützen will, wird sich – gegen Herr Gyatsus Clique und offensichtlich auch gegen den Mainstream der Tibet-UnterstützerInnen-Szene – eigene Formen kritischer Solidarität ausdenken müssen.

Alle Fraktionen im Deutschen Bundestag stimmten für die Tibet-Resolution. Mensch ertränkte mögliche Zweifel angesichts der volksgemeinschaftlichen Schwärmerei für Tibet in Opportunismus. Nie zuvor stimmte der Deutsche Bundestag einstimmig für »Menschenrechte«, »Freilassung aller politischen Gefangenen« und gegen »Umweltzerstörungen«, etwa in Nigeria (gegen Shells Diktatur), in der Westsahara (gegen Marokkos Diktatur), in Osttimor (gegen die indonesische Unterdrückung) und an vielen anderen Orten der Welt ... oder gar in der Bundesrepublik!

Auch die PDS-Fraktion stimmte der Resolution zum Erhalt der »tibetischen Kultur und Religion« und »Identität« zu und forderte, daß »Bereiche ermittelt werden, in denen das deutsche Volk (...) Hilfe leisten« könne. Heute hätte die mehrere tausend Jahre alte »Kultur«, »Religion« und »Identität« des chinesischen Patriarchats (aus der das in Eso-Kreisen so heißgeliebte Yin und Yang kommt), Frauen die Füße zu verkrüppeln, sie zu verkaufen, zu foltern und zu ermorden, große Chance, vom ach so *Deutschen* Bundestag, einschließlich der Fraktion einer angeblich sozialistischen Partei namens PDS, einstimmig »respektiert« zu werden. Sie kennen keine Klassen und keine soziale Lage mehr, sie kennen nur noch Völker und herrschende Kultur. Die religiöse Versklavung und die psychische Zerstörung von Menschen in Tibet interessiert auch deutsche SozialistInnen mit zunehmend nationaler Ausrichtung herzlich wenig. Der Ethnopluralismus der »Neuen« Rechten feiert einen nächsten Sieg.

Was speist die Sympathie des deutschen Bürgertums für Tibet? Eine trübe Melange aus esoterischer Idiotie, antisozialem Kunstinteresse, religiöser Schwärmerei sowie – und das verbindet die herrschende Clique in Tibet mit der deutschen – totaler Ignoranz gegenüber der sozialen Lage der tibetischen Menschen sowie der Haß auf die Utopie von sozialer Gleichheit und der darauf aufbauenden Freiheit der Menschen.

Das skurrile Bündnis hat seine innere Logik. Daß zum Beispiel die FDP sich einen Teufel darum schert, daß der Dalai Lama und seine

Clique nicht einmal bürgerlich-demokratische Mindestnormen erfüllen, für die zum Beispiel die FDP zu stehen behauptet (Trennung von Kirche und Staat, Meinungs- und Pressefreiheit, individuelle Selbstbestimmung über Lebensform, Beruf, sexuelle Orientierung usw.), ist unbedeutend, wenn es zum einen um die Anerkennung von »Völkern« geht, in welche die Welt ethnopluralistisch eingeteilt werden soll, und zum anderen um den Kampf gegen emanzipatorische Forderungen. Dem Deutschen Bundestag ist, indem er die Tibet-Resolution unterstützt und den Herrschaftsanspruch des tibetischen Lamaismus anerkennt, die soziale Gleichheit aller Menschen ebenso zuwider wie dem Sektenführer selbst, der sich erfolgreich »Seine Heiligkeit« titulieren läßt.

5 »Von tiefenzoologischer Ordnung, göttlichen Naturgesetzen und der Fratze des fleischfressenden Nomaden«

Biozentrismus: Bioregionalismus, Tiefenökologie, Erdbefreiung und Veganismus

Ewige Naturgesetze, eherne göttlich-natürliche Ordnung, mystische Dogmen, unabwendbares Karma – wir hören sie deutlich, die ökologisch und mystisch gewandeten Codes gegen die Selbstbestimmung und Emanzipation des Menschen. Über eine rechte bis faschistische Interpretation von Ökologie, was Esoterik und Spiritualismus einschließt, haben die Herrschenden neue »alternative« und »ökologische« Gefolgsleute gefunden, mit denen sie die Utopie von sozialer Gleichheit und der darauf aufbauenden Freiheit aller Menschen bekämpfen können.

Daß zwischen Gruppen mit ähnlichen Dogmen oft heftige Feindschaft besteht, ändert nichts an deren grundsätzlicher Übereinstimmung. Ob Franz Alt, Günter Bartsch, Max Otto Bruker, Peter Caddy, Fritjof Capra, Bill Devall, Dave Foreman, Margrit Kennedy, Gottfried Müller, Silvio Gesell, Jean Ringenwald, Barbara Rütting, Peter Singer, Klaus Schmitt, David Spangler, George Sessions, George Trevelyan oder der Dalai Lama: darin sind sie sich alle einig, in der einen oder anderen Form sind Menschen (oder ein Teil von ihnen) das Krebsgeschwür der lebendigen Erde »Gaia«. Die Menschheit, dieser Parasit, hat sich auf die Knie zu begeben, das menschliche Individuum, sofern es überleben darf, hinter völkischen oder esoterischen Rastern zu verschwinden. Naturgesetze sind gott-, göttin- oder göttergegeben, und niemand meint damit die schnöde Schwerkraft, gemeint ist die herrschende patriarchal-kapitalistische Ordnung. Das eherne Naturgesetz bedeutet: Verzichte auf alles, was dich zum Menschen macht, deinen Verstand, dein Selbstbewußtsein als soziales Wesen, dein Emanzipations- und Freiheitsbedürfnis, deine Kreativität. Vergiß, daß die Zerstörung der Natur dieselbe Ursache hat wie die Ausbeutung und Erniedrigung des Menschen: die kapitalistische Produktionsweise und die mit ihr einhergehende Herrschaft.

Die Alternativbewegung ist inzwischen mehrheitlich esoterisch verblödet, und auch Teile der Linken hat die kollektive Regression erfaßt. Betroffen sind vor allem aber die Ökologiebewegung, die Naturkostladenszene, selbstverwaltete Projekte und die rechten Teile des Anarchismus. Die einen lassen sich von einem Arzt mit weißen Haaren, brauner Vergangenheit und schlechtem Gedächtnis einlullen, die anderen propagieren germanische Mythen, Naturreligionen oder den Eugeniker und Antisemiten Silvio Gesell als Alternative zum verhaßten Marx, von dem sie nie ein ganzes Buch gelesen haben und den sie stets mit Stalin zu verwechseln scheinen. Aber es geht auch noch anders.

Biozentrismus und Tiefenökologie

Ideologischer Gewinner ist der Biologismus,[408] ohne den der Faschismus nicht auskommt. Biologismus tritt heute in seiner bislang umfassendsten Ausprägung auf: als *Biozentrismus*. Dieser Biozentrismus hat viele Bausteine: zum Beispiel den *Bioregionalismus*, die *Tiefenökologie*, die *Erdbefreiung*, den rechten *Veganismus* und den *Speziezismus*. Sie sind nicht identisch, überschneiden sich aber zu großen Teilen. Unter diesen neuen Namen wird der alte Antihumanismus in neuem Kostüm über die Welt verbreitet. Was die einzelnen Strömungen verbindet, ist die Entwertung von Menschen durch deren Gleichsetzung mit Tieren, durch Gurus, Eliten und Götter, durch Rassismus und Antisemitismus. Die modernen Antihumanen eint ein mythisch aufgeladener Begriff von Natur und ihr Haß auf die Idee von sozialer Gleichheit sowie die Besonderheit des Menschen als bewußter Teil der Natur.

Führender US-Biozentrist ist David Ehrenfeld. Er geißelt »The Arrogance of Humanism«, so der Titel seines Buchs. Ein arroganter Humanist ist, wer den Menschen für einen besonderen Teil der Natur hält. »Existenz ist das einzige Kriterium für den Wert von Teilen der Natur«, sagt Ehrenfeld, der die »humanistische Grundlage des modernen Lebens ablehn[t]« und »einfach nicht sagen [kann], ob ein willkürlich ausgewählter Teil der Natur mehr Wert hat als ein anderer, so daß wir uns, wie Noah, gar nicht erst die Mühe machen sollten.«[409] Er beschreibt den Pockenvirus als eine »bedrohte Art«.[410] Wenn es die bedrohten Spezies Pocken- oder auch Aids-Viren zu schützen gilt, wo geschieht dies wahrhaft ökologisch? Nicht im Labor, nein, am besten wohl in ihrer natürlichen Umgebung, dem menschlichen Körper.[411]

Das Noah-Prinzip bedeutet: zwei von jeder Sorte, egal, welches Lebewesen. Die von den BiozentristInnen umschwärmte »Schönheit des Noah-Prinzips«, daß die reine Existenz jedem Organismus denselben Wert verleiht, ist nichts als grausame Dummheit: zwei Menschen und zwei tödliche Krankheitserreger, alles eine Soße.

Menschen und nichtmenschliche Teile der Natur wie Tiere, Pflanzen oder Viren sind *nicht* gleichwertig. Menschen sind ein besonderes Produkt der Evolution. Menschen und Menschen sind gleichwertig und müssen sich, um sich als soziale Wesen in all ihrem Potential entfalten zu können, soziale Gleichheit als materielle Voraussetzung erkämpfen, um in aller Gleichwertigkeit so unterschiedlich sein zu können, wie immer sie es sein wollen.[412]

Die Natur außerhalb des Menschen kennt die Logik der Gleichwertigkeit nicht. Die nichtmenschlichen Teile der Natur haben weder einen besonderen noch einen gleichen Wert. Sie leben, sterben werden gefressen, fressen selbst, wachsen, verblühen, passen sich veränderten Umweltbedingungen an oder sterben aus. Im Laufe der Evolution haben sie die komplexesten und oft faszinierende Formen entwickelt, aber sie reflektieren nicht über ihr Leben, sie greifen nicht bewußt in Umweltbedingungen ein, sie reagieren instinktiv, sie haben keinen Begriff von Kunst oder von theoretischen Abstraktionen, und sie diskutieren nie den immanenten Wert des Lebens. Wollte der Mensch so »natürlich« sein wie Pflanzen und Tiere, bliebe ihm nur der vollständige Verzicht auf die Entwicklung seiner zweiten Natur. Das Furchtbarste an den BiozentristInnen, die sich gelegentlich auch ErdbefreierInnen nennen, ist, daß sie nicht die geringste Ahnung davon haben, was ein Mensch ist oder sein kann. Sie verachten sich selbst und werden den anderen gefährlich.

Indem die Evolution den Menschen mit Bewußtsein ausgestattet hat, hat sie ihm die Möglichkeit zur (Teil-)Emanzipation von der biologischen Fußfessel gegeben. Der Mensch kann, was Wildschweine, Aids-Viren und Gras nicht können: sich, bis zu einem gewissen Grad – er muß atmen, trinken und essen –, auf Distanz zur Natur begeben und planvoll auf sie einwirken, zum Schlechteren oder zum Besseren, und bewußt menschliche Gesellschaften organisieren. Nur der Mensch kann so etwas Eigenartiges wie politische Moral oder Ethik entwickeln und darüber befinden, wie er mit seinesgleichen und dem Rest der Natur umgeht. Er kann sich entscheiden – in Abhängigkeit von seinem gesellschaftlichen Sein, seinem Bewußtsein und vom Stand der gesellschaftlichen Auseinandersetzungen –, ob er für eine Gesellschaft kämpft, in der allen Menschen die Verwirklichung der Möglichkeiten ihrer zweiten Natur angeboten und zum Beispiel Selbstschädigung und Quälerei vermieden werden. Erst aus solchen Reflektionen entstanden als Ergebnis einer »unnatürlichen« Ableitung Naturschutz- und Tierschutzüberlegungen. Es gibt kein »natürliches« Verbot, Tiere oder Pflanzen zu essen. Im Gegenteil, die nichtmenschliche Natur macht anderes vor. Es ist eine subjektive Entscheidung des Menschen – die ein Tier so nicht treffen könnte –, aus geschmacklichen, gesundheitlichen oder auch ethischen Gründen kein Fleisch zu essen oder gar vegan zu leben. Das sei jedem überlassen. Von »der Natur« jedenfalls läßt es sich nicht ableiten. Die nichtmenschliche Natur kennt keinen Naturschutz. Der Mensch könnte ohne seine zweite Natur, die Kultur, aus dem Schema Aktion-Reaktion nicht ausbrechen, ihm bliebe nur ein sprachloser Instinkt, und der »natürliche« evolutionäre »Auftrag« bliebe unerfüllt.

Ob ein Mensch bei einer »ökologischen« Begegnung mit seinem biozentrisch »gleichwertigen« Kumpel Pockenvire stirbt oder überlebt, hängt nicht zuletzt von seinen *sozialen* Lebensverhältnissen ab. Das Immunsystem eines wohlhabenden Angehörigen der kapitalistischen Zentren dürfte in der Regel allemal besser gewappnet sein (Hygiene, Ernährung, allgemeine Lebensverhältnisse, Zugang zu medizinischen Leistungen usw.) als das eines Menschen in den verelendeten Teilen der Welt.[413] Es ist eine so willkürliche wie gut begründbare, ungemein menschenfreundliche Entscheidung, dem Pockenvirus jedes, aber auch wirklich jedes Lebensrecht abzusprechen.

Das Niederträchtige an der biozentrischen Position ist, daß sie vorgibt, die gebeutelte Natur außerhalb des Menschen höher werten zu wollen, in Wirklichkeit aber den Menschen auf das Maß einer Kakerlake niederdrückt. So entstehen Fragen über Fragen: Liegt die angestammte Bioregion der Kakerlake in New York? Müssen sich afrikanische Staaten von Heuschrecken auffressen lassen? Muß ich das Loch im Keller wieder aufmauern, damit die Ratten zurück ins Treppenhaus können? Darf ich den Pickel im Gesicht mit Alkohol desinfizieren, obwohl dabei eintausend Bakterien massakriert werden?

Das Feindbild der neuen BiologistInnen, der BiozentristInnen, ist nicht mehr nur die schnöde »Anthropozentrik«, gemeint war damit stets das Judentum, das Christentum, der Liberalismus und der Sozialismus. Das Feindbild des Biozentrismus ist heute ausdrücklich der *Humanismus*, eine eigentlich nur bürgerliche Weltanschauung, die dem Menschen zu (begrenzten) bürgerlichen demokratischen Rechten und Freiheiten verhelfen will. Wir können an dieser Stelle die verschiedenen humanistischen Auffassungen nicht diskutieren, von der vagen, idealistischen Moralvorstellung bis zum »wirklichen Humanismus« (Karl Marx), der auf die Emanzipation des Menschen zielt, auf seine Befreiung als gesellschaftliches Wesen. Aber selbst der sozialarbeiterischste, moralischste, gefühligste kirchliche Humanismus ist verglichen mit dem Menschenbild der BiozentristInnen sozialrevolutionär.

Menschenhaß und Vorformen des Faschismus sind so weit verbreitet, daß wir heute offensichtlich darüber diskutieren müssen, was den Menschen von anderen Teilen der Natur unterscheidet. Hermann Peter Piwitt, *Konkret*-Autor (zuletzt im Mai-Heft 1996) und (Ex-)Linker, verlangt »Menschenrechte für Menschenaffen«. Er betrachtet sie als »personale Wesen«, als »Gleiche unter Gleichen«, was die »Sechs-Milliarden-Spezies von Killeraffen« (wir Menschen) endlich zu akzeptieren haben.[414] Soll doch Piwitt mit Orang Utans über den immanenten Wert des Menschen reflektieren.

Vielleicht noch einmal mit anderen Worten: Ein nichtmenschliches Lebewesen kann den Gedanken dieses »immanenten Wertes« (intrinsic value) auch nicht annähernd begreifen. Menschen können ihre Beziehungen zur Umwelt gestalten, haben wir gesehen, während Tiere sich nicht bewußt ändern, sondern nur bewußtlos an die vorgefundenen Umweltbedingungen anpassen können. Menschen können sich Gesellschaften vorstellen, die weit über die gegebenen Verhältnisse hinausgehen, sie können Technologie und Wissenschaft entwickeln, sich mit Malerei, Musik und Theater die gesellschaftlichen Verhältnisse aneignen, sie können Widerstand leisten und ihre Umwelt durch Arbeit verändern und ihren humanen Bedürfnissen anpassen. Wie wir diese Fähigkeiten nutzen, mit welchen Interessen und Ergebnissen, ist wieder eine andere Diskussion, die unter Ausschluß von Menschenaffen stattfindet. Wir können »als Produkte der natürlichen Evolution über diese Evolution reflektieren (...), diese Welt rational gestalten (...), anstatt dem blinden Prozeß der Evolution ausgesetzt zu bleiben.«[415] Die Lebensbedingungen von Tieren stehen außerhalb der Kontrolle von Tieren.

Das Bewußtsein des Menschen unterscheidet ihn von allen anderen Lebewesen. Der Mensch ist sich selbst bewußt gewordene Natur. Seine zweite Natur (Kultur, sein soziales Sein) ist ein Produkt der ersten (seiner Biologie). Zwischen beiden besteht eine dialektische Beziehung. Der klügste Gedanke wird nicht gedacht, wenn der Denkenden die Nahrung fehlt und sie hungrig in Ohnmacht fällt. Der Geist fällt nicht vom Himmel, sondern auch der schwachsinnigste biozentrische Gedanke entsteht nur im Kopf eines lebenden Menschen. Das Bewußtsein braucht eine stoffliche Grundlage, das menschliche Gehirn in einem menschlichen Körper, das Sein bestimmt das Bewußtsein (Karl Marx).

Der Biozentrist und seine GesinnungsfreundInnen, die Bioregionalistin, der Erdbefreier, die rechte Veganerin und der Speziezist, wollen ein einfaches, naturnahes Leben. Sie schwärmen für das Paläolithikum (Altsteinzeit) und unterstellen ein Leben im Paradies. Sie schreiben mit High-Tech-Computern, nicht mit Kreide, sie unterschätzen die technologischen Voraussetzungen eines simplen Kugelschreibers, sie jetten zu esoterischen Kultstätten, statt dorthin zu laufen und zu schwimmen, sie hören Musik aus Hi-Fi-Anlagen. Sie sind LügnerInnen. Die Naturgesetze drucken keine Tiefenökologie-Bücher. Damit Bücher entstehen konnten, mußte viel »Zivilisation« ablaufen. Auch eine moderne Windenergieanlage braucht hoch entwickelte Technologie einer spezifischen Qualität, genau wie Solarzellen, Waschmaschinen, Fotoapparate, Operationssäle oder Transportmittel, wie immer auch der Transport in einer humanen, ökologischen Gesellschaft organisiert sein würde. (Welchen sozialen und ökologischen Anforderungen diese Gegenstände, Einrichtungen und Funktionen zu genügen haben, ist eine andere Diskussion.) Daß es Technologien gibt, wie die Atomenergie und die Gentechnik, die als Destruktivkräfte unter keinen gesellschaftlichen Verhältnissen zum Nutzen des Menschen angewandt werden können, habe ich an anderer Stelle ausführlich analysiert.[416]

Biozentristinnen dürften überaus froh sein, daß ihr verkitschtes steinzeitliches Gesellschafts- und Naturbild an der Wand hängt und nicht ihr Leben bestimmt. Mit ihren Mythen verraten sie uns, daß sie sich einen Dreck darum scheren, was für Menschen an Belastung und Gesundheitszerstörung entstünde, wenn es für bestimmte produktive und reproduktive Tätigkeiten *keine* Hilfsmittel und Maschinen gäbe. Da ihre Ideologie die patriarchal-kapitalistischen Verhältnisse stärkt, brauchen sich die biozentrischen Führer um die Ausführung der schweren und niederen Arbeiten keine Gedanken zu machen: Es gibt weiter ausgebeutete Klassen, und es gibt die »naturnahen«, »erdverbundenen« Frauen. Die emanzipationsfeindliche, stockreaktionäre soziale Konstruktion von »Weiblichkeit« ist Teil der Tiefenökologie: »Sorge tragen für andere, empfängnisbereit sein, sanft sein, geduldig sein«.[417]

Wer für Alt- oder Neusteinzeit schwärmt oder für das Pleistozän (Dave Foreman: »Zurück ins Pleistozän«[418]) will nicht, daß die Menschen über sich selbst bestimmen, Zeit für künstlerische Entfaltung, politische Aktivität, experimentelle Lebensformen, Lernen, Faulheit und ähnlich Zeitraubendes haben. Biozentrismus ist eine Ideologie des (Klein-)Bürgertums und im Innersten emanzipationsfeindlich.

Wo kleingläubige Knobelbecherfraktionen bloß die »deutsche Heimat« schützen oder »Lebensraum« im Osten erobern wollen, geht es hier um »Befreiung der ganzen Erde«. Wovon? Vom Imperialismus? Vom Kapitalismus? Von AusbeuterInnen? Von Coca-Cola? Nein, mensch hat den Eindruck, von den Menschen im allgemeinen, mit einer Ausnahme: den edlen, höherwertigen ErdbefreierInnen (von wegen Gleichheit aller Organismen!). Dabei sieht die Welt aus der Sicht verschiedener Lebewesen ganz ungleich aus: »Gesetzt den Fall, eine Stubenfliege vermöchte sich eine Meinung über ihre Umwelt zu bilden (...), so würde die Stubenfliege das Fehlen faulenden Fleisches in der Stube als existentielle Zumutung empfinden und von ordentlichen ökologischen Verhältnissen erst wieder reden mögen, wenn sich die Katze unter dem Sofa erbricht und damit eine Fülle von Nahrungsressourcen verfügbar macht.«[419]

Menschen brauchen, sagt der Urideologe der Tiefenökologe, der Norweger Arne Naess, »ein Maximum an Vielfalt und Symbiose, das heißt einen Lebensstil, bei dem es unnötig und unproduktiv ist, einander umzubringen, außer (!) um, wie bei den wilden Tieren, die Bevölkerungsdichte in Grenzen zu halten.«[420]

David Foreman, der Gründer der biozentrischen, »tiefenökologischen« Organisation *Earth First*, sieht den vorzeitigen Tod (von anderen) als etwas Natürliches: »Ja, menschliches Leid durch Trockenheit und Hunger in Äthopien ist unglücklich, aber die Zerstörung anderer Lebewesen und der Umwelt ist noch unglücklicher.«[421] »Das schlimmste, was wir in Äthopien machen können ist zu helfen, das beste wäre, laßt die Natur ihr eigenes Gleichgewicht finden, laßt die Leute dort einfach sterben.«[422] Ohnehin ist der tapfere Wildnisverteidiger der Meinung, daß die USA nicht das »Überlaufventil lateinamerikanischer Probleme« sein können, »das würde bloß zu größerer Zerstörung unserer Wildnis führen«.[423] Es sind »viel zu viele Menschen auf der Welt«, sagt Foremann, »Malthus hatte recht«.[424]

Auch Bill Devall und George Sessions[425] schwärmen für Thomas Malthus (1766-1854) wie für einen Propheten. Sie behaupten, Malthus habe in seiner Zeit nicht genügend Beachtung erfahren. Das ist falsch. Besonders Großgrundbesitzer und Kapitaleigner schätzten Malthus, denn niemand erklärte besser als er, daß Hunger, Armut, Krankheit, Säuglingssterblichkeit geradezu unausweichlich seien, weil die Bevölkerungszuwachsrate exponentiell, die Zuwachsrate an Lebensmitteln aber nur arithmetisch steige. Das Elend, erklärte Malthus, war schicksalhaft, Karma, wie die New Ager heute sagen würden, und es lag nicht etwa an industrieller Ausbeutung und dem Landraub der Reichen, daß es den Menschen so dreckig ging. Das Leben ist ein Dschungel, in ihm können nur die Fittesten überleben. Fit, das hieß weiß, männlich und reich: »Malthus hatte der herrschenden Klasse eine Ideologie geliefert, die Klassenherrschaft, Rassismus, die Entwertung von Frauen, und schließlich den Britischen Imperialismus rechtfertigte«, sagt Murray Bookchin.[426] Karl Marx bewertet Malthus zusammenfassend in den »Theorien über den Mehrwert«: »Grundgemeinheit der Gesinnung charakterisiert den Malthus (...).«[427] Dem ist nichts hinzuzufügen.

In der US-Zeitschrift *Earth First* fordert ein Autor oder eine Autorin unter dem Pseudonym Miss Ann Thropy (Misanthropie oder Menschenfeindlichkeit), die Zahl der Menschen auf 20 Prozent des derzeitigen Standes zu reduzieren. »Miss Ann Thropy« lobt Aids unter dem Gesichtspunkt einer »ökologischen Perspektive«: Aids habe »die folgenden, die Umwelt signifikant beeinflussenden Charakteristika: 1. Nur Menschen werden krank; 2. (...) lange Inkubationszeit; 3. Es wird durch Geschlechtsverkehr verbreitet« und 4. das »wichtigste: Aids hat das Potential die menschliche Bevölkerung deutlich zu reduzieren ohne anderen Lebensformen zu schaden«[428], eine Art »ökologische« Neutronenbombe.

Herbert Gruhls Plädoyer ist also angekommen: weil nur die »Menschen des Abendlandes zur Geburtenkontrolle fähig«[429] seien, bliebe »nur die Alternative: Untergang oder vorsorgliche Reduktion mit allen Mitteln.«[430] Für die überzähligen Menschen in der Dritten Welt, die den Tod ohnehin mit anderen Augen sähen, sagt Gruhl, dem Autor René Dubos zustimmend, würde »eines Tages« auch »die Atombombe (...) keine Drohung mehr sein, sondern Befreiung«.[431]

Der dümmliche Begriff *Deep Ecology*,[432] später ins Deutsche übersetzt als *Tiefenökologie* — was ist »deep« oder »tief«, was wäre »Hochökologie«? — wurde 1973 von Arne Naess zum erstenmal formuliert und breitete sich Mitte der achtziger Jahre in der US-amerikanischen grünen Bewegung rasch zu einer einflußreichen Philosophie aus. Seit 1985 werben die Soziologie-Professoren Bill Deval und George Sessions zusammen mit dem Buchhändler und Verleger Dave Foreman (Mitbegründer von *Earth First USA*) für das Gesellschaftskonzept des *Bioregionalismus*, dessen Leitgedanken vor allem die Tiefenökologie liefert. Bill Deval und George Sessions haben mit dem Buch »Deep Ecology« ihre Ideologie ausgebreitet. Ihr Menschenbild ist das des degenerierten, domestizierten Menschen, dem die wilde, ungezähmte Natur gegenübersteht. Sie schöpfen damit aus dem »Reservoir der Lebensreformbewegung«,[433] die auch die völkisch-naturmystische Welt von präfaschistischen naturnahen Siedlungsprojekten inspirierte, wie wir sie im Fall Silvio Gesell am Beispiel der Siedlung Eden untersucht haben.

Arne Naess hing der Ökosophie, einer rechten mystisch-ökologischen Weltanschauung an, deren Propagierung wir in rechtsextremen Blättern wie der Zeitschrift *Ökologie* der *Unabhängigen Ökologen Deutschland* (UÖD) finden. Menschen sollen sich, sagt Naess, in die »kosmischen Gesetze« einfügen, die älter als die menschliche Gesellschaft seien. Und das geht nach Auffassung seiner Epigonen so: »In der Tiefenökologie ist der Kern von Demokratie aus der Biosphäre abzuleiten ... Wir haben das Ziel, die menschliche Bevölkerung (...) zu reduzieren auf ein ausreichendes Mindestmaß. (...) Ich denke, wir sollten nicht mehr als 100 Mio. Leute zulassen, um eine Kulturenvielfalt, wie wir sie vor 100 Jahren hatten, sicherzustellen. Wir brauchen die Konservierung von menschlicher Kultur genauso, wie wir die Konservierung der Tierarten brauchen«.[434] Auch Dave Foreman ist der Meinung, daß die Menschheit auf 100 Millionen Menschen reduziert werden müßte. Die Vorstellung von tiefenökologischem Glück setzt ein Massaker am größten Teil der Weltbevölkerung voraus: etwa die halbe Bevölkerung der USA bleibt, der Rest der Welt ist tot.

Neben der öko-mystischen, offen rechten tiefenökologischen Strömung gibt es eine weitere, die nur fortschrittlicher erscheint: spirituelle Hippies und Freaks scharen sich um den Beatnik-Poeten und früheren kalifornischen Regierungsangestellten Gary Snyder, »der vom ›Klassenkampf‹ der Tiere, Pflanzen und Gewässer mit den Menschen faselt« und Bücher haßt: »eine mit dem Körper gelebte Biogeographie macht Bibliotheken arbeitslos«.[435]

Das Besondere des Menschen, sein Verstand, muß in die getrennte Abfallsammlung, damit er sich der menschenverachtenden Ideologie der biozentrischen Gleichwertigkeit aller Organismen besser anpaßt: »Rationalität ist nicht der einzige Weg, zu denken«,[436] brabbelt Dave Foreman: »Träume den Bison zurück, sing den Schwan herbei.«[437] Das tiefenökologische Plädoyer, auf den rationalistisch »verseuchten«, kritischen Verstand zu verzichten und »etwas sehr altes wiederzuentdecken, nämlich die Erdweisheit«,[438] wie auch Deval und Sessions es verlangen, zeigt die Verbindung zur Archetypenlehre des NS-Psychologen C. G. Jung,[439] auf den sich heute ein beachtlicher Teil der Esoterikszene bezieht. Zum »Schwarm schmieriger antireligöser Dogmen« gehört aus tiefenökologischer Sicht nicht nur die soziale Bedingtheit menschlicher Fähigkeiten, sondern auch Reflektion, Emanzipation, soziale Befreiung.[440]

Um die durch die Zivilisation im allgemeinen verursachten »Entartungsschäden und Degenerationserscheinungen« schon Kindern auszutreiben, wird deren Biodressur in der Wildnis gefordert. Jedes »artifizielle Bedürfnis nach Unterhaltung«, die »mentale Desorientierung« und »emotionale Verarmung« soll ihnen zugunsten von »vital needs« (»Lebensbedürfnissen«) ausgetrieben werden. In der materialistischen Pädagogik [441] gibt es eine Debatte über »Wolfskinder« (Beispiel: Kaspar Hauser), die zu dem Ergebnis kommt: »Ein in der ›Wildnis‹ sich selbst überlassenes Kind entwickelt extremem Hospitalismus bzw. autistische Züge«, weil es »von seiner sozialen Umwelt und von menschlicher (An-)Sprache« isoliert wird. Kritische Pädagogen haben herausgearbeitet, »wie sich kindliche Begrifflichkeiten in der Auseinandersetzung mit der sie umgebenden artifiziellen materiellen Welt herausbilden.« Der Mensch bleibt ein soziales Wesen, auch wenn *Earth First Deutschland* von »säugenden Wolfsmüttern« schwärmt. Um dieses soziale Potential zu entfalten, braucht ein Mensch die Beziehung zu anderen Menschen; aber auch unter Bedingungen, die für die zweite Natur des Menschen extrem feindlich sind, wird dieses soziale Wesen nicht zerstört, sondern, unter Umständen nachdrücklich, an seiner Entfaltung gehindert.

Einer der bekanntesten politischen Widersacher der Tiefenökologie und des Biozentrismus im allgemeinen ist der US-Amerikaner Murray Boockchin, Professor für soziale Ökologie und 75jähriger öko-anarchistischer Theoretiker und Aktivist. Sein erster Text über den Zusammenhang der Ausbeutung des Menschen und der Natur erschien 1952. Er propagiert gegen *Deep Ecology* den Begriff *Social Ecology*, der allerdings in der BRD, dem Land des Mythos der »sozialökologischen Marktwirtschaft«, weniger eindrucksvoll klingt als in den USA und am besten zu ersetzen wäre durch »antikapitalistische« ökologische Politik. In seinem Beitrag »Social Ecology Versus Deep Ecology« (1987) [442] analysiert Bookchin die tiefenökologische Variante des Biologismus. TiefenökologInnen sind »schlecht verhüllte Rassisten« und »soziale Reaktionäre«, die das Wort »Ökologie benutzen«, aber »trotz aller sozialen Rhetorik« keine Ahnung haben, daß »unsere ökologischen Probleme ihre Wurzel in der Gesellschaft und in sozialen Problemen haben.« Die »Zoologisierung des Menschen« täusche darüber hinweg, daß der Kapitalismus und nicht eine abstrakte Menschheit die Erde zerstört, gäbe es nun zehn Millionen oder zehn Milliarden Menschen. Die ganz tiefen ÖkologInnen kennen keine sozialen Unterschiede wie Klasse und Geschlecht, nur eine »vage Spezies genannt ›Menschheit‹ (...) ein bösartiges Produkt der natürlichen Evolution«, eine Art »Krebs in der Lebenswelt«.[443] Typisch sei in dieser »Giftmülldeponie« halbverdauter Gedanken, daß positiv belegte Begriffe aus ihrem ursprünglichen Rahmen in einen völlig entgegengesetzten, antihumanistischen und biozentrischen gestellt werden. Eine aus ihrem fortschrittlichen Kontext herausgelöste Forderung nach Dezentralisierung zum Beispiel ziele, eingebettet in ein antihumanes Konzept, nicht mehr auf die Abschaffung von Herrschaft. Nur wenige Gesellschaften seien »dezentralisierter« und zugleich »hierarchischer« gewesen als die des europäischen Feudalismus.[444]

Taoistische und buddhistische Frömmelei ersetze, sagt Bookchin, die notwendige soziale und ökonomische Analyse, selbstgefällige Psychogruppen (*encounter groups*) die politische Organisierung und Aktion. Dabei gehe das Individuum »in einem endlosen Fluß von Öko-Gebabbel unter, welches die ›Verwirklichung des Selbst‹ predigt«, aber ein »Selbst«, das alle wirklich existierenden Individuen absorbiert und ihre Einzigartigkeit und Freiheit einem »höchsten« Individuum unterwirft, das den Staat anführt. Das stütze nur autoritäre gesellschaftliche Modelle.

Die Suche nach dem nicht vorhandenen inneren »Selbst« macht unfähig, sich mit der Außenwelt auseinanderzusetzen, und tatsächlich tendenziell abhängig von autoritärer Führung. Ein menschliches »Selbst« ist immer innen *und* außen, beide untrennbar dialektisch miteinander verbunden, eine Einheit. Bei der Flucht in die eigenen Bauchnabel verlieren Menschen in meditativer »Selbst«verstümmelung die Fähigkeit, mit anderen Menschen zu kommunizieren, sich mit den gesellschaftlichen Verhältnissen auseinanderzusetzen und sich darüber weiterzuentwickeln. Eine Entwicklung des sozialen Wesens Mensch allein aus sich »selbst« heraus gibt es nicht.

Bioregionalismus

Der Bioregionalismus und, als sein Teil, *deep ecology* entstanden in den USA während der siebziger Jahre als Produkt des unpolitisch-romantischen Teils der Hippiebewegung, als Ergebnis der Zerschlagung der organisierten Linken (*Students for a Democratic Society*,

SDS, *Black Panther* usw.) und als Reaktion auf das Versagen verschiedener Spielarten reformistischer Politik. Bioregionalismus bekam durch das New Age, die modische US-Variante der Esoterik, einen nachhaltigen Schub.

Roman Schweidlenka und Eduard Gugenberger, zwei österreichische Autoren und Spirituelle, haben einige Jahre lang den Versuch gemacht, eine Trennung von New Age, Esoterik und Spiritualismus zu vollziehen. Das konnte nicht gelingen, aber dafür veröffentlichten sie gelegentlich Material, das einer rationalen linken Anti-Esoterik-Position nützte. Dazwischen sprachen sie immer wieder von »naturvölkischen Lebenszusammenhängen«, in denen Mythen eine sinnvolle soziale Ordnung stiften,[445] oder verlangten die Rückbesinnung auf germanische und keltische Traditionen, die durch die Christianisierung brutal unterbrochen worden seien.[446] 1995 gründeten Gugenberger und Schweidlenka einen »Arbeitskreis für Bioregionalismus und spirituelle Ökologie«. Die Autoren schreiben für Zeitungen wie *Contraste*, aber vor allem auch für eine Reihe von ziemlich miesen Eso-Zeitschriften (*Eurotopia*, *Esotera*, *Connection 2000*), und sie sind diversen Ökodörfern verbunden, die fast alle der einen oder anderen esoterischen Ideologie huldigen. 1995 präsentieren sie unter dem Titel »Bioregionalismus. Bewegung für das 21. Jahrhundert« ihre ideologische »Übersetzung« der US-Ideologie des Bioregionalismus[447] und bejubeln diesen mit »kultischer Danksagung« als »ausgereifteste Frucht der nordamerikanischen Alternativ- und Ökologiebewegung«, obwohl er »als Philosophie und Ideologie autoritäre gesellschaftliche Strukturen nicht ausschließt«.[448] Das haben Ideologien, die das gesellschaftliche Wesen Mensch überirdischen Naturgesetzen unterwerfen wollen, so an sich.

Bioregionalismus ist auch ein anderes Wort für eine bestimmte Form des Ethnopluralismus. Beide propagieren ein völkisches Recht auf Heimat: »Bioregionalismus bedeutet, daß Menschen, die an einem Platz eingeboren sind, ein Erstrecht dort haben«, formuliert der tiefenökologische US-Bioregionalist Peter Berg.[449] Überhaupt sollen die Menschen wieder mehr an ihr »Langzeiterbe« denken. Wir kennen keine Menschen mehr, wir kennen nur noch Völker: In Kriegen, Bürgerkriegen, Kämpfen in Frankreich, Italien, Großbritannien und Spanien, Jugoslawien und Rußland sieht »Tiefenzoologe« Berg die erhoffte »Dezentralisierung«.

Unterdrückt sind nicht mehr Menschen, sondern die Natur, Völker und Bioregionen. Zu den Bioregionen Europas zählen die Autoren die »keltischen Randregionen«,[450] das Elsaß, Katalonien und Norditalien. »In der letztgenannten Bioregion kämpft bekanntermaßen seit Jahren die tiefenökologische Lega Nord für spirituelle Selbstbestimmung von süditalienischen Schmarotzern«, kommentiert Peter Bierl so sarkastisch wie zutreffend.[451] Gugenbergers Dementi, diese Kritik treffe nicht zu, denn die Lega wolle einen eigenen Staat, zieht nicht, denn auch die hochgelobte Bioregion, mit »natürlicher« Grenzziehung, repressiver Zugangskontrolle, Hierarchie, erdnahen Frauen, Klassen, einem Maximum an Arbeit, einer Miliz, zwangskonsensstiftender Ideologie, unterworfen den sogenannten »Naturgesetzen« usw., ist eine Art Staat und keine freie soziale Gemeinschaft.

Werner Georg Haverbeck (geboren 1909) sind wir in Sachen *Märchenzentrum Troubadour* und Max Otto Bruker bereits begegnet. Haverbeck war, wie Bruker, Mitglied der SA, außerdem Reichsamtsleiter in der NS-Organisation *Kraft durch Freude*, Schützling von Rudolf Heß, zuständig für die Organisation von Reichsparteitagen und später für Rundfunkpropaganda im Ausland.[452] Haverbeck beweist sich als früher Bewunderer des Bioregionalismus: »Ökologie öffnet uns die Augen dafür, daß Völker nicht nur menschliche Komplexe darstellen, die durch Sprache, Verhaltensweise, Kultur und Geschichte zu einem Ganzen zusammengewachsen sind, sie sind auch in ihrem Werden und ihrer unverwechselbaren Eigenart geprägt durch den Boden, aus dem sie wuchsen, durch den Raum, der sie umfängt (...) Nicht nur die Natur muß vor einer ökologischen Überbeanspruchung geschützt werden, auch der Mensch kann in einem eingeengten Umraum nicht gedeihen und schließlich müssen auch die ›autochthon‹, d. h. aus ihrem Umraum gewachsenen und in ihrer Eigenart zu verstehenden Völker vor ihrer Entfremdung – der ihnen angeborenen Eigenart gegenüber – geschützt werden.«[453] Zur »angeborenen Eigenart« des tibetischen »Volkes« gehört, bioregionalistisch und ethnopluralistisch betrachtet, dann wohl auch der asiatische Sklavenhalterfeudalismus des tibetischen lamaistischen Buddhismus.

Es gibt nur geringe, meist begriffliche Differenzen zwischen der traditionellen völkischen Version von Völkerschutz und Umweltschutz und der modernisierten Ausformung. Wo in den USA zum Beispiel die Wildnisromantik lange Tradition hat, herrscht in Deutschland noch viel nationale Identität bei wenig Wildnis. »Wildnis« besteht in den USA mancherorts aus einem eingezäunten Stück Land, und auf einem Schild kann mensch lesen, daß es nichtmenschlichen Lebewesen gehört. »Disney wird die Idee gewiß bald aufgreifen«, vermutet der Sozialökologe und libertäre Kommunist Murray Bookchin.[454]

Die »Zerstörung bioregionaler Identität mit gleichzeitiger Einebnung kultureller und ethnischer Unterschiede [führt] zu einer globalen Vermassung in einer seichten, von den großen kapitalistischen Zentren beherrschten Welteinheitszivilisation (...), die wurzellose, heimatlose und in letzter Konsequenz nicht mehr verantwortungsfähige Menschen erzeugt.« Hier schimmert das NS-Bild des »vermaßten«, individuell nicht erkennbaren, wertlosen Menschen durch. Nicht die ökologischen und sozialen Lebensbedingungen in der Stadt sind zugunsten des Menschen zu verbessern, nein, der Stadtmensch als solcher ist »dekadent«. Bioregionalismus ist die Rettung, denn er steht »gegen den Ausverkauf der Heimat«.[455]

Wer das Plädoyer für den Bioregionalismus kritisiert, ist nicht so »lebensnah« wie er, sagt Gugenberger, denn das richtige Leben gibt's angeblich nur auf dem Land. Als er schrieb, lobt er sich, »waren um mich meist Kinder«, und er mußte sich um »Schafe, Ziegen, Hühner, Katzen usw. kümmern«.[456] Da kommt ein dekadenter in der Stadt lebender Bioregionalismus-Kritiker natürlich nicht mit. Voll auf die soziale Lage des gewöhnlichen Stadtbewohners zielt auch Schweidlenka/Gugenbergers »bioregionale[s] Quiz« am Ende ihres Buches: »In wie vielen Tagen ist Vollmond? (Du darfst dich um zwei Tage irren)« oder »Wann ist die Hirschbalz, und wann werden in Deiner Gegend die jungen Tiere geboren?«[457] Ich bemühe mich, das Rätsel zu lösen, scheitere aber an der häufigen Abwesenheit von Hirschen im Rhein-Main-Gebiet, und auch die Katzen meiner Nachbarin sind alle sterilisiert.

In esoterischen Naturmythen kommt der Mensch abhanden: »Weil ein Aborigine oder ein Wolf in den Großstädten verloren wäre, so hätte auch der Mensch der Städte keine Überlebenschance in der Wildnis«, behauptet eine *Naturschutzkommune* auf der Hallig Langeneß. Für den Wolf mag das stimmen. Aber was für ein rassistisches

Bild herrscht hier von den australischen Aborigines? Selbstverständlich üben sie trotz Kolonialismus, Rassismus und Repressionen der australischen Gesellschaft längst alle Berufe aus, auch in »den Großstädten«. Sie werden diskriminiert und haben miserable Voraussetzungen, aber das hat nichts damit zu tun, daß sie als Aborigines per se »in den Großstädten verloren« wären wie ein Tier. BewohnerInnen der Hallig Langeneß hätten möglicherweise in New Yorks Nachtleben weit größere Orientierungsschwierigkeiten.

Die Dummköpfe auf Langeneß wollen selbst »weitgehend natürlich«, »von menschlicher Störung fast frei« – und offensichtlich auch ohne Verstand – den »Weg zur Natur (...) gehen«. Nun, es gibt fast nichts von »Zivilisation« Abhängigeres als eine Hallig, denn praktisch alles kommt vom Festland: Nahrungsmittel, Papier, Strom, Zahnbürsten, Kleidung usw. Weder werden tierrohstofffreie Latex-Gummistiefel hergestellt, noch sind vegane Nüsse und Früchte auch nur im Sommer ausreichend vorhanden. Überleben kann eine Hallig ausschließlich »weitgehend zivilisiert« und »mit menschlicher Störung«: Landgewinnung und -befestigung gegen die »wilde Nordsee«, sonst würde die Hallig nämlich regelmäßig von der Landkarte geflutet. [458]

Doch zurück zu Gugenberger. Linke Kritiker nennt Gugenberger in überraschender Plattheit humorlose »doktrinär-marxistische Ideologen«, »Oberguru[s] der historisch-materialistischen Esoterikkritik«, sie seien »massenfeindlich« und hätten einen »begrenzten K-Gruppen-Denkhorizont«. Auch das übelste antikommunistische Klischee gegen linke ÖkologInnen fehlt nicht: »Alle regional/ökologisch engagierten, spirituell interessierten Menschen« sollten nach einer Weltrevolution »in Gulags gesperrt werden«.

Wie erklärt sich Gugenberger die Sympathie von Rechtsextremen und Faschisten? »Die absolute Toleranz (...) des Bioregionalismus« biete »gewisse Schlupflöcher«. Anregungen würden von links bis »weit rechts« aufgenommen. Die »Neue« Rechte lese ja auch Marx, sagt Gugenberger. Klar lesen die Feindliteratur, nur empfehlen tun sie den Bioregionalismus, nicht den Marxismus. »Deutsche Volksdümmelei habe«, behauptet Gugenberger, »mit Bioregionalismus nichts zu tun.« [459] Irrtum.

Die Verwendung des Hakenkreuzes in der »neuheidnischen Szene« (siehe z.B. beim *Rainbow Gathering*, Seite 145) ist für die

Autoren lediglich eine »nicht unproblematische« Wiederaneignung von Naturreligionen. [460] Im »Tausendjährigen Reich« hörte sich das so an: »Wehrhaftigkeit und Waffenfreude sprechen stolz zu uns aus den unendlich vielen Funden der Bronzezeit, an denen die besonders vielseitige Kraft künstlerischer Gestaltung immer wieder zur Bewunderung zwingt. Und immer wieder finden sie die mythischen Symbole, den Sonnenwagen und das alte urnordische Heilszeichen des Hakenkreuzes. Helfen Sie uns, die geschichtliche Lüge von der Barbarei und dem Nomadentum unserer germanischen Vorfahren ein für allemal aus der Welt zu schaffen! Helfen Sie uns, den Stolz des deutschen Volkes auf seine vieltausendjährige bäuerliche Kultur wieder zu wecken!« Dieser Text stammt aus einem NS-Propaganda-Film. [461]

Wie entsteht eine »Bioregion«? Der Weg der (Selbst-)Findung ist ein »zutiefst spiritueller Akt«, sagt Gene Marshall, eine »schamanistische Reise«. [462] Eine Bioregion ist die Vollendung der Gemeinschaft zwischen Mensch und Natur, voller Kultstätten (*sense of places*). Für Thomas Berry ist die Bioregion als »häusliche[r] Schauplatz einer Gemeinschaft« vergleichbar dem Heim als »häuslichem Schauplatz einer Familie«. [463]

Der Schamanismus äußert sich mancherorts gesellianisch: In Ithaka, im US-Bundesstaat New York, wurde eine eigene Schwundgeld-Währung in Umlauf gebracht. [464] »Permakultur-Projekte«, in denen eine bestimmte Art biologischer Landbau betrieben wird (permanente Kultur), sollen eine »regionale Kreislaufwirtschaft« in Gang setzen. An »Permakultur-Projekten« ist anderenorts auch die autoritäre Sex-Sekte ZEGG beteiligt.

»Kreislaufwirtschaft« ist so hohl und falsch wie »Ganzheitlichkeit«, und »natürlich« ist eine Wirtschaftsweise nie. Beim Wirtschaften gibt es keinen Kreis, sondern einen dialektischen, sich vorwärtsbewegenden Prozeß von Arbeit, Nutzung von Rohstoffen und den sozialen, ökonomischen und ökologischen Folgen. Es schließt sich kein Kreis, sondern die Natur ist nach der Arbeit eine durch diese veränderte. Welcher Art die Folgen sind, hängt von der Art und Weise der Ausbeutung bzw. Nutzung von menschlicher Arbeitskraft und den natürlichen Ressourcen ab.

Bioregionalistisches Ziel ist aber nicht, menschliche Arbeit zu erleichtern, sondern der Einsatz eines »Maximums an menschlicher

Arbeits- und Schöpferkraft«. Da von Aufhebung von Klassen nirgends die Rede ist, ist die Frage der *sozialen* Verteilung dieses »Maximums« an Arbeit schon gelöst. Über die *geschlechtsspezifische* Aufteilung klärt a) das Frauenbild des Bioregionalismus im allgemeinen und zum Beispiel b) das Titelbild von *The Planet Drum Review*, einem der ältesten bioregionalistischen Magazine, im besonderen auf: Ein muskelbepackter Mann steht breitbeinig über einer Straße und haut mit der Spitzhacke den Belag so kraftvoll auf, daß der Asphalt in Brocken wegspritzt, während die erdnahe, kindlich aussehende Frau kniet, ein Pflänzchen in der einen, eine Gießkanne in der anderen Hand, und wartet, bis sie das Leben nähren darf. [465]

Jede Bioregion hat spezielle Lebensformen, Kulturen, Sprachen bzw. Dialekte, Methoden zu wirtschaften, soziale Systeme und Religionen, auch wenn nationale Grenzen die jeweilige Bioregion zerteilen, sagt Bioregionalist Gary Snyder. [466] Eine Bioregion ist ein »Lebensterritorium«, meint Bioregionalist Jim Dodge, [467] und »es gibt einen eindeutigen Zusammenhang zwischen Lebewesen und den Einflußfaktoren, denen sie an jedem einzelnen Ort auf diesem Planeten auf ganz spezifische Weise unterworfen sind«. [468] Wieder geht es um »Naturgesetze«, die »Führer« [469] sein sollen: »Bioregionalismus ist demnach eine ›tiefenökologische Konzeption‹ auf der Basis eines ›Lebens mit der Erde‹, deren Gesetze zu erkennen und anzuerkennen die Grundlage aller menschlichen Aktivitäten bilden sollte.« [470] Wenn die Naturgesetze dann nicht sprechen können, braucht es Menschen, die führen. Der Bioregionalismus baut ihnen einen hierarchischen Sitz über einen taktischen Umweg.

Im Anhang von Schweidlenkas und Gugenbergers Buch findet sich ein bioregionalistisches Wörterbuch, in dem zum Beispiel »Carrying Capacity« bioregionalistisch als »Tragfähigkeit einer Region in Bezug auf menschliche Bevölkerung« verstanden wird, was die Autoren als »insgesamt gesehen nicht unproblematisch« verharmlosen. [471] Nein, in der Bioregion haben Fremde nichts verloren. Eine »bioregional militia« soll eine Bioregion »›aktiv und passiv‹ gegen Übergriffe zentralstaatlicher Kräfte verteidigen«. [472]

Der Bioregionalismus ist ein rechtes, weil biologistisches, antiemanzipatorisches und tendenziell rassistisches Konzept. Einen solchen bioregionalen separatistischen (Klein-)Staat gegen einen Zentralstaat militärisch zu verteidigen ist – anders als eine gesell-

schaftlich emanzipierte, antistaatliche, demokratische und auch ökologische Region – nicht fortschrittlich. Dabei können auch faschistoide oder faschistische Paramilitärs herauskommen, die für ihre
Kleindiktatur – als Signal gegen die Staatsmacht – wie in Oklahoma/
USA Gebäude kaputtbomben.

Wer entscheidet, wo die Bioregion aufhört und wo sie anfängt?
Der Fluß? Der Himmel? Oder schließlich doch Menschen? Der germanische Stamm zieht allenfalls, wenn es Lebensraumprobleme gibt
und wegen der »Höherwertigkeit« der eigenen »Bioregion« mit
Hilfe der »bioregional militia« namens Wehrmacht in andere Teile
der Welt. Die Propagandaformel von »Blut und Boden«, erstmals erwähnt von Oswald Spengler (»Der Untergang des Abendlandes«),
stand für den Grundgedanken der NS-Ideologie, daß ein »gesunder
Staat« nur auf der Einheit von »eigenem Volk« und »Blut«, einer einheitlichen »Rasse« und »eigenem Boden« beruhe. Richard Walter
Darré, bis 1942 Leiter des NS-Rasse- und Siedlungshauptamtes
(RuSHA), der Spenglers Gedanken popularisierte, sah in der Ver-
städterung ein Hauptübel. Das Bauerntum galt als »Blutsquell« des
deutschen Volkes, ein »Adelsbauerntum« als tragende Elite war Darrés Wunsch. »Blut und Boden« wurden gebraucht, um Osteuropa zu
»germanisieren«. Darré wurde 1942 abgesetzt. Bevor ihn aber ir-
gendwelche Deppen zum Antifaschisten adeln: Darrés Blut-und-
Boden-Variante galt in herrschenden NS-Kreisen als »zu theoretisch«. Man wollte schließlich ganz praktisch (»Do it!«) Osteuropa
germanisieren. [473]

Die »neue Grenzziehung« erfolge »auf der Grundlage naturräum-
licher Gegebenheiten, was in der Regel auf eine »Zersetzung« des
herrschenden staatlichen Systems hinausläuft«. [474] So die Verheißung.
Die »Grenzen einer Bioregion [werden] am besten von Menschen
beschrieben, die in dieser Region leben«. [475] Damit werden bestehende Grenzen erst einmal *in Frage* gestellt. In Deutschland bietet
sich »naturgemäß« die Ostgrenze an. Die neue, naturnahe, germanische Bioregion erfordert zwingend eine »Zersetzung« des
»herrschenden staatlichen Systems« in Polen. Zur Erfüllung dieser
göttlich-naturgesetzlichen Bürde ziehen heute schon germanische
»Bioregionalisten« wie Manfred Roeder, Gottfried Müller, Jean Ringenwald, der *Armanenorden* und viele andere Germanen nach Osten,
nach Polen und Kaliningrad, pardon Königsberg, und weiter.

Die neugermanische Siedlungspolitik ist, unbeachtet – aus welchem Interesse auch immer –, in vollem Gang. Wir werden erleben, daß die Ostgrenze der Bundesrepulik Deutschland nicht nur von den Vertriebenenverbänden in Frage gestellt wird, sondern auch vom bioregionalistisch versauten Bürgertum. Und für den, der es immer noch nicht kapiert hat: Die »neue Grenzziehung« hat nichts mit antistaatlicher Politik oder gar der erstrebenswerten Auflösung der Nationalstaaten durch eine soziale antikapitalistische Revolution zu tun.

Der US-Bioregionalist Thomas Berry entwickelte »sechs bioregionale Funktionen«:

– *Selbst-Fortpflanzung:* Anerkennung des Rechts jeder Gattung auf ihren Standort, auf Heimat (...);

– *Selbst-Erhaltung:* Mitglieder der Gemeinschaft unterstützen, erhalten und ernähren einander innerhalb der festgesetzten Grenzen der natürlichen Welt (...) (Da hat eine (Bio-)Region Pech, wenn die zufälligen klimatischen und geographischen Bedingungen miserabel sind: Wüste oder überschwemmtes Land, zu heiß, zu kalt oder zu trocken);

– *Selbst-Erziehung:* Physische, chemische, biologische und kulturelle Ideale, Vorbilder und Modelle benötigen einander gegenseitig für ihre Existenz und Erfüllung. Es gibt keinen anderen Weg für den Menschen, sich zum Überleben und zur Erfüllung zu erziehen als durch die Anweisungen und Lehren, welche die natürliche Welt für ihn/sie bereithält. Schierer Biologismus. Heil Natur!

– *Selbst-Regierung*: In jeder bioregionalen Lebensgemeinschaft existiert eine funktionale Ordnung, die die Grundlage einer selbständigen Regierung bildet;

– *Selbst-Heilung:* Gemeinschaft beinhaltet in sich selbst die Kräfte der Regeneration;

– *Selbst-Erfüllung:* Durch die vielfältigen Wunder und die Schönheit der Natur findet der Mensch Erfüllung. Durch bewußte Feier des göttlichen Mysteriums des Universums, das sich in den einzigartigen Qualitäten einer jeden Region ausdrückt, erfüllt, behauptet Thomas Berry, der Mensch selbst seine spezielle Rolle. Ausdruck dieser Rolle sind religiöse Liturgien, aber auch politische Versammlungen, Musik, Tanz und Künste. Diese zusammen schaffen die kulturelle Identität einer Bioregion.[476] Eine gezielte Zurichtung des bioregionalen Inviduums unter Ausschaltung seiner freien sozialen Entfaltung.

In *Raise the stakes*, der Zeitschrift der bioregionalistischen Organisation *Planet Drum Foundation*, heißt es: »Die liberale Auffassung einer universellen Identität, daß der Mensch ein abstraktes Mitglied der Welt ist und auf jedes Gefühl für das Lokale oder den ›Provinzialismus‹ verzichten soll, hat ausgedient. Die Menschen erkennen, daß sie nur etwas Echtes teilen können, wenn ihre Identität in spezifischen Plätzen verwurzelt ist.«[477] Das hatten wir eben schon, diese »natürliche« Einheit von »eigenem Volk« und »eigenem Blut« auf »eigenem Boden«.

Andere sagen es so: »Leitgedanke: 1. Ich bin stolz auf meine deutsche Abstammung! 2. Ich will meiner Art gerecht sein! 3. Ich kämpfe nur noch für meine Art! 4. Ich suche meine Freunde in meiner Art! 5. Ich gehe nur mit unserer Art ins Bett! 6. Ich zeuge nur Kinder unserer Art! 7. Ich meide alles Artfremde! 8. Ich kämpfe für ein Deutsches Reich! (...)«[478] Aus der Neonazi-Zeitung *Lebensborn*, die dem antisemitischen, rechtsextremen, »neuheidnischen« *Armanen* nahesteht.

Das bioregionalistische Bild vom Menschen zeigt ihn den Naturgesetzen, Landschaftsformationen und völkischen Kollektiven ausgeliefert. Auf diese Weise soll sich seine Identität entwickeln. Ein unfreier Mensch, ein gefesselter Mensch.

Die rechtsextreme Zeitschrift *Ökologie*, Verbandszeitschrift der *Unabhängigen Ökologen Deutschland* (UÖD) hat enge Kontakte zu rechtsextremen und »neu«rechten Projekten: zur *Jungen Freiheit*, zu *wir selbst*, zum WSL, zu den *Republikanern* und anderen. In *Ökologie* feiert Siegfried Strelow 1996 den Bioregionalismus unter der Überschrift »Über dem Volk steht das Land. Bioregionalismus: der grüne Weg zu Heimatverbundenheit und Natur-Religiosität«: »Der Bioregionalismus wird als ökologisches Ordnungskonzept unverzichtbar. Seien wir Vorkämpfer für die politische Durchsetzung dieser Vision.«[479] Roman Schweidlenka und Eduard Gugenberger drücken es so aus: »Nichts wie rein in den Bioregionalismus!«[480] Was versteht die UÖD unter »ökologischer Ordnung«? »Gewissen Staaten des Südens« sollte »jedwede Hilfe zur Durchfütterung ihres Bevölkerungsüberschusses verweigert werden«,[481] schreibt ein Siegfried Kilchberger in *Ökologie*. Das völkische Interesse verbirgt sich hinter Bescheidenheit; weil mensch nicht die ganze Welt retten könne, konzentriere man sich auf die »Selbstrettung einer weltweit angesehen Nation«:[482] Deutschland. Um den importierten »Holocaust«, gemeint sind Flüchtlinge und ImmigrantInnen, abzuwehren, bleibt schließlich noch eine »starke, defensiv ausgerichtete Bundeswehr, die sich aber ausschließlich dem Ziel der Verteidigung der deutschen Heimaterde verpflichtet weiß«.[483]

Zu ökorechten Positionen gehört fast immer die Stadtfeindlichkeit. In der Stadt wird bioregionale Identität zerstört und kulturelle und ethnische Unterschiede werden eingeebnet »zu einer globalen Vermassung«.[484] Es gibt in dieser Szene kein Wissen von ökologischer Stadtgestaltung, keine historische Kenntnis von der Rolle der Stadt bei der Befreiung aus dem Feudalismus, keine Phantasie für ein sozial angenehmes und ökologisch verantwortbares Zusammenleben von vielen Menschen in einer Stadt. (Wer denkt denn immer gleich an Mexiko City?)

Zu den Grundsätzen der UÖD gehört der Ethnopluralismus, der neue Code für Rassismus: Die »Vielfalt der Völker« wolle man schützen. Ethnopluralismus meint: der Respekt vor dem fremden Volk verlange, daß es »unvermischt« bleibt und seine (herrschende) Kultur zu achten ist. Das ist praktisch: Auf diese Weise bleiben ganz nebenbei auch die »arischen« Germanen frei von »Bastardisierung« (beliebter faschistischer Code für »Rassenvermischung«), und auch in die herrschende deutsche Kultur mischt sich gefälligst kein anderes »authentisches Volk« ein. Das größte Problem ist folgerichtig die »Explosion der Weltbevölkerung« und die »Öffnung relativ stabiler Regionen für massenhafte Einwanderungen«, die zur »Verschärfung der ökologischen Krisen führen«. Rassismus wird verklärt als »Liebe zur angestammten Heimat«, nur wer die liebt und vor »multikultureller Vermassung« schützt, achtet auch die Heimatliebe anderer Völker«.[485] Am besten durch ökologisch begründete Abschiebung.

Bioregionalisten, sagt Strelow von der UÖD, setzen das Land über das Volk, die Familie über die berufliche »Selbstverwirklichung«, sie überliefern heimatnahe (germanische) Märchen, werten das ländliche Leben auf und wenden sich gegen alle Emanzipation.

Eine Umfrage von Gugenberger und Schweidlenka unter bioregionalistischen Gruppen und Personen ergab, daß rund ein Drittel die Zuwanderung von Ausländern in eine Bioregion ablehnen, bzw. nur dann gestatten wollen, wenn sie ökologisch verträglich ist und die Neuansiedler nach bioregionalen Prinzipien denken (!) und zu leben bereit seien. [486] »Bemerkenswert« finden Rechte wie Siegfried Strelow von den *Unabhängigen Ökologen Deutschland* diese Positionen, »zeigen sie doch den himmelweiten Unterschied, der zwischen der Ablehnung von Einwanderung aus ökologischen Gründen und dem nationalistischen Fremdenhaß besteht«. [487] Endlich können sie ihren Rassismus ökologisch begründen, tatsächlich ist das alles nichts anderes als blanker Biologismus, eine Blut-und-Boden-Variante.

Erdbefreiung à la Earth First, Hardline, Frontline, Instinkt und Die Eule

Im Februar 1989 erschien in *Earth First,* [488] Zeitschrift der gleichnamigen US-Organisation, ein wutschäumender Artikel, der das staunende Publikum über die Schandtat einer gewissen Jutta Ditfurth »informiert«. Ich hatte in der bundesdeutschen Zeitschrift *Natur* [489] die ideologische Verwandtschaft eines Konrad Lorenz mit *Earth First USA* erläutert, beider Rassismus gegen ImmigrantInnen, die zum Schutz der Natur nicht mehr einwandern sollten, beider Vorliebe für Aids als Rache der Natur für die »Übervölkerung« usw.

Der *Earth-First*-Autor forderte viele Leserbriefe an *Natur* (die vollständige Adresse war angegeben) und das (taktische) rasche Bündnis mit einer linken Gruppe »to take the wind out of the sails«. [490] Inhaltliche Gegenargumente gab es nicht. Schmähbriefe aus den USA trudelten bei der überraschten *Natur* ein, geschrieben von Leuten, die meinen Text nicht kannten. Die SchreiberInnen äußerten Verständnis für Aids als Versuch der Natur, »ihr Gleichgewicht wiederherzustellen«, »Überbevölkerung« sei die »größte Bedrohung«, mensch lädt zum »Rainbow Gathering 1989« ein. Die Einladung für 1993 liegt vor: eine »neuheidnische« Strömung. Das Flugblatt kombiniert Symbole wie Friedenszeichen, Hakenkreuz und doppelte Siegrune (SS). [491]

Einer der Briefschreiber, ein gewisser R. Wills Flowers von *Earth First Florida* schimpft: »Nichts könnte der Ideologie des Faschismus feindlicher gegenüberstehen als die Idee der biozentrischen Gleichheit, wie sie von den Deep Ecologists und dem Earth-First-Stamm [!] vertreten werden.«[492] Woher kenne ich den Namen? Ich finde einen Text von 1987: Hitler, pöbelt Prof. R. Wills Flowers und schüttelt sich sichtlich, war ein schmutziger alter Anthropozentrist, der Osteuropa in genau derselben Weise betrachtete wie heute die Multis den Regenwald (»looked at Eastern Europe in much the same way multinational tycoons look at a rainforest today«[493]). Viele Kritiker Hitlers würden sich viel zu sehr auf die »Entmenschlichung« (dehumanization) der Juden stürzen, statt auf den biozentrischen Aspekt.[494] Vielleicht sind Jüdinnen und Juden viel zu »anthropozentrisch« und selbst schuld an der Shoah? Oder hat, aus biozentrischer Sicht, das Zyklon B zuviel dem Juden gleichwertiges Kleingetier umgebracht, und *das* war das eigentliche Problem?

Nach dem New Age schwappten die US-amerikanischen Ausformungen des Biozentrismus nach Deutschland. Eine der bekanntesten Gruppen ist *Earth First*, gegründet 1975 in den USA, 1989 in der BRD. *Earth First USA* machte Furore, als sie mit militanten Mitteln gegen das Abholzen uralter Redwood-Wälder im Westen und Nordwesten der USA vorgingen. Sie zerstörten Sägen und Straßenbaumaschinen. Das literarische Vorbild für *Earth First* sind die »ecotage«(ökologische Sabotage)-Aktionen in dem Roman »The Monkey Wrench Gang« (Die Schraubenschlüsselbande) von Edward Abbey (1975). Symbol von *Earth First* ist ein verstellbarer Schraubenschlüssel (Rollgabelschlüssel), auch »Franzose« oder »Engländer« genannt. Auf englisch heißt er *monkeywrench*, inzwischen ein Synonym für Sabotage. Aber *monkey* heißt Affe, *wrench* heißt Ruck oder Reißen, verdammte Affenquälerei. — So sympathisch viele Aktionen für sich genommen sind, das Menschenbild von *Earth First* ist voller Verachtung. *Earth First* hat nicht den geringsten Begriff von der sozialen Frage. Schon Abbey verlangte, den »massenhaften Zustrom hungriger, unwissender und kulturell-moralisch-genetisch ausgelaugter Menschen«, das heißt Flüchtlinge und ImmigrantInnen, zu stoppen.

Immer wieder versuchen sich menschenfeindliche Gruppen wie *Earth First Deutschland* aus Opportunismus einen fortschrittlichen Anstrich zu geben, indem sie sich beispielsweise von Dave Foremans rassistischen Ausfällen zum Beispiel über Äthiopien distanzieren (siehe Seite 130). Aber Dave Foreman sagt: »Tiefenökologie ist die

einzige Philosophie von Earth First! Die sind beide ziemlich dasselbe. Ich glaube Earth First ist ein bestimmter Stil von Tiefenökologie.«[495] Er pries *Earth Firster* als »Krieger« an: »Unsere Philosophie,
unser Weltbild, selbst unsere Religion muß eine Haltung der Tiefenökologie sein, des Biozentrismus.«[496] »Wir setzen die Erde bei allen
Entscheidungen an die erste Stelle. Unsere Bewegung heißt Earth
First!, nicht Menschen zuerst!«[497] »Das menschliche Leben ist nicht
das wichtigste in der Welt. Ein menschliches Individuum hat nicht
mehr immanenten Wert als ein individuelles Grizzlybär-Leben.«[498]
Keiner derjenigen, die sich angeblich so klar von Dave Foreman distanzieren, hat es bisher für nötig befunden, den eindeutig menschenfeindlichen Namen der Organisation zu ändern.

Aber auch die *Übereinkunft* aller AnhängerInnen von *Earth First
Deutschland* bezieht sich ausdrücklich auf Arne Naess und die Tiefenökologie. Auch in der – inzwischen eingestellten – *Earth-First*-
nahen Zeitschrift *Instinkt* fanden wir Texte, in denen mensch sich
von New Age und Esoterik zu distanzieren scheint, um im gleichen
Atemzug die *Tiefenökologie* hochzuloben, spekulierend, daß diese
Ideologie in der BRD noch nicht so verrufen ist wie die vorge-
nannten. In der BRD gibt sich die *Tiefenökologie* auch gern
»wissenschaftlich«, TiefenökologInnen wollen den »Übergang von
ökologischer Wissenschaft zu ökologischer Lebensweisheit und
ganzheitlicher, also allseitig lebensfördernder Praxis ...« schaffen.[499]
Man seminart über die »Stimme der Erde in mir« und den »Müll um
uns herum«. Blablabla.

Es gibt *Earth-First*-Gruppen in Kanada, Großbritannien, Schottland, Australien, Indien, auf den Philippinnen, in der Slowakei, in
Rußland, Polen und der BRD.[500] Auch *Earth First Deutschland*
glaubt »an die Wildnis, die zu ihrem eigenen Nutzen existieren
soll«,[501] und an die »Philosophie der totalen Ökologie«.[502] Für *Instinkt* ist der Wald etwas »Phantastisches«, ein »heimliches Gespräch
besteht zwischen allen Wesen des Waldes, dessen Sprache zu verstehen uns immer verboten bleiben wird«.[503]

Earth First degradiert Frauen, drückt sie erdnah in den Staub der
»Mutter Erde« und vergöttlicht Natur: »Die Erde ist unser Mutter-
leib, unsere Mutter, die wir ehren und lieben. Sie ist eine intelligente
Bewußtheit, ein lebender Organismus, eine eigenständige Biointel-
ligenz; die Elben und Eldrons verehren sie als große Göttin, Große

Mutter, Erdgöttin, Erdmutter und gaben ihr viele Namen, u. a. den Namen Gaia.«[504] Der Mystifikation der Natur entspringt die Selbststilisierung des Wildnisverteidigers: »Die Zeit ist gekommen für eine Ideologie und für eine Bewegung, die sowohl physisch als auch moralisch stark genug ist, den Kampf zu führen gegen die Mächte des Bösen, die die Erde zerstören«,[505] sagt die Gruppe *Wildlife.*

1995 gab sich *Earth First Deutschland* die erwähnte *Übereinkunft.*[506] »Das Wort für Welt ist Wald«, beginnt sie. Die kommende »Katastrophe« reißt »uns mitsamt der Vielfalt aller Lebensformen in die Tiefe«, wo »wir von Elend und Siechtum geschlagen« sein werden. Mensch will den »Friede[n] mit dem Großkapital, dem Imperialismus und dem Patriarchat« brechen, »neue Formen der Ökologischen Notwehr ins Gespräch bringen« und sich so »bald wie möglich von den Einrichtungen der Industriegesellschaft« lösen. Der Erdbefreier á la *Earth First* hat kein gemeinsames Weltbild, aber »der Anarchismus (dient) als gewisser Maßstab«.

Mensch ist sehr offen, für fast alle, auch für die »provinzielle Gewaltabenteurerin« und den »ernsthafte[n] Menschenhasser und wirkliche[n] Humanisten«. *Earth First Deutschland* ist ausdrücklich biozentrisch: »Wir glauben, daß alles Leben wertvoll ist« und wir Menschen »nur eine der Millionen Arten sind, die sich im Verlauf der Evolution entwickelt hat.« Wirklich berührt ist der Erdbefreier nicht von Menschen – die soziale Frage wird nicht erwähnt –, sondern von »Geheimnisse[n] und Wunder[n]«, die sie tief bewegen so wie die »unergründliche Entwicklung« der Natur. *Earth First* kultiviert den Mythos von der reinen, wilden, unschuldigen Natur und einem Menschen, der dem kolonialen Klischee des »wilden Fremden« ähnelt. Zur Befreiung der Erde muß, meinen Earth Firster, die Zahl der Menschen um 80 Prozent vermindert werden. Die Rückkehr zur Wildnis, in der nur die Stärksten überleben, ist ein sozialdarwinistisches Bild, das mit den »Euthanasie«-Vorstellungen bekannter TierrechtlerInnen kompatibel ist.

Zum Spektrum anwendbarer Aktionsformen gehören: »Sabotage, Ökotage, Ökoverteidigung, Sachbeschädigungen, militante Auseinandersetzungen, das Zerstören von Autos, Maschinen, Hochsitzen (...) Der Name unseres Netzwerkes steht nicht für diese Aktionsformen! Sie werden aber auch nicht abgelehnt.« *Earth First* möchte sich gern in die Geschichte linksradikalen Widerstandes in der BRD einsortieren, aber mit der Kenntnis bundesdeutscher Widerstandsgeschichte, auf die sich die Gruppe gern beruft, ist es nicht weit her: »Für den Aufbau und unser Vorgehen haben wir die Zellenstruktur und die Kleingruppen der achtziger Jahre zum Vorbild, die beispielsweise im Kampf gegen den Atomtod eine große, unabhängige Bewegung bildeten.« In den achtziger Jahren gab es keine »Kampf dem Atomtod«-Bewegung, das war die Bewegung der fünfziger und sechziger Jahre. Von Staat, Parteien und Kapital unabhängig und militant war die Anti-AKW-Bewegung der siebziger Jahre. Die Nach-Tschernobyl-Anti-AKW-Bewegung der achtziger Jahre zeichnete sich keineswegs durch »Zellenstruktur« und »Unabhängigkeit« aus, sondern sie hing *mehrheitlich* am Tropf von Verbänden und Parteien.

Earth First lehnt »eine Organisation für uns« ab, organisiert aber dennoch Ortsgruppen. Eine Illustration zeigt den männlichen blonden Erdbefreier auf einem Felsen, hoch oben über einer unkenntlichen Masse von Menschen, die sich wie Ameisen in Schule, Fabrik und Kirche wälzen. »Lasse dich beseelen«, sagt der Erdbefreier, und »überdenke (...) deinen Lebensstil: (...) Bist du auf Lohnarbeit/Lernanstalt angewiesen?« »Meide Autos und Flugzeuge; Tourismus ist dekadent! (...) Du kannst einen Platz für Bauwagen oder ein Haus besetzen. Vermeide Drogen, Alkohol, Nikotin, abhängen und abhängig sein.« Erdbefreier sollen sich zwar mit »fortschrittliche[n] Weltbilder[n]« und »mit Faschismus, Rassismus, Sexismus und Speziezismus« auseinandersetzen, besonders interessant aber ist die »Bewußtmachung der menschlichen Natur und Kulturgeschichte«.[507] Die Beschäftigung mit linken Themen, meist nicht mehr als die Nennung von Kategorien, wirkt in diesen Kreisen fast immer wie zu Legitimationszwecken angeklebt.

Neben BiozentristInnen wie *Earth First* gibt es die VeganerInnen, beide Gruppen überschneiden sich ideologisch zu großen Teilen. Auch VeganerInnen hängen der Tiefenökologie an. Auch VeganerInnen nennen sich ErdbefreierInnen. Auch sie leugnen das soziale Wesen Mensch und sind AntihumanistInnen. Ihr Ansatzpunkt ist aber nicht unbedingt die mystifizierte Wildnis – wie bei *Earth First* –, sondern erst einmal alle Tiere, die sie auf die gleiche Stufe stellen wie den Menschen. Ihr Anliegen ist es, jegliche Nutzung von Tieren und Tierprodukten auszuschließen. Die Grenzen zwischen den verschiedenen antihumanen Strömungen sind fließend und entwickeln sich sprunghaft. Ein Scharnier zwischen *Earth First* und der Vegan-Szene sind *Hardline* und *Frontline*.

Diese beiden Gruppen sind nicht über einen Kamm zu scheren, auch wenn sie im Kern gleiche Inhalte vertreten. *Hardline* kommt aus der — auch in der Musiksszene — bekannten US-*straight-edge*-Szene: asketisch, drogenfrei, bestehend vorwiegend aus mittelständischen, »weißen« jungen Männern. *Hardline* hat einen Avantgarde-Anspruch und agitiert: »Abtreibung ist kein ›Recht‹, genausowenig wie Mord ein ›Recht‹ ist.«[508]

CDU/CSU, NPD & Co. und der Vatikan hätten ihre wahre Freude: »Institutionalisierte Abtreibung, die nur um der Bequemlichkeit willen durchgeführt wird, hat einfach keinen Platz in einer Gesellschaft (...)«.[509] »Abtreibung muß verboten werden.« Die naturnahe »liebende Familie« braucht ein »großangelegtes Erziehungsprogramm«, »Abstinenz« und »Verhütung«.[510] *Hardline* hat rührenderweise »sehr großen Respekt vor Frauen (...), die das Kind trotz einer Vergewaltigung nicht töten, da sie ein unschuldiges Leben nicht dafür verantwortlich machen wollen, was ihnen widerfahren ist«.[511]

Hardliner, also rechte Veganer, sind häufig jüngere Männer aus Mittelschichtfamilien, die wenig Ahnung von sozialen Problemen haben und nicht weiter gekommen sind, als ihr Mitleid mit Tieren moralisch zu radikalisieren und gegen Menschen zu wenden, die sie nicht verstehen, weil sie zu borniert sind, eine andere als die eigene soziale Lage zu begreifen. Logischerweise erfaßt diese Bewußtlosigkeit auch die Beziehung zu Frauen und ihrem sexuellen Selbstbestimmungsrecht. Der junge Mittelschichtsmann, der seinen Kopf nicht einschaltet, sondern nur seinen Instinkten huldigt, mag die Frau nicht, die es wagt, selbst zu entscheiden, ob sie ein Kind bekommt und wann und mit welchem Mann sie es zeugen will. Das macht ihm angst. Es fällt schwer, an dieser Stelle nicht zu psychologisieren und Rückschlüsse auf die Lebenserfahrung und die Sexualität rechter junger Veganer zu ziehen.

Frauen haben das Recht auf selbstbestimmte Sexualität, die nicht an Fortpflanzung gebunden ist. Sexualität ist eine (schöne) *soziale*

Qualität menschlichen Lebens. Wenn eine Frau heterosexuell ist, kann sie, das ist eine *biologische* Möglichkeit, schwanger werden. Sie ist kein Tier und muß nicht zwangsweise austragen, was entsteht, sondern sie allein hat zu entscheiden, weil sie ein Mensch ist, ob sie die Schwangerschaft austrägt und so aus dem Fötus die *Möglichkeit* einer späteren personalen Existenz wird und dann ein Mensch oder ob sie, zu den für sie besten und schonendsten Bedingungen, die Schwangerschaft abbricht. Die Frau hat als ein soziales Wesen ein *Selbstbestimmungsrecht* über ihr Leben, das selbstverständlich auch Sexualität und Fortpflanzung umfaßt. Ein Frosch oder eine Hauskatze wird dieses Recht nicht für sich reklamieren, weil sich beide Viecher diese Gedanken überhaupt nicht machen können. Wer sich prinzipiell gegen Abtreibung entscheiden möchte, kann dies gern tun – für sich selbst! Der rechte Jungveganer, der Vater werden will, muß sich erst einmal eine Frau als Partnerin suchen, welche dieselben Wertvorstellungen bezüglich Sexualität und Abtreibung hat. Das sollen die beiden unter sich ausmachen und den Rest der Welt mit ihrer Moral in Ruhe lassen. So einfach ist das.

Leider hat *Hardline* beschlossen, sich an diese so einleuchtende Empfehlung nicht zu halten. Sexualität ist »naturnah«: »Nichts kann etwas an der Tatsache ändern«, behauptet *Hardline*, »daß Geschlechtsverkehr ursprünglich zur Fortpflanzung gedacht war. Der angenehme Aspekt des Geschlechtsverkehrs, der sexuelle Trieb, ist der Weg der Natur die Menschen dazu zu bringen sich fortzupflanzen.«[512] Und also ist, sagt *Hardline*, auch Homosexualität unnatürlich. Vermutlich war *Hardline* vom Papst erleuchtet und angeleitet.

Aus der Kritik an den Positionen zu Abtreibung und Homosexualität entstand 1994 *Frontline*. *Frontline* erscheint beinahe wie eine Tarngründung: Mensch verzichtet auf die spektakulärsten Attacken gegen Abtreibung und Homosexualität, aber das biozentristische Weltbild bleibt ungebrochen. Das Dogma ist eindeutig: »Das Gesetz, aus dem wir unser Handeln und unsere Ethik ableiten, ist das Naturgesetz.«[513] Mann kämpft an der »Frontline« für die Befreiung der Erde und aller Lebewesen und ein strikt »ethisches«, moralisch zuverlässiges Leben: »Wir haben uns diese Lebensweise und diese Ethik nicht ausgedacht, es ist (...) die objektive Wahrheit (...) Eine Lebensweise, wie sie bestanden hat, als Instinkte noch unseren Weg bestimmten.«[514]

Das passiert, wenn das soziale Wesen Mensch seine besondere Eigenschaft, die ihn von allen anderen Teilen der Natur unterscheidet, einstellt, nicht mehr denkt, sondern irgendwelchem Bauchgrimmen und unausgegorenen Moralvorstellungen folgt und diese Denkfaulheit noch als »wildnisnah« und »ursprünglich« adelt, ganz »instinktiv«.

Das rechtsextreme und biozentrische Kampfblatt *Instinkt* (Nr. 4) meldete: »Instinkt-Erdbefreiung erscheint vierteljährlich als Gemeinschaftsproduktion von *Earth First Germany* und des *Frontline*-Kollektives.« In *Instinkt* sprach die biozentristische Szene Klartext. *Instinkt* enthielt faschistoide Wortwahl, Gewaltaufrufe gegen Menschen, die Fleisch essen, Abtreibungsgegnerschaft und Schwulenfeindlichkeit. Deshalb gab es einen großen Krach um *Instinkt*, wobei ein Teil der Kritik lediglich taktisch war: »unklug ausgedrückt«. Anschließend versuchten die *Instinkt*-Macher, sich etwas vorsichtiger auszudrücken, es gab einige verwirrende Distanzierungen hier und dort: *Earth First Hamburg*, distanzierte sich, aber *Earth First Deutschland* und *Earth First Essen* machten weiter, letztere hatten sogar den Versand übernommen, bis *Instinkt* schließlich ganz eingestellt wurde.[515] Nicht Einsicht war der Grund, sondern die fast vollkommene Unfähigkeit der biozentristischen und der veganen Szene, sich intellektuell mit Kritik auseinanderzusetzen. Mensch ergreift lieber die Flucht und organisiert sich anderswo.

Wofür stand *Instinkt* noch?[516] Der Linken wurde vorgeworfen, am Ziel der Weltrevolution festzuhalten und am abscheulichen »kulturell-gleichmacherische(n) Internationalismus«. Der gewünschte Gegensatz zur ekligen »Gleichmacherei« ist die gewünschte »Auflösung der Zivilisation in Biotope«.

Die Naturgesetze verbieten, verbreitete *Instinkt*, die »Begierde nach Vergnügen«, »verantwortungslosen« Sex und Drogen: »Wenn du auch nur ein bißchen Mitgefühl hast, wird Schuld den Schlamm in deinen Adern ersetzen und dich motivieren, clean zu werden, während du mit deinen FreundInnen Partys feierst, leiden und sterben Tiere wegen deiner jämmerlichen Selbstsucht.«[517]

Der instinktive Erdbefreier ist gegen »Sozialschmarotzer«: »viele Arbeitende [sind] überbezahlt«, und es sei zu leicht, Sozialunterstützung zu beziehen. Im »Kampf gegen die Mächte des Bösen, die die Erde zerstören«, hilft »eine Ideologie, die rein und rechtschaffen ist, ohne Widersprüche und Unvereinbarkeiten«. Für die Zukunft des Erdbefreiers ist gesorgt, er hebt sich ab vom aasfressenden menschlichen Abschaum, der am besten zu 80 Prozent, notfalls mit der Atombombe, reduziert würde. »Wer sich im solidarischen Einsatz für die Natur bewährt, erreicht eine mystische Einheit mit ihr und kann sich aufrechten Hauptes in ihr bewegen.« Das heldische Selbstbild des Naturkriegers nährt den Verdacht, bei seinen Protagonisten handle es sich um hellhäutige Mittelstandsbürschchen, die heimlich vom Fitneßstudio träumen.

Instinkt haßt Menschen: »Einst glorreich wandelnd auf dem sonnigen Pfad der Rechtschaffenheit, im Einklang lebend mit den Gesetzen der Natur, wälzt der Mensch sich nun im tiefsten, stinkenden Morast aus Selbst- und Habsucht.« [518] Falls der Mensch seinen naturgesetzlichen Platz nicht einnehmen will, »wird die Welt ohne dich ein besserer Ort sein«. Und: »Do it or die.« [519]

Instinkt, ein »unabhängiges Projekt, das allen Erdbefreiungsgruppen offensteht« (Selbstdarstellung [520]), versprach ihren LeserInnen eine Auseinandersetzung mit dem Vorwurf des Ökofaschismus. Nur leider, leider konnte mensch zwar rechten Dreck veröffentlichen – dafür muß Zeit sein –, bedauerlicherweise bleiben aber »Widersprüche und Auseinandersetzungen noch im Hintergrund«, [521] denn *Instinkt* legt »ganz bewußt viel Energie in Praxis«. [522] *Instinkt* ist ja auch das Gegenteil von Verstand oder politischer Verantwortung: »Do it!«

Zwar sind, sagen die BiozentristInnen, alle Organismen durch ihre schiere Existenz gleich, manche aber sind ungleicher: Wer nicht bereit ist, von der verheerenden Dekadenz Abstand zu nehmen, ist überflüssig: »Die Welt wäre ein besserer Ort, wenn Du und Deinesgleichen nie geboren worden wäre.« Die Drohung hat ein Fundament: »Der Kampf für Tiere bringt eine/n ja fast automatisch ins Recht«.

Die *Vegane Aktion Ruhrgebiet* formuliert das so: »Bildet Vegane Kampfeinheiten!« Und verlangt: »Führ ein einfühlsames Leben!«, denn »wenn Du nicht Teil der Lösung bist, bist Du Teil des Problems, und solange Du Teil des Problems bist, bist Du ein Ziel in unseren Augen! Vergiß die Vergangenheit – es ist Zeit für die neue Schule – den Veganismus!« [523]

Einen Briefbombenanschlag, bei dem ein Polizist getötet wurde, findet *Instinkt* nicht schlecht. Und daß solche Anschläge typisch für FaschistInnen sind, ist ihnen doch egal. Ein 15jähriger hatte regelrecht geübt, bevor er einen 20 kg schweren Betonbrocken von einer Autobrücke warf und einen Menschen tötete. Er wurde zu sechs Jahren Jugendstrafe verurteilt. *Instinkt* nennt ihn einen »politischen Gefangenen« und fordert seine Freiheit. Das Erdbeben in Kobe/Japan tötete viele Menschen. *Instinkt* sagt: »Rache der Erde«.

Militante Aktionen sind nicht per se gut oder schlecht. In der Regel sagt die reine Aktionsform als solche nichts darüber aus, welches Interesse, welches politische Konzept und welches Menschenbild hinter ihr steht. Ein Aufkleber in *Instinkt* zeigt einen Erdbefreier, dessen Gewehr direkt auf den Kopf eines Autofahrers gerichtet ist, auf einem anderen sind ein Mann und eine Frau abgebildet, beide tragen ein Gewehr, Aufschrift: »One less car«. Natürlich wurde nicht das Auto erschossen, sondern ein Mensch. Angegriffen wird nicht, wer die Macht hat, oder eine politische Struktur, sondern der verhaßte einzelne Mensch, der vielleicht nicht anders zur Arbeit kommt als mit dem Auto, weil die *Deutsche Bahn* in ihrer überirdischen profitorientierten Weisheit mal wieder eine Strecke stillgelegt hat. Mit der nachvollziehbaren Autofeindlichkeit ist auch keine eigenständige Überlegung verbunden, wie denn das soziale Bedürfnis nach Fortbewegen, Besuchen, Reisen usw. auch individuell, bzw. durch welche (zivilisatorischen) Techniken dieses individuelle Bedürfnis mit kollektiven, auch ökologischen, Notwendigkeiten zu befriedigen wäre.

Instinkt bejubelt die Aktionen: Sabotage gegen die Mercedes-Benz-Filiale in Bremen wegen der Teststrecke im Papenburger Moor. Die *Anti Auto Front, Sektion Siebengebirge*, propagiert folgende Aktionsformen gegen die »Autopest«: Reifen zerstechen, Scheiben einschlagen, Lack zerkratzen, Autos und Autohäuser in Brand setzen, Krähenfüße auf die Straße werfen, Nägel unter Reifen stecken, Cola über Lack schütten, Auspüffe mit Bauschaum verstopfen, Sand in den Tank schütten, Tankstellen sabotieren, zum Beispiel Schläuche durchschneiden. Der Beitrag einer Brigade der revolutionären Ökologie heißt »Ausschreiten!«, zeigt eine Gruppe von Vermummten, die einen LKW kippen, und will ein »Leben als Sabotage«. [524]

Earth First behauptet, nach der Einstellung von *Instinkt*, mit rechtem Gedankengut nichts (mehr) zu tun zu haben. Aber fragt mensch

Earth First heute nach Informationen, bekommt mensch einen Prospekt des *Entfesselung. Tier- und Erdbefreiungsvertriebs.* Die »Erdbefreier« werben dort mit den reaktionären, patriarchalen Ying/Yang-Symbolen für die ökofaschistische *Instinkt* mit ihren bisher erschienenen Ausgaben, für »Das Vermächtnis der Eldron«, für 340 Seiten »Tiefenökologie«, für »Die Weisheit des Lao Tse« und für Zen-Buddhismus.

Die Eule, die neue Zeitschrift des bundesdeutschen *Earth-First*-Netzwerkes gibt Auskunft über den tatsächlichen Stand des politischen Bewußtseins. Erster, zweiter und dritter Eindruck: Der EF-Mensch möchte irgendwie (noch) zur Linken gehören, haßt diese aber auch und propagiert rechtes Gedankengut mit linksradikalen Einsprengseln. Mensch schleudert undefinierte Begriffe durch die Gegend, lehnt zum Beispiel die »Industriezivilisation« ab. Das heißt auch: weg mit den Windkonvertern, die die Verstärker für die heißgeliebte Punk- und Hardcore-Musik betreiben. Nirgendwo wird definiert, was Zivilisation ist. Aber sie ist schlecht, ganz und gar.

Nach all dem Ärger mit *Hardline* und *Frontline* wird versucht, eine fortschrittliche Position zum Thema Abtreibung zu beziehen. Die in der veganen Szene verbreitete Anti-Abtreibungsposition wird heruntergespielt. Das angebliche »Recht« wird defensiv begründet: mit der allgemeinen Unterdrückung der Frau, der Verantwortung für das Kind, der Situation von alleinerziehenden Frauen usw. Dann wird betont, daß eine Abtreibung weder »natürlich« noch »toll« ist und die Frau sich nicht »leichtfertig« dafür entscheidet. Auch eine »extreme physische und psychische Belastung« muß das Ganze sein. Warum diese Rechtfertigungen? Es gibt also kein freies Recht auf freie Heterosexualität und freie Wahl eines Lebens mit oder ohne Kinder, sondern eine Art schmerzhaftes, unter Leiden zustande kommendes Notwehrrecht in einer patriarchalen Gesellschaft. In der sozialen Utopie der Erdbefreier herrscht Gebärzwang: Es »stellt sich die Frage der Abtreibung theoretisch gesehen in einer antipatriarchalen, herrschaftsfreien und lebensbewußten Gesellschaft kaum noch«. Gibt's dann keinen Sex mehr oder nur noch hundertprozentige Verhütungsmittel und nie leichtsinnige Leidenschaft? Da werden alle Schwangerschaften wohl »ganz natürlich« ausgetragen?

Bevor weiter gefragt wird, erklärt *Earth First* die Diskussion rasch »erstmal [als] ziemlich überflüssig und realitätsfern«. So? Wer nur ein taktisches Verhältnis zum Recht auf sexuelle und reproduktive Selbstbestimmung hat und über diese brisante Frage nicht diskutieren will, hat die Flanke weit auf für die organisierten, rechten AbtreibungsgegnerInnen, die unbedingt darüber reden wollen und genau wissen, was sie jetzt wollen. Die Sexualität der ErdbefreierInnen ist in einem zwanghaften Dilemma: Mensch kennt nur den *bösen* Konsumsex oder den *guten* gefühlsnahen, sensiblen Sex. Wild und verrückt, hemmungslos und frei darf Sex nicht sein, vielleicht weil opportunistisch ein Credo des dümmsten Teils der Frauenbewegung übernommen wird: »Jeder Mann wird durch die Verhältnisse zum potentiellen Vergewaltiger.«[525] Dazu paßt, daß *Earth First* in der Logik der rechten Denkrichtung des Ökofeminismus[526] die Frau mit der Natur vergleicht, wieder ist die Frau naturnah und erdverbunden, emotional und fernab von der bösen männlichen Rationalität.

Neben einigen erfreulichen Beiträgen zu Konsumkritik, Hüttendörfern, Anti-Shell-, Anti-Auto- und Anti-Gentechnik-Aktionen gibt es in der *Eule* die übliche wirre Mischung aus diffuser Kapitalismuskritik und Mystik, aus »Neuheiden«-Propaganda und Intellektuellenfeindlichkeit, daneben viel verständnislose Wut über linke Kritik und über die angebliche Pogromstimmung (!) gegen *Frontline* und − in der Logik faschistischer Degenerationsgeredes − die Denunziation des »herrenmenschengroßstadtlebens«, als sei eine humane und ökologische Stadt nicht vorstellbar. Am Ende von *Die Eule* Nr. 1 ein Bumerang: eine Art Proklamation gegen rechte Vereinnahmung: »Das einzige, was wir für euch übrig haben ist ein Schlag in die Fresse! (...) Deutschland verrecke!« Buchstabiert wird die angedrohte »Fresse« mit dem Runen-SS.

In *Die Eule* Nr. 2[527] ist von »Zaubertrank« die Rede und von »Erdgespenstern«. In mehreren Beiträgen macht *Earth First* den Versuch, sich als Teil der Linken zu präsentieren. Aber in allen diesen Beiträgen bezieht sich *Earth First* gleichzeitig zentral auf rechtes, mystisch-»neuheidnisches« und ökofaschistisches Gedankengut. Es werden »Kulte« in England, Schottland und Irland gefeiert und Esoterisches: Das »Tao ist unaussprechlich«, und »der Taoismus kann nur im Bewußten und Unterbewußten aufgenommen werden«. Es kann nicht gehört, nicht gesehen und nicht genannt werden. Ist aber irgendwie gut zur Natur, fließt, denkt nicht, und die Botschaft heißt Nicht-Handeln, »wir müssen die Revolution leben«, aber auch keine

»Energie verschwenden«. Alles wird gut. Think positiv. Immer wieder wird kokett die eigene Jugend und Fehlerhaftigkeit betont, die damit verbundene »Unreife« zur vorbeugenden Abwehr der zu erwartenden Kritik gemünzt.

In *Eule 2* ist der Mensch eine »Plage für die Erde« und »die Zivilisation« krank und degeneriert und die Natur ein so fehlerfreies Paradies, als ob ein Hinterhof-Kid zum erstenmal im Wald gewesen ist. Überall irrationale Wechselbäder für den Kopf: einerseits die behauptete Bereitschaft, künftig auf biologistische Argumentation zu verzichten, gleichzeitig der Angriff auf den »Anthropozentrismus« der Linken. Endlich gibt *Earth First* zu, daß »Instinkte wirklich nicht revolutionär sein können«, dafür wird die Gruppe nun vom Größenwahn gebissen. Mit der Kritik an der Ignoranz vieler Linken gegenüber der ökologischen Frage rennt mensch bei mir offene Türen ein, aber daß »die« Linke »Natur per se ökofaschistisch« findet, ist Schwachsinn und dient vor allem der eigenen Gruppenidentität. *Earth First*: »Tatsächlich bestand bisher in der autonomen oder radikalen Linken keine Gruppe, die sich betont auf Naturschutz beziehen würde.«

So viel Abwesenheit von politischem Wissen und Geschichtskenntnis ist schlicht verboten. Es gibt eine lange Tradition von Linken, auch wenn sie nicht die Mehrheitslinie bildeten und bilden, die begriffen haben, daß die soziale nicht von der ökologischen Frage zu trennen ist, weil die Wurzel der Ausbeutung des Menschen und der Natur dieselbe ist: die kapitalistische Produktionsweise mit ihrer Profitlogik und ihrem Verwertungszwang. Bitte, auch wenn's anstrengt, lesen und zwar zum Beispiel Texte zur Ausbeutung und Vernichtung der Natur von Karl Marx und Friedrich Engels. Es gab außerdem vor 1933 eine ökologische Strömung in der KPD, eine antistaatliche, linksradikale militante Anti-AKW-Bewegung in den siebziger Jahren, es gibt linksradikale feministische Anti-Gentechnik- und Anti-Bioethik-Gruppen, es gab sogar einige Jahre linksradikale ÖkosozialistInnen und RadikalökologInnen bei den Grünen, es gibt ÖkoanarchistInnen und seit 1991 eine bundesweite Organisation namens *Ökologische Linke*[528] usw. usf. Wenn es ein anderer Planet ist, den *Earth First* befreien will, kennt sich die Gruppe hoffentlich besser auf ihm aus.

Von allergrößter Bedeutung ist ihr Bezug auf Tiefenökologie und

157

Bioregionalismus: »Ein Muß!!« sei Schweidlenkas/Gugenbergers Buch über Bioregionalismus: »die bioregionalistische Perspektive« sei »für die grüne anarchistische Bewegung als Partnerin (...) zu gewinnen«. Besonders übel ist der Versuch, die umstrittene US-Abteilung von *Earth First* reinzuwaschen. [529] Zwar trat Dave Foreman aus, aber die meisten seiner AnhängerInnen blieben in *Earth First*. Das schafft keinen Konflikt, mensch arbeitet in »Kleingruppen«, Ökofaschismus und Ökorassismus werden »dezentral« toleriert. Den Namen des »sozialökologischen« Flügels von *Earth First* halten linke AnarchistInnen und ÖkosozialistInnen aus den USA für eine Finte. Der Begriff »soziale Ökologie« (social ecology) stammt aus dem linken Kreis um Murray Bookchin und wurde von Anfang an unmißverständlich links und antikapitalistisch definiert. Soziale Ökologie ist der ausdrückliche *Gegenbegriff* zur antihumanen, esoterischen, rechtsextremen »Tiefenökologie« (deep ecology) der EsoterikerInnen und BiozentristInnen, ob bei *Earth First* oder anderswo. Die beiden angeblich so verschiedenen *Earth-First*-Strömungen haben sich längst auf gemeinsame reaktionäre Grundpositionen geeinigt: 1. Bioregionalismus; 2. Tiefenökologie; 3. Biozentrismus. [530] Keiner dieser sich überschneidenden Ansätze verträgt sich mit der Behauptung, es ginge um »ökologischen Sozialismus«, der »bioregional« organisiert werden müsse. Nein, antistaatliche, emanzipatorische Gesellschaften werden antinational und regional sein, aber keine sich an Wasserscheiden orientierenden, autoritären, menschenfeindlichen ökologistischen Kleinstaaten mit erdbefreienden Eliten, informellen Führern und ökorassistischer Zuwanderungsbegrenzung.

Auch die selbstgefällige Behauptung von *Earth First*, »Biozentrismus ist eine revolutionäre Philosophie. Deshalb wurde EF! als Ziel der Vernichtung vom FBI ausgewählt«, ist eitler Blödsinn und beweist nichts: Auch die Mörder von Martin Luther King, der Ku-Klux-Klan und die faschistischen Militias wurden bzw. werden – neben all den vielen Linken – vom FBI verfolgt.

»Euthanasie«, Speziezismus und Peter Singer
... und noch mehr VeganerInnen

Über Peter Singer ist andernorts bereits viel geschrieben worden, das soll hier nicht wiederholt werden. Der Bioethiker, Tierrechtler und

»Euthanasie«-Befürworter spielt eine zentrale Rolle, auch wenn er den biozentristischen Ansatz kritisiert: Alles gleich ist ihm zu gleich. Er möchte »selbstbewußtes« Leben (gesunde Erwachsene, Schimpansen usw.) höher werten als nur »bewußtes« (Säuglinge, behinderte Erwachsene) oder gar unbewußtes (Pflanzen). Singer will Menschenaffen, Delphine, Wale und den gesunden, nichtbehinderten erwachsenen Menschen auf einer Stufe sehen. Peter Singer schrieb 1975 das Buch »Animal Liberation« und trieb darin die Tierschutzidee in Richtung Tierrechte. Der US-Tiefenökologe Michael Zimmerman lobt: »Das war der Hebel, mit dem die Tür des Anthropozentrismus aufgebrochen worden ist. (...) Jetzt kann die Tiefenökologie den Anthropozentrismus direkter angreifen.«[531] So sickert sie ein, die Ideologie von der Minderbewertung und Entwertung des Menschen, am Verstand vorbei, gleich in den mit Nüssen und Früchten gefüllten Bauch und das tierliebe Gefühl. Emanzipatorische Gedanken, revolutionäre, befreiende Ideen meiden diese Sackgasse, sie sind auf eine rationale Auseinandersetzung geradezu angewiesen.

Wie später in »Praktische Ethik« befürwortet Singer schon in »Animal Liberation« »Euthanasie« und Menschenversuche: Die Zugehörigkeit zur menschlichen Art ist »kein moralisch relevantes Kriterium« für ein Recht zu leben. Für eine möglichst große Gruppe von Menschen ist die größtmögliche Zufriedenheit zu erreichen. Diesem System der »Ganzheitlichkeit« eines Kollektivs hat sich der einzelne notfalls um den Preis seines Leben unterzuordnen. Das Kriterium für Gleichheit ist »die Fähigkeit zu leiden«. Die Grundregel lautet, daß die Interessen jedes schmerzempfindenden Wesens gleiches Gewicht haben. Speziezismus bedeutet, die Interessen der Wesen einer anderen Spezies zum Vorteil der eigenen zu vernachlässigen.[532]

Die Vorstellung einer menschlichen Gleichheit breche zusammen, wenn sie mit dem Gedanken konfrontiert werde, daß alle Menschen, »einschließlich Säuglinge, Schwachsinnige, kriminelle Psychopathen, Hitler, Stalin und alle anderen − eine Art von Würde oder Wert haben sollten, den kein Elefant, Schwein oder Schimpanse je erreichen kann«. Singer ist der Auffassung, »daß es einige Menschen gibt, die ganz eindeutig unterhalb des Niveaus von Bewußtsein, Selbstbewußtheit, Intelligenz und Empfindungsfähigkeit vieler nichtmenschlicher Lebewesen stehen. Ich denke hier an Menschen mit schweren und irreparablen Hirnschäden und auch menschliche Säuglinge.«[533] »Sofern der Tod eines behinderten Säuglings zur Geburt eines anderen Säuglings mit besseren Aussichten auf ein glückliches Leben führt, dann ist die Gesamtsumme des Glücks größer, wenn der behinderte Säugling getötet wird.«[534] Wer definiert wessen Glück? Ist Stephen Hawking (Amyotrophische Lateralsklerose, eine unheilbare Erkrankung des motorischen Systems) unglücklich, und war Ludwig van Beethoven (stocktaub) über seine Existenz betrübt?

Auf ein Interview mit dem Tierrechtler Jürgen in der *taz*[535] antworten Inge Jakowlew, Wilfried Maxim, Marc Neumann und Matthias Streif aus Siegen: »Wenn Interviewpartner Jürgen Menschen und Tiere auf eine Stufe stellt und dann auf die Frage, was mit halbtot von ihm befreiten Tieren geschehe, antwortet: ›Wenn sie zu schwach sind, muß ein Tierarzt sie erlösen‹, kann man erahnen, was mit zu schwachen Menschen passieren soll.«[536]

Die angeblich feministische Zeitschrift *Emma* hat sich, um der Auflage willen, Tierrechtspositionen zu eigen gemacht und gleich »Bruder Singers« »Euthanasie«-Vorstellungen propagiert. In einigen Tierrechtskreisen distanziert mensch sich inzwischen von Singers »Euthanasie«-Vorstellungen und versteht irgendwie gar nicht, wie der sich so entwickeln konnte. Dabei hat Singer die »ethische Begründung« für die Tötung von Menschen von Anfang an propagiert, und dieselben, die sich scheinheilig distanzieren, empfehlen Singers Bücher als zentrale Literatur. »Unsere Arbeit macht sich nicht an der Person Peter Singers fest, sondern beruht auf den Fakten bezüglich der Tierrechte, die er, wie auch andere TierrechtlerInnen, bereits vor ihm formuliert haben. Seine Ansichten bezüglich der Euthanasie haben mit der Tierrechtsfrage nichts zu tun und sollten nicht miteinander in Verbindung gebracht werden«,[537] lügt *Animal Peace*, eine deutsche Tierrechtsgruppe, die doch immer wieder für Singers Bücher wirbt.

Manche eiern herum: *Tierbefreiung aktuell*, die Bruker Platz für seine verlogene Rechtfertigung gab, versucht, auf Kritik an der Empfehlung von Büchern von Peter Singer und Helmut F. Kaplan zu reagieren: »Die Diskussion um evtl. faschistische Ansätze innerhalb der veganen Szene werden wir auch weiterhin führen und uns von entsprechenden Tendenzen klar abgrenzen.«[538] Aber zu Peter Singer habe mensch »noch nicht konkret gearbeitet. Wir können aber jetzt schon sagen, daß wir uns von seinen Euthanasieforderungen scharf abgrenzen und hiermit auch von einer Buchempfehlung Abstand nehmen wollen.« Anarchistische Berliner VeganerInnen schreiben: »Z. B. hat es die (dringend notwendige) Peter-Singer-Diskussion (...) nie gegeben, lediglich vereinzelte Stellungnahmen einzelner Gruppen (von uns gab's auch nichts).«[539]

In der BRD entstanden neben *Earth First*, *Hardline* und der Abspaltung *Frontline* inzwischen Tierrechtsgruppen bzw. vegane Organisationen mit Namen wie *Animal Peace*, kamen *Erdbefreiungsgruppen*, *Tierbefreiungsfronten* und die *Vegane Offensive Ruhrgebiet* (VOR), die − wie *Animal Peace* − mit Tatze und Faust in fünfzackigem schwarzen Stern wirbt. Die *Vegane Aktion Ruhrgebiet*, *Tierrechts-Offensive Oldenburg* (TOO), *Virus*, Dortmund, *Anarchistische Tierrechts-Aktion* (ATA), Heidelberg, *Anarchistische VeganerInnen*, Berlin, *MUT − Menschenrecht und Tierrecht e. V.*, Frankfurt/Main, *die ratten − alternativer Tierschutz*, Frankfurt/Main, *Moorgnom*, Bremen, oder *Tierschutz-Aktiv-Nord* (TAN): »ein Zusammenschluß fortschrittlicher Tierschützer, die den herkömmlichen Sumpf der Tierschutzszene (Vereinsmeierei, Tiertantentum) ablehnen.«[540] Die meisten Gruppen sind klein, aber vielfältig verbunden mit anderen Gruppen und Szenen.

Animal Peace (AP) behauptet, mit etwa 20000 Mitgliedern die größte deutsche Tierrechtsorganisation zu sein.[541] Einerseits tritt *AP* mit revolutionärer Attitüde auf, andererseits vertritt die Gruppe die üblichen menschenverachtenden rechten Tierrechtspositionen und bezieht sich auch auf Peter Singer. AP vergleicht Massentierhaltung mit Konzentrationslagern und setzt den Speziezismus mit Sexismus und Rassismus gleich. 1995 durfte AP in Siegen am 1.-Mai-Bündnis teilnehmen, ohne sich von seinen antihumanen Positionen distanzieren zu müssen, wie es der linke AStA der Gesamthochschule Siegen gefordert hatte.[542]

»Herrenmenschendenken« ist laut AP, wenn nicht erkannt wird, daß die »nichtmenschlichen Tiere doch gar nicht so unterschiedlich sind, von dem, was das ›herkömmliche Menschsein‹ ausmacht.« Trotzdem hat sich AP für eine Gruppe entschieden: »Wir kämpfen für die Kindeskinder der gequälten, mißhandelten, entwürdigten, ermordeten Tiere (...) Und wir werden nicht ablassen im Kampf für sie, auch, wenn unsere Gegner übermächtig erscheinen und wir 20000

Jahre Anthropozentrik, den Egoismus und die Gewohnheit bekämpfen, die Dreieinigkeit, die das System der Verachtung unserer Mitwelt trägt.«[543]

AP muß, um Tiere den Menschen gleichzusetzen, in Tiere viel hineingeheimnissen. So behauptet die Organisation, daß sämtliche Versuche, einen »elementaren Unterschied zwischen den Menschen und den anderen [!] Tieren zu machen (Sprache, Werkzeuggebrauch, Religion, Todesbewußtsein)«, gescheitert seien: »Es gibt ihn faktisch nicht, den ›Abgrund zwischen Mensch und Tier‹, so sehr das diejenigen, die ihre Identität an der Minderbewertung der Tiere festmachen, auch stören wird.«[544] Tiere hätten »sehr wohl eine eigene [!] Sprache«, lebten »in sozialen Strukturen«, gebrauchten ihre Hände für Werkzeug, insoweit ihre Anatomie dies zulasse,[545] Tiere hätten *Interessen*, den Wunsch nach Leben, Freiheit und Abwesenheit von Leiden, fühlen Freude und Angst, Lust und Unlust, bilden soziale (!) Gemeinschaften, führen Beziehungen, trauern um Verstorbene, sind, sagen andere TierrechtlerInnen, sogar »religionsfähig«. Wahrscheinlich geht es da um unüberprüfbare »Naturreligionen«, und weder um das Christentum noch um das Judentum, oder liest Piwitts Primat den Koran?

Was geschieht angesichts von Heuschreckenplagen? Dürfen, um gentechnische Manipulation zu vermeiden, Wirkstoffe wie Insulin vom Tier gewonnen werden? Kommt die mäusefressende Katze vor Gericht und straft mensch sie mit Freiheitsentzug, fragt Marc Neumann.[546] AP beruft sich auf Singer und zitiert ihn in der *1.-Mai-Zeitung* 1995, wenn er RassistInnen mit »SpeziezistInnen« vergleicht: »(...) Der Speziezist erlaubt den Interessen seiner eigenen Spezies über die wichtigeren Interessen der Mitglieder anderer Spezies hinwegzutrampeln. Die meisten Menschen sind Speziezisten.«

AP wirbt für das *Great Ape Project* Peter Singers, das Menschenrechte für Menschenaffen erstreiten will. [547] Helmut F. Kaplan gilt, nach Auskunft seines deutschen Verlages Rowohlt, als »Chefideologe« und Pionier der Tierrechtsbewegung im deutschsprachigen Raum. Kaplan ist Österreich-Koordinator des bereits erwähnten internationalen *Great Ape Projects*, dessen begeisterter Anhänger auch der besagte Piwitt ist.[548]

Die ersten Erfolge hatten die neuen Gruppen in Nordrhein-Westfalen. Mancherorts okkupierten sie da, wo die Linke müde geworden war, linke und autonome Infrastruktur, Infoläden zum Beispiel. Ihre Alltagskultur war zum Teil offen faschistisch: »Einige liefen eine Zeit mit HJ-Haarschnitt rum; ein Frontliner aus Bremen machte sich einen REP-Aufkleber an sein Auto; in Berlin schmierten sie aufs Klo vom Drugstore ›Borussenfront‹, eine ehemalige Hoolgruppe aus Dortmund; einer freute sich, endlich das Marschlied, welches bei Rommels Einmarsch in Afrika gespielt wurde, auf Platte zu haben, und sangen sogar Fascholieder. (...) Um weiter zu provozieren, machte sich einer von ihnen einen Christliche-Mitte-Anstecker, auf dem ein abgetriebener Fötus zu sehen ist, an seine Jacke«,[549] berichtet eine autonome Gruppe aus Essen.

Eine der ersten rechten veganen Gruppen tauchte im Ruhrpott auf, die *Vegane Miliz Essen*, eine Art Vorläufer von *Frontline*. »Die Gruppe fiel vor 3 Jahren schon durch ihr militaristisches Gehabe auf. Sprüche und Schmiererereien wie: ›veganer heiliger Krieg‹; ›vegan oder tot‹ stammen aus dieser Zeit (...)«.[550] VeganerInnen aus dem Ruhrgebiet, die anfänglich mit *Frontline* zusammenarbeiteten, berichten, *Frontline* diskutiere Soliarbeit für einen »knapp 80jährigen ›Tierrechtler‹, der bei einer Kundgebung gegen die Jagd und Hund in Dortmund mit einer Gasknarre einen Bullen anschoß (...) früher in der SS war und sich weiter als Rassist outete (...) FrontlinerInnen vertraten (...) die Position, da er ja Tierrechtler sei, würden sie ihn auch unterstützen wollen.«[551] *Frontline* hat sich angeblich inzwischen aufgelöst, vermutlich arbeiten FrontlinerInnen inzwischen in anderen Gruppen mit. Es gibt ein paar hilflose Rechtfertigungsversuche für die knallrechten Positionen, mann war eitel, unreif, angeberisch. Den Kern des Gedankenguts trifft diese »Selbstkritik« nie. So oder so, auch das Gedankengut von *Frontline* gehört zum Mainstream rechten Vegan-Denkens.

Das Neuartige ist, daß sich Gruppen, die die Welt objektiv rechts interpretieren und zentrale Elemente eines faschistischen Weltbildes kolportieren (Minderwertigkeit/Höherwertigkeit; Mensch/Tier-Vergleich; Homosexuellen-Haß; Ablehnung sexueller und reproduktiver Selbstbestimmung, Naturmythos, totale Ignoranz gegenüber der sozialen Frage usw.), sich selbst auf verquaste Weise als Weiterentwicklung und Konsequenz des linken, mindestens aber des alternativen Milieus betrachten: »Im Gegensatz zu vergangenen Bewegungen, die gescheitert sind, weil sie nicht allumfassend und diszipliniert waren, müssen wir siegreich sein. Sind wir es nicht, ist alles verloren.« [552]

Es gibt esoterische Kritik an den VeganerInnen. Aber auch die *Gruppe im Rausch der Tiefe*, die von VeganerInnen wegen harscher Kritik heftig attackiert wurde, gesteht ein, daß sie von einem »nicht-homozentristischen« Standpunkt aus argumentiere. Falsch sei, Spiritualität zu tabuisieren oder als faschistisch zu kritisieren. Vor dem Schlachten könne mensch die Tiere in religiösen Riten ehren, wie — unspezifische — amerikanische UreinwohnerInnen dies angeblich zu tun pflegen. [553]

Einige Veganer-Gruppen sind gegen Sexismus aber zugleich gegen Abtreibung, gegen Rassismus aber für Ethnopluralismus, wo sich der Rassismus in die »Authentizität« unterschiedlicher »Ethnien« kleidet. Bei den VeganerInnen artikuliert sich dies etwa so: »Wenn ich hier für mich jegliche Hierarchien im menschlichen Zusammenleben ablehne, heißt das noch lange nicht, daß es für andere Kulturen nicht ok sein kann.« [554] Dann ist die Unterdrückung der Frauen durch die islamischen Fundamentalisten »ok« und das chinesische Yin und Yang auch, das die New-Age-Szene, allen voran Tiefenökologe Fritjof Capra, so liebt und das für einige tausend Jahre chinesisches Patriarchat steht. Dann ist die Verkrüppelung von Füßen in China, die Entfernung von Klitoris, Schamlippen und andere Grausamkeiten in anderen Teilen der Welt »ok«, weil zu respektierender Teil einer anderen »Kultur«. Ein »Halbvegetarier« macht auf eine andere Variante des Sexismus aufmerksam: »Der Vergleich zwischen Sexshops und kleinen Fleischereien ist ja nun ziemlich unmöglich. Wo soll dieser Vergleich denn hinführen? Etwa Gewalt gegen Frauen ist so etwas ähnliches wie Gewalt gegen Tiere?« [555]

Weil es im Bewußtsein der rechten VeganerInnen keine sozialen Klassen mehr gibt, sondern nur noch Naturmythos, Elfen und Kosmos, differenziert auch niemand zwischen herrschender Kultur und den kulturellen Ausdrucksformen der Beherrschten. Sie haben keine Maßstäbe zur Beurteilung sozialer Strukturen. Ihr Respekt vor der anderen Kultur ist — im günstigsten Fall — nichts als Geschwätz, Selbstdarstellung und Synonym für Denkfaulheit, Gleichgültigkeit und Egoismus.

Da es in der Linken wenig Wissen über die skurrilen Formen gibt, in denen sich die »neue« Rechte ausdrückt, und eine brachiale Ignoranz gegenüber dem Thema Ökologie existiert, hat der linke Mensch auch kaum durch Kenntnis und politische Auseinandersetzung geschärfte intellektuelle Waffen, klug mit dieser neuen Richtung umzugehen: Es gibt Linke, die argumentieren platt: Ökologie sei ohnehin ein rechtes Thema. Andere, naivere, nehmen einigen Tierrechtsgruppen die linke Attitüde ab. Es gibt aber auch VeganerInnen, die sich selbst ausdrücklich als Linke verstehen, zum Beispiel einige »Anarcha-VeganerInnen aus Berlin und anderswo« verlangen eine »bundesweite Diskussion um die Findung einer anarcha-veganen Position« mit einer »konsequenten Abgrenzung von rassistisch- biologistischen Strömungen und Organisationen wie zum Beispiel ›Frontline‹/›Hardline‹«: »RassistInnen raus aus unseren Zusammenhängen! Für eine anarcha-vegane Politik im Rahmen der Unity of Oppression!!«[556] (Zur *unity of oppression* siehe Seite 170 ff.)

Aber auch für diese Anarcha-Veganerin ist typisch, daß sie linke Forderungen (gegen Sexismus, gegen Rassismus, manchmal sogar gegen Ausbeutung, seltener gegen Kapitalismus) wie ein Fähnchen vor sich her trägt und darüber nicht zu diskutieren weiß: »Ich würde mich selbst als Anarchistin bezeichnen, ohne mich je viel mit Anarchismustheorien beschäftigt zu haben. Triebfeder meiner politischen Arbeit waren stets meine eigenen Gefühle und Gedanken dazu, wie eine gerechtere, lebenswertere Welt aussehen müßte.«[557] Instinktiv und irgendwie.

Untereinander herrscht in der Tierrechtsszene viel Streit, aber auch eine gefährliche Toleranz. Die Gruppe *Tabula Rasa* behauptet: »Es gab und gibt keine Zusammenarbeit linksradikaler Tierrechtsgruppen mit HxL [Kurzname für *Hardline*]. Die punktuelle Zusammenarbeit mit FxL [Kurzname für *Frontline*] ergab sich aufgrund mangelnder Auseinandersetzung über deren Hintergründe (...) Wir kritisieren die verspätete Auseinandersetzung (...) mit (...) FxL und auch einige biologistische Tendenzen in der Tierrechtsbewegung. (...) Wir wehren uns aber gegen solche DemagogInnen, die eine revolutionäre Strömung als faschistisch diffamieren, sobald sie unbequem wird.«[558] *Tabula Rasa* hat sich zwar nicht auseinandergesetzt, weiß aber, die genannten rechten Gruppen sind »revolutionär« und nur »unbequem«. Amen.

Beim Autonomie-Kongreß in Berlin, Ostern 1995, wurde in einer Arbeitsgruppe »schnell deutlich, daß mehr oder weniger alle anwe-

senden TierrechtlerInnen nichts mit HxL/FxL (*Hardline/Frontline*;
J. D.) und ihren Positionen zu tun haben wollen«.[559] Zwar wurde
Hardline später von der Tierrechtswoche in Hamburg (Sommer
1995) ausgeladen, aber *Frontline* und andere durften kommen. Wer
Frontline kritisierte (wegen rassistischer Äußerungen), wie eine
Gruppe von Anarcha/o-VeganerInnen aus Berlin, mußte sich die
Verbannung zum Essenmachen und den monatelangen Vorwurf autoritären Verhaltens gefallen lassen.[560] Die Begründungen für richtige Distanzierungen sind meistens emotional. Abtreibungsverbot
und die Homosexuellenfeindlichkeit der beiden rechten Gruppen
stören das eigene libertäre Lebensgefühl. Eine kritische Analyse der
zentralen biozentristischen, ökofaschistischen Ideologie von *Frontline* und *Hardline* finde ich nirgends. Woher auch? Hat doch auch die
namenlose anarchistische Veganerin aus Berlin »nur eine Ahnung davon, was ›Biologismus‹ eigentlich ist«.[561]

Für die »Berliner Anarcha/o-VeganerInnen« sind Faschismus und
Biologismus »komplexe Themen«. Mensch habe sich »wenig mit
diesen Themen beschäftigt«.[562] Es gibt keinen Begriff davon, daß der
Mensch ein soziales Wesen ist und daß und wie ihn das von anderen
Teilen der Natur grundlegend unterscheidet. Fast das ganze Werkzeug für eine linke Analyse fehlt in diesen Kreisen. Grundlegende
Begriffe wie Biologismus sind unklar. *Tabula Rasa* aus Berlin will
sich auch noch »konstruktiv mit Biologismus auseinandersetzen«.[563]
Es muß also etwas Positives herauskommen. »Konstruktiv« statt kri-
tisch an eine nicht mehr frei interpretierbare, weil im Wesen rechte
Kategorie heranzugehen bedeutet, bereits angefüllt mit Vorurteilen
zu sein und das Ergebnis zu Lasten des eigenen Verstandes zu mani-
pulieren, um irgendwelchen Konflikten aus dem Weg zu gehen, mit
sich oder mit anderen.

Verbote und Aktionen

Die Gruppe *Tierschutz-Aktiv-Nord* (TAN), Hamburg, rief mit anderen Gruppen zur »bundesweiten Demonstration gegen den Hamburger Zoo (...) am 5. Juni 1993« auf: »Zoos sind eine Ansammlung
von psychisch krankgemachten Tieren in Gefangenschaft, die unter
anderem die Hagenbecks zu MillionärInnen gemacht haben. Für die
Zurschaustellung der Tiere werden hohe Eintrittsgelder verlangt, der

Souvenirhandel blüht und die leichenteilverarbeitende Gastronomie verdient an Bratwürsten. Typisches Bild im Zoo: kadaverfressende BesucherInnen begaffen das lebende Pendant hinter Gittern (...) Gegen alle Käfige! Für die Befreiung von Mensch und Tier.«[564]

Es geht gegen Zoo und Zirkus, gegen tierische Nahrungsmittel und Konsumprodukte, gegen eine tierdiskriminierende Sprache und um die Vermenschlichung der Tiere. Der Mensch sei, so wird die Evolution umgedichtet, ein Fruchtfresser (»homo vegetus«), was mit dem Hinweis auf die Form seiner Fingernägel, Zähne, Augen, des Darms usw. »nachgewiesen« sein soll. Das Pflanzen von Nußbäumen und das Ernten von Beeren, also dem, was die Natur allein herausrückt, löse alle »sozialen und ökologischen Hauptprobleme«. Also nicht nur kein Fleisch und kein Fisch, verabscheuungswürdig ist auch »weißes Blut«: Milch, Yoghurt, Eier, Butter, Käse. »Ich wäre beinahe im Dortmunder Infoladen an die Luft gesetzt worden, weil ich nach Milch für meinen Kaffee fragte«, berichtet ein Jürgen Kellermann im Comlink-Netz.[565]

VeganerInnen werfen Menschen, die sich vorwiegend vegetarisch ernähren und die darauf achten, daß sie tierische Produkte nur unter der Voraussetzung zu sich nehmen, daß die Viecher, als sie lebten, nicht gequält wurden, vor, sie würden eine willkürliche Entscheidung treffen, wem sie Lebensrecht zugestehen und wem nicht. Das ist so. VeganerInnen bestreiten aus ihrer borniert menschenzentrierten Sicht schließlich auch das Schmerzempfinden von Pflanzen, während sie Tieren soziale Fähigkeit und sogar Religiosität zusprechen. Sie ignorieren das Schluchzen des geschnittenen Blumenkohls, das Wimmern des gestochenen Spargels, den Schrei der brutal zerhackten Petersilie. Schiere Willkür!

Besonders verhaßt bei den VeganerInnen sind Bauern und MetzgerInnen, die Tiere naturnah aufziehen und sie oder ihre Produkte als Ökoware anbieten: »Fleisch fressen ist Mord, Käse fressen Folter« heißt ihre Parole. Militante VegetarierInnen gingen monatelang gegen einen Bremer Öko-Schlachter vor, der im Mai 1995 schließlich sein Geschäft aufgab.[566] Die veganen Helden hatten sich einen kleinen Gegner ausgesucht, keinen Schlachthof, keine Massentierhaltung. Und immer noch sitzen die »stillen« Mörder »an Wochenenden und am Feierabend am ebenso stillen See und werfen die Angel aus. (...) Das nennen sie Sport, die Safari des kleinen Mannes. Ein Mord, den sich jeder leisten kann«,[567] wettert *Tierschutz-Aktion Nord* (TAN).

Verboten auch das Tragen von Pelz, Leder, Seide, Wolle und Daunen, denn alle Produkte werden dem Tier mit Gewalt abgerungen. Nüsse, Früchte, Samen, unbehandelt, so war es angeblich ganz früher, bis das böse Feuer die schädliche Erhitzung von Nahrung möglich machte und die Zivilisation den reinen Ursprungsmenschen versaute. Gemüse? Kochen ist Energieverschwendung, sagt *Instinkt.* Wenigstens rohes Gemüse? Da schneidet der Pflug den Boden auf und martert »Mutter Erde«! Also Früchte, Nüsse, Samen roh, guten Appetit. Die ganze Welt ein Nußbaum, und wenn's nicht für alle reicht, müssen gegebenenfalls 80 Prozent Menschen dran glauben, denn: »die Welt wäre ein besserer Ort, wenn Du und Deinesgleichen nie geboren worden wäre«. Die Masse der Menschen sind »apathische, egozentrische Bastarde«, gegen sie wird die »ökologische Revolution« organisiert.

Um nicht falsch verstanden zu werden: Ich habe nicht das geringste Problem mit der Entscheidung von Menschen, sich vegetarisch oder vegan zu ernähren. Ich kann das respektieren. Es gibt viele gute Gründe, auch für mich persönlich,[568] kein oder wenig Fleisch zu essen. Die Argumente gegen »Tierprodukte« wie Milch oder Eier sind allerdings absurd. Die Nutzung von tierischen Stoffen wie zum Beispiel Leder für Schuhe halte ich für legitim, die Alternative wäre auch ökologisch problematisch: eine horrende Kunststoffproduktion oder endlose Monokulturen für die Latexgewinnung. Bei anderen »Rohstoffen« kommt es darauf an, von welchen Tierarten sie »gewonnen« werden: Wird das Produkt wirklich gebraucht? Sind die Tiere geschützte Arten? Massentierhaltung oder Tierversuche lehne ich ab. Tierversuche sind nicht nur deshalb überflüssig, weil ihre Ergebnisse kaum auf den Menschen übertragen werden können, sondern auch, weil es längst alternative Methoden gibt und weil sie aus einem kritischen Verständnis von Wissenschaft und Forschung her abzulehnen sind. Aber nichts an einer linken, ökologischen Tierschutzposition bedarf der antihumanen, biozentristischen Unterfütterung, im Gegenteil.

Thema ist hier die Ideologie der biozentristischen Gruppen und nicht die Auseinandersetzung mit ihren vielen sachlich falschen Behauptungen. Nur ein Beispiel für letztere: Richtig ist, daß die Aufzucht von Rindern das Mehrfache an Getreide verbraucht, als die Tiere hinterher an Nährwert mit ihrem Fleisch liefern. Daß aber der totale Vegetarismus den Hunger in Welt abschafft, ist falsch, denn da gibt es noch einiges andere:

– Es werden Gebirge von Lebensmitteln vernichtet, um Preise künstlich hoch zu halten oder hoch zu treiben, für mehr Profit.

– Riesige fruchtbare Flächen werden mit Nullkaloriepflanzen in Monokulturen angebaut: Tabak, Kaffee, »Muttertags«blumen für Deutschland usw.

– Extensive landwirtschaftliche Anbaumethoden, grenzenloser Rohstoffverbrauch, Vergiftung von Wasser, Luft und Boden mit chemischen Giftstoffen und Radioaktivität und Klimaänderung – durch die kapitalistische Produktionsweise verdörren und erodieren fruchtbare Landstriche, und ein bald erdumspannender Wüstengürtel ist die Folge.

– Die Nahrung ist aus Profitgründen weltweit ungerecht verteilt.

Es gibt nicht nur den Pansen der Kuh und die ungünstige Getreide-Fleisch-Relation, es gibt auch eine gewisse kapitalistische Weltwirtschaft, und die ist allemal gefräßiger als das Rind.

Kritisiert mensch einen der Gurus und Ideologen (Frauen habe ich bislang nicht gefunden), wird abgewimmelt: »Die Tierrechtsbewegung (...) hat keine Kaderschmiede, das Wissen um die Rechte der Tiere wird nicht von oben aufgedrückt, (...) sondern entwickelt sich weltweit nach der Gesetzmäßigkeit moralischer Entwicklungen.«[569] Damit hat *Animal Peace* einen guten Spruch zum Abwimmeln gefunden. Das ist offensichtlich notwendig. Ich habe selten eine theoriefeindlichere und geschichtslosere Szene erlebt als diese.

Manche Aktionen der ErdbefreierInnen sind, unter bestimmten, weiter vorn definierten Umständen, sympathisch: Aktionen gegen Autos und Straßenbau, zum Beispiel in Hüttendörfern. (Aber so sehr ich den Wunsch nach einer Lebensform in Bauwagen oder Hüttendörfern akzeptiere, ein Leben *gegen* die »Zivilisation« ist auch dort nicht möglich.) Behinderung von Gensaat, Hochsitzsägen und Treibjagdenstören, Sabotage an Maschinen, mit denen lebensgefährliche Produkte hergestellt oder transportiert werden, betonierte Klos bei McDonald's, Strommastensprengung gegen das zerstörerische Hydro-Quebec-Projekt in Kanada: sie knüpfen scheinbar an die militanten Erfahrungen zum Beispiel der frühen Anti-AKW-Bewegung der siebziger oder die der Startbahn-West-Bewegung der achtziger Jahre an. Aber beide Bewegungen waren nicht antihuman, und mindestens die Anti-AKW-Bewegung war eine emanzipatorische und mehrheitlich antikapitalistische, soziale und ökologische Bewegung. Und so können Aktionen, die sich äußerlich gleichen (z. B. Strommastensägen), äußerst unterschiedlich begründet sein und der Durchsetzung unendlich verschiedener Ziele dienen.

Aber es gibt auch Aktionen gegen TierrechtlerInnen: Die *Jagdsaboteurinnen* der *Veganen Offensive Ruhrgebiet* (VOR) berichten in einem Flugblatt[570] von Mordaufrufen gegen JagdgegnerInnen. Sofern VOR korrekt zitiert, empfiehlt ein gewisser »Mark Graf von Pückler« in der Jäger-Zeitschrift *Wild und Hund*[571] ein »5-Stufen-Modell (...) ein Mordaufruf, nach dem Motto: Wie bringe ich JagdgegnerInnen juristisch sauber um?« (VOR).[572] Die Stufe 1 (beruhigendes Einreden) weicht rascht den Stufen 2, 3, und 4: Drohung mit der Waffe, Schuß in den Boden, Schuß in Fuß, Bein oder Arm. Wenn nicht genug Zeit bleibt, darf der Jäger, sagt »Graf Pückler«, gleich zu Stufe 5 schreiten: »Körperschuß«.

»Unity of oppression«

»Wir wollen eine Auseinandersetzung in der Tierrechtsszene mit Unterdrückungsformen – wie Rassismus und Sexismus – genauso wie eine Auseinandersetzung der linksradikalen Szene mit Speziezismus. Unser Ansatz basiert hauptsächlich auf ›Unity of Oppression‹, wobei unsere Schwerpunkte Tierrechtsarbeit und Radikalökologismus sind«,[573] schreiben anarchistische VeganerInnen, die sich als Linke begreifen. Andere eher linke VeganerInnen formulieren: »Weiterhin haben wir gemerkt, wie dringend nötig eine klare Distanzierung von Personen und Strömungen innerhalb der Tierrechtsbewegung ist, die biologistische/rassistische (und sexistische) Tendenzen und Inhalte in ihrem Weltbild aufweisen.«[574]*

---

* Beispiele für die Beliebigkeit des *»unity of oppression«*-Ansatzes und dafür, daß ihm jede analytische Qualität fehlt:
Eine ungenannte Autorin – gesichtslose Anonymität scheint in dieser Szene heilige Pflicht, sie nützt ja auch der Beliebigkeit der Auseinandersetzung – schreibt nach einer Auseinandersetzung zum Thema Vergewaltigung: »Wir meinen, daß dieses ›Unter-den-Tisch-fallen-Lassen‹ in mancher Hinsicht typisch ist für den

Die VeganerInnen wollen ihren theoretischen Ansatz bedeutender klingen lassen, indem sie dem in Autonomen-Kreisen entwikkelten *triple-oppression*-Konzept ein viertes Unterdrückungsfeld hinzuaddieren. Einen falschen Ansatz zu einem zumindest mißverstandenen und dadurch falschen Konzept hinzuzuaddieren, ergibt aber nur noch mehr Theorie-Müll. Mit *triple oppression* war ursprünglich gemeint, daß der antikapitalistische Kampf, also der gegen die Ausbeutung des Menschen und die Natur, um den in ihm angelegten Kampf gegen Patriarchat und Rassismus erweitert werden sollte.

Spätere autonome *triple-oppression*-VertreterInnen behaupteten, durch ihr Konzept sei der Marxsche Klassenbegriff überholt, und sie reihten Erscheinungsformen von Ausbeutung und Herrschaft unterschiedslos aneinander, ohne sie noch in ein dialektisches Verhältnis zueinander zu setzen. Aus der richtigen Kritik an ignoranten dogmatischen linken Konzepten (Nebenwiderspruch) folgte fälschlicherweise die Ignoranz gegenüber dem grundlegenden Charakter des kapitalistischen Verwertungsprozesses. Dieser rein additive, nicht analytisch-dialektisch-synthetische theoretische Ansatz landete in einer Sackgasse. Er kann ebensowenig Zusammenhänge, Ursprünge,

Umgang mit Vergewaltigung in der ›Linken‹ und besonders in der ›Veganszene‹. Tierunterdrückung wird hier faktisch zum Hauptwiderspruch gemacht. Ein ähnlicher Umgang fällt in der Debatte um Frontline/Hardline auf. Sexismus und Faschistoides in Tierrechtskreisen wird geduldet, um die ›Tierbefreiungsfront‹ nicht zu stören. Wie sollen wir aber gemeinsam für die Befreiung von Tieren, Planzen und Erde kämpfen, wenn unsere Beziehungen untereinander auf solch vordergründiger ›Harmonie‹ basieren?« (Diskussionspapier zum Umgang mit Vergewaltigern in der Tierrechtsszene, in: No Hierarchy! Anarchistische, antipatriarchale, radikalökologische Zeitung von TierrechtlerInnen, Berlin, Nr. 0, Anfang 1996, S. 7 f.)
Wie erfolgreich die Tatsache der heute unauflöslichen Verschränkung von Kapitalismus und Patriarchat, von Klassenzugehörigkeit und (sozial konstruiertem) Geschlecht ignoriert wird, zeigt das folgende Zitat: »Unterdrückungsverhältnisse sind stets eingleisig, das heißt, daß z. B. keine Frau einen Mann sexistisch unterdrücken kann. In diesem Zusammenhang sind wir uns durchaus bewußt, daß es auch Verhalten von Frauen/›nichtweißen‹ Menschen gegenüber Männern/Weißen gibt, das rein äußerlich dem Verhalten der Unterdrückenden ähnelt. Abgesehen davon, daß an solchem Verhalten größtenteils aus der an eigenem Leib erfahrenen Diskriminierung resultiert, blendet hier eine begriffliche und/oder inhaltliche Gleichsetzung sowohl historische wie auch gesellschaftliche Hintergründe völlig aus und nimmt somit Teil an einer TäterInnen-›Opfer‹- Umdeutung zugunsten der TäterInnen.« (Thesenpapier zur Diskussion über den Umgang mit Rassismus/Sexismus, in: No Hierarchy! ... S. 9)

dialektische Beziehungen und Fach- und Themenborniertheit erklären wie der Positivismus eines Sir Karl Raimund Popper.

An dieses falsche Konzept soll nun noch der »Speziezismus« als vierte Unterdrückungsform geklebt werden, und weil *quadruple oppression* einfach blöd klingt, hat der Vegan *unity of oppression* gewählt, was den Vorzug hat, daß sich noch viele Teilunterdrückungen reinpacken lassen: »In England z. B. werden längst ageism (Unterdrückung aufgrund des Alters) und ableism (Unterdrückung aufgrund von Nicht-/Fähigkeit) als eigenständige Unterdrückungsformen zwischen Menschen genannt«.[575] Neben der Absurdität und Beliebigkeit dieses Ansatzes wird spätestens hier auch seine ideologische Offenheit nach rechts und die Parallelität zur Fachborniertheit der bürgerlichen Wissenschaft und Forschung klar.

Vom zentralen Ausbeutungsverhältnis Kapitalismus, mit dem andere Ausbeutungsverhältnisse wie Patriarchat, Rassismus, Naturvernichtung – und darin der Umgang mit Tieren – untrennbar verknüpft sind, führt der Weg weg zu einer Ansammlung von unspezifischen Grausamkeiten und Betroffenensituationen, die nicht mehr qualifiziert werden. Für einen solchen hirnlosen Kladderadatsch braucht es allerdings keine Rationalität, dafür reichen dann diffuse Instinkte. Irgendwann kommen dann vielleicht welche, die so viel Bewußtlosigkeit, biologistische und irrationale Zurichtung als Teil einer Massenbasis für ein rechtes bis faschistisches Gesellschaftsmodell zu nutzen wissen.

Noch mehr faschistisches Potential

»Seit dem Beginn der deutschen Romantik im späten 18. Jahrhundert«, schreibt George L. Mosse, »bezeichnet der Begriff ›Volk‹ für deutsche Denker eine Gruppe von Menschen, denen eine naturphysische ›Wesenheit‹ eigen ist. Diese Wesenheit konnte ›Natur‹, ›Kosmos‹ oder ›Mythos‹ genannt werden (...) Als ein exemplarisches Beispiel mag dafür stehen, daß viele völkische Theoretiker der Ansicht waren, die Natur der Seele eines Volkes sei von der Natur des Mutterlandes bestimmt. Demzufolge wurden die Juden – für die völkischen Dichter ein Wüstenvolk – als ein oberflächliches, nüchternes und ›verdorrtes‹ Volk angesehen, dem es an Tiefe mangele und das ohne jegliche Kreativität sei. (...) Im Gegensatz hierzu wurden die

Deutschen als gründlich, mysteriös und tiefsinnig verstanden, weil
sie in den dunklen nebelverschleierten Wäldern lebten, als ›Lichtmenschen‹ begriffen, die dem Licht entgegenstrebten (...).«[576]
Von den Nazis wurde die Identität und das Wesen des Menschen
an die (Bio-)Region gefesselt, aus der er stammt. Schönheit, Geist
und die »rassische« Überlegenheit der germanischen »ArierInnen«
entsprangen der angeblich überlegenen Schönheit großdeutscher
Landschaften, des Eichenwaldes, der tiefgründigen deutschen Flüsse
usw. Aus welcher Geographie der Russe, »der Slawe« im allgemeinen
oder andere »Untermenschen« abstammten, wollte der Nazi an ihrer
»häßlichen Fratze« erkennen. Adolf Hitler gab dem germanischen
Lichtmenschen die Richtung: »Wir wissen, daß den arischen Menschen, als sie ihre nördliche Heimat verließen und nach Süden zogen,
ein Zeichen gemeinsam blieb: das Zeichen der Sonne. Alle ihre Kulte
bauen sie auf Licht (...) Es ist das Hakenkreuz der einst von arischer
Kultur gegründeten Gemeinwesen.«[577]
Die Tierrechtsszene hat kein historisches Bewußtsein. Sie mischt
sich zusammen, was sie wünscht, fühlt, irgendwo hört. Eines von
vielen Beispielen ist das folgende Zitat: »Zum Neuheidentum ist zu
sagen, daß es sich genauso wie z.B. die Öko-, Jugend- oder Musikbewegungen weder eindeutig links noch rechts zuordnen läßt.«[578]
Richtig ist daran nur, daß »Öko-, Jugend- oder Musikbewegungen«
nicht automatisch antikapitalistische und politische Bewegungen
sein müssen. Aber es gab zu keinem Zeitpunkt ein »Neuheidentum«,
das emanzipatorisch gewesen wäre. Anders als die »Öko-, Jugend-
und Musikbewegung« ist das *Wesen* des »Neuheidentums« mit seiner Irrationalität, seinen antihumanen Naturmythen, seinem germanischen Rassismus, seiner völkischen Schwärmerei, seinem Antisemitismus usw. per se antiemanzipatorisch und objektiv ein Baustein
für faschistische Ideologien und Konzepte. Der naive Wunsch eines
Veganers, ein menschenfreundlicher »Neuheide« zu sein, bricht diesen Charakter nicht.
In der biozentristischen Welt gibt es eine starke Sympathie für die
Wurzeln des NS-Faschismus. Ein Element ist die Verwendung von
präfaschistischen und faschistischen Symbolen, wie wir am Flugblatt
des »neuheidnischen« Flügels der *US-Rainbow-Movement* gesehen
haben. Aber das »Neuheidentum« der BiozentristInnen kehrt mitsamt seiner präfaschistischen Symbolwelt an seinen deutschen Aus-

gangsort zurück und entwickelt dort einen anderen, vielleicht gefährlicheren Einfluß. Um diese Gefahr abzuwenden, wären antifaschistisches Interesse und Geschichtskenntnis vonnöten.

Anläßlich des zehnten Jahrestages der Atomkatastrophe von Tschernobyl lud ein Flugblatt zum Benefizkonzert am 26. April 1996 ins linksradikale, autonome Frankfurter *Café Exzess* und für den darauffolgenden Tag zur Demo nach Biblis. Es verknüpft grafische Elemente der Autonomen mit mythischen. Der Streetfighter holt mit einer Holzlatte aus, deren Ende mit dem Symbol der ökofaschistischen Gruppe *Earth First* verlängert ist: eine Steinaxt und ein Schraubenschlüssel. Statt Anti-AKW-Sonne und fünfzackigem Stern (wie bei einem fast identischen linksradikalen Flugblatt zum selben Anlaß) taucht im Hintergrund ein abgestorbener Wald auf: »Für die Befreiung von Erde, Mensch & Tier!«[579] Vormals linke Szenen werden aufgemischt.

In biozentrischen Kreisen ist der Umgang mit dem Antisemitismus in revisionistischem Sinn »unbefangen«. Über die Reinheit der »Rasse« spricht der neuzeitliche Bioregionalist (noch) nicht, aber zum Beispiel veröffentlicht Roman Schweidlenka, der anderenorts den faschistischen »Mißbrauch« der Spiritualität durch den NS-Faschismus bitter beklagt, seine Texte ganz unbefangen in Zeitschriften mit antisemitischen Artikeln.[580]

Der Historikerstreit ist längst durch die Tierrechtsdiskussion erweitert worden. Das AP-Flugblatt »Kontrolliere Deine Sprache!« plädiert gegen die Verwendung von Tiermetaphern: »Immer noch werden auf Demonstrationen Tierexperimentatoren als Schweine bezeichnet und brutale Polizisten als Bullen. (...) Die Schweine sind ohnehin die größten Opfer dieser faschistoiden Wortwahl. (...) Schweine sind saubere, freundliche Tiere.« Der Mensch ist das »Schwein«: »Wer dann (...) die Bierzeltbesucher am Münchener Oktoberfest beobachtet, wie sie sich schlürfend und schmatzend Leichenteile zwischen die Kiefer schieben, während ihnen das Fett über Doppelkinn und Hals in den schier platzenden Kragen läuft, und das dann mit einem, an einer Nuß knabbernden Eichhörnchen vergleicht, dem kann nur das große Kotzen kommen.«

Bei aller Kontrolle »Deiner Sprache«: daß AP den NS-Faschismus und die Shoah verharmlost, ist erlaubt:

— ein Zirkus ist so furchtbar wie ein Konzentrationslager: »Nach dem Motto ›Arbeit macht frei‹ gibt es noch die Dressur«;
— Hühner »enden (...) auf den Förderbändern der Massenvernichtung« und leben »in KZ-Anlagen«. Das kommt dabei heraus, wenn mensch »den Antifaschismus nur auf Menschen (...) beschränken« will. [581] Die Mehrheit der Szene hält den KZ-Vergleich für legitim. Metzger und Jäger sind KZ-Schergen: »Würden wir einen erfolgreichen Hitler-Attentäter heute nicht als Helden feiern? (...) Es soll nicht gerechtfertigt sein, einen Jäger oder Metzger an der Ermordung eines Tieres mit Gewalt zu hindern (...)? Wir haben erkannt, daß Leben und körperliche Unversehrtheit für ein Kaninchen den gleichen Wert hat wie für einen Menschen oder ein Schwein oder ein Huhn! Damit ist Gewalt gegen Lebewesen zur Verhinderung von Gewalt gegen Lebewesen in allen Fällen gerechtfertigt, in denen Notwehr und Nothilfe gerechtfertigt sind.«

Volker Pilgrim beispielsweise schreibt 1985: »Das heutige Tiertöten in der Fleischindustrie und im Testlabor ist eine Fortsetzung von Auschwitz, ja eine Steigerung.« [582]

Und Helmut Kaplan, der österreichische Koordinator von Peter Singers *Great Ape Project* predigt: »Lesen Sie die Berichte über das, was die Nazis in den KZs mit Juden gemacht haben, und lesen Sie die Berichte über das, was wir heute in Versuchslabors und Schlachthäusern mit Tieren machen. Und dann fällt es Ihnen wie Schuppen von den Augen: die Parallelen sind lückenlos.« [583]

Kaum wagt »eine TANlerin« im *Vegan-Info* eine Kritik am Begriff »Tier-KZ« — bekommt sie eine drauf. Sie kritisiert den »Geschichtsrevisionismus« in diesem Vergleich und erinnert an den »Historikerstreit«. Sie weist daraufhin, daß — wie beim ungerechtfertigten Hitler-Stalin-Vergleich — »hinter der industriell organisierten Vernichtung von Menschen und Massentierhaltung völlig verschiedene Interessen stehen«. [584] Die Redaktion layoutet daraufhin mit dem Foto eines stacheldrahtgesicherten Tierversuchslabors und schulmeistert die Autorin: Der KZ-Vergleich sei eine »Provokation« und mensch solle versuchen, die Erwartung an »belegte Begriffe« zu senken. So kann mensch die Relativierung von Auschwitz auch ausdrücken.

Rechtsextreme wittern in den BiozentristInnen BündnispartnerInnen. *Ökologie*, die Zeitschrift der Gruhl-Gründung *Unabhängige Ökologen Deutschland* (UÖD) feiert den Bioregionalismus. Glückwünsche zu Bahros 60. Geburtstag[585] sind so selbstverständlich wie Werbung für seine Vorträge.[586] *Ökologie* feiert die Ökofaschisten Gruhl und Springmann (UÖD-Aktivist), der Nationalrevolutionär Henning Eichberg tritt bei den UÖD als Referent auf, NationalistInnen, FaschistInnen, AntisemitInnen tummeln sich als AutorInnen in der *Ökologie*. Im Bericht über die UÖD-Bundesversammlung 1995 finden wir neben der Grußadresse des Deutschnationalen Alfred Mechtersheimer (Ex-Grünen MdB) das UÖD-Bekenntnis: Man ist für die »Bewahrung der gewachsenen Sprach- und Kulturgemeinschaften aller Völker und Volksgruppen«, lehnt den fortschrittsgläubigen »(Pseudo)Konservatismismus (...) strikt« ab, will »Patriotismus«, »landschaftsverwurzelte Vaterlandsliebe und Föderalismus« und »[d]er Bioregionalismus als eine neue, andere Form politischer Ökologie wird (...) ausdrücklich begrüßt«.[587]

Haimo Schulz Meinen, ehemaliger *Earth First*-Aktivist kommentiert: »(...) wer seine Loyalität der Natur, den eigenständigen Kulturen und zukünftigen Generationen gegenüber als wichtiger empfindet, als seine Verpflichtung zu *den jetzt lebenden Menschen* [Hervorhebg. J D.], der sollte mit uns zusammen«, verlangt Meinen, »harten Bioregionalismus« praktizieren.[587] Die braune Zeitschrift *Ökologie* stimmt Roman Schweidlenkas Bioregionalismus-Auffassung begeistert zu: Dem Bioregionalismus kommt »auch in Europa der Zukunft Bedeutung zu (...) wegen seiner alternativen und spirituellen Bezüge als bunte Gegenkraft zum EU-Europa der Konzerne (...) Der Bioregionalismus verbindet Spiritualität, Ökologie (...) Politik und nachhaltige Wirtschaftsformen mit einem neuen, zugleich kritischen und mythischen Heimatbewußtsein. Heute wird viel vom ›Europa der Regionen‹ gesprochen. Der Bioregionalismus ist die ganzheitliche Antwort.«[589]

Germanenkulte waren vor dem NS-Faschismus in der Arbeiterjugendbewegung wie der Naturfreunde- und der Freidenkerbewegung sehr beliebt. Germanisches waberte durch Reden, Texte und Rituale. Es gab zeremonielle Sonnwendfeuer, okkulte »revolutionäre« Gruppen. Gustav Landauer, Erich Mühsam und Gerhart Hauptmann standen dem *Deutschen Monistenbund* nahe, der einen mystischen, spirituell fundierten Sozialismus mit freier Religiosität und die »wilde Natur« pries. Ursprünglich sozialrevolutionäre, rituell-naturmystische Gruppen wie zum Beispiel der *Wandervogel* gerieten ins Fahrwasser konservativ-nationaler, später nationalsozialistischer Kreise.[590] Von solcherart Gefahr wollen die früheren Warner Schweidlenka und Gugenberger nichts mehr wissen.

Durch NSDAP-Parteikader wurde die Jugendbewegung den herrschenden Interessen unterworfen. Pfingsten 1933 feierte die Jugendbewegung ihr letztes »Fest der freien Bünde«. Das Fest endete mit der Selbstauflösung der beteiligten Gruppen. Gegen Ende der Weimarer Republik hatten die Organisationen der großen Jugendverbände mehr als vier Millionen Mitglieder: Sportjugendverbände ca. zwei Millionen; Katholische Jugendverbände ca. eine Million; Evangelische Jugendverbände ca. 600 000; *Gewerkschaftsjugend* ca. 400 000; *Sozialistische Arbeiterjugend* ca. 90 000 und der *Kommunistische Jugendverband* ca. 55 000 Mitglieder. Allein die Organisationen der *Bündischen Jugend* hatten etwa 70 000 Mitglieder. 1932 kam die *Hitlerjugend* demgegenüber lediglich auf 40 000 Mitglieder, war also allein den *linken* Jugendverbänden und der *Bündischen Jugend* (gemeinsam mehr als 600 000 Mitglieder)[591] drastisch unterlegen.

Alle Anzeichen sprechen dafür, daß eine weitere Rechtsentwicklung in der bundesdeutschen Gesellschaft in der biozentrischen Szene eine Unterstützung fände.

Selbstverständlich treten biozentrische Gruppen in der BRD heute anders auf als in den USA. Hier gibt es keine ausgerottete indianische Kultur, die mystifiziert werden könnte. Dafür herrscht hier der Germanenmythos, Gleichheit und Freiheit hassend, völkisch, antisemitisch, naturgöttlich, erdverbunden.

Die Fetische »organisch« und »ganzheitlich« entstammen der völkischen Traditionslinie der deutschen Romantik des 19. Jahrhunderts, als es gelang, die Gefahr einer bürgerlichen Revolution abzuwehren. Da es kein staatlich verfaßtes Terroritium gab und die ganze germanische Nation ein machtpolitisches Konstrukt war, das sich nicht »organisch« entwickeln konnte, mußte die deutsche Nation von »deutschem Blut«, »deutschem Geist« usw. abgeleitet werden. So gelang es, daß auch Menschen, die einmal emanzipatorische Gedanken im Kopf hatten, sich der »Ganzheitlichkeit« der deutschen Volksgemeinschaft als einer höheren Realität unterwarfen.

Ein möglicher künftiger Faschismus wird dem uns bekannten in seiner äußeren Erscheinung vermutlich kaum ähneln. Aber die Kriterien, die ich nannte, werden auf ihn zutreffen. Ähnlich verhält es sich mit den Gruppen, die – neben anderem – helfen, ihn vorzubereiten: Sie werden anders auftreten und dennoch wesentliche ideologische Elemente im Gepäck haben, wie die BiozentristInnen.

Wie heißt es bei *Earth First?* »ErdbeFreiung steht für eine Idee, an der sich eine wachsende Zahl vorwiegend junger, naturverbundener Leute aus unterschiedlichen Zusammenhängen (Naturschutzgruppen, Tierbefreiungsbewegung, Antifa, Wandervögel, Punks ...) orientieren und verbindlich zusammenarbeiten.«[592]

6 Entspannt in die Barbarei?

Oder warum ein vereinzeltes, zynisches Leben kraftraubender ist als ein kämpferisches

Der Mensch hat ellenbogenstark, leistungsbereit, hemmungslos konkurrierend, erbgesund und hochzuchtbereit zu sein, verlangt Silvio Gesell. Der rassistische Sozialdarwinist sieht in den »schwarzen wimmelnden Arbeitermassen« und in minderwertigen Menschen aus »Fehlzucht« eine Gefahr. Er träumt vom brutalen »freien Spiel der Kräfte«, vom »natürlichen Gefühl völkischer Zusammengehörigkeit«, vom völkischen Boden, zugeteilt nach Gebärfähigkeit, von profitablem Absatz bei niedrigen Zinsen und von durch keine Revolution bedrohtem Kapital in den sehr privaten Händen der »Tüchtigen«. Wäre das alles die verquaste Ansicht eines Einflußlosen, wen würde es kümmern?

Aber Gesell und seine Lehre sind, wie wir gesehen haben, mit ihrer antisemitischen und kapitalfreundlichen Wirtschaftsideologie Bezugspunkt für sehr unterschiedliche Leute: für rechte AnarchistInnen wie Klaus Schmitt und Bernd Kramer, Grüne wie Helmut Creutz und Georg Otto, EsoterikerInnen wie Margrit Kennedy und Franz Alt, den Ex-SA-Mann und »Ernährungspapst« Max Otto Bruker, für ehemalige Republikaner wie Bernhard Heldt vom *Interforum Oranienburg* und Nationalrevolutionäre wie Günter Bartsch und nicht zuletzt für etliche KünstlerInnen und Kneipiers vom ach so oppositionellen Prenzlauer Berg in Berlin.

Allein am Beispiel Gesell sehen wir, wie sich vermeintlich unterschiedliche, teilweise verfeindete Zirkel in ihren Grundpositionen annähern. Von der Gesellschen Lehre führen in viele Richtungen Fäden zu anderen Knotenpunkten, die sich noch weiter verzweigen. Auf solche Weise entsteht, was auch an vielen anderen Beispielen gezeigt werden könnte, ein esoterisch-ökofaschistisches Netz, das Teil eines noch größeren »neu«rechten Netzwerks ist, an dem nichts »neu«, aber manches neu maskiert ist. Natürlich ist das keine Verschwörung in großem Maßstab. Es reicht aus und ist sogar wirksamer, daß die verschiedenen esoterischen, ökofaschistischen und biozentristischen Strömungen aus objektiven Gründen zusammenwachsen, denn sie haben die gleiche gesellschaftliche Funktion.

Opfer dieses Netzwerks sind die Menschen. Sie werden gehaßt, bewertet, selektiert und diskriminiert, außer sie gehören zu denen, die sich selbst als »Eliten« sehen. Der Mensch, drohen die neuen AntihumanistInnen, ist ein »Krebsgeschwür« auf der »lebendigen«, von ihnen vergöttlichten Erde. Wenn das »Menschengeschlecht« die »Warnsignale gegen die Eingriffe in die Schöpfungsgesetze« ignoriert, »wird der fortschrittliche Teil der Menschheit in einem Akt ausgleichender Gerechtigkeit, insbesondere durch Krebs, liquidiert«, sagt Max Otto Bruker, der — wie die chronische Eso-Mitläuferin Barbara Rütting — Krankheit für Sünde hält. Andere halten es da eher mit AIDS (*Earth First*) oder mit der Atombombe (Herbert Gruhl).

Daß der Kranke selbst schuld an seiner Krankheit ist, macht auch die vereinten SozialabbauerInnen aller Fraktionen vor Freude besoffen: Warum soll, wer selbst die Schuld an seiner Krankheit trägt, auch noch soziale Leistungen fordern dürfen? Und nun — wir sind doch alle für »die Umwelt« — bieten da auch noch welche »ökologische« Rechtfertigungen für antisoziale, Menschen ins Elend treibende politische Entscheidungen an. Ist das nicht praktisch?

Was sich über dieses Netzwerk aufbaut, ist ein gewalttätiges Potential gegen einen großen Teil der Menschheit. In den kapitalistischen Zentren sind Millionen Menschen — neben anderem — von der Demontage erkämpfter sozialer Leistungen betroffen, die im Trikont nicht einmal in Ansätzen vorhanden sind. Die medizinische Versorgung in der Bundesrepublik Deutschland fällt klassenspezifisch auf Vorkriegsniveau zurück.

Auf die Mehrheit der Menschen im Trikont zielen, neben Armut,

Hunger und Seuchen, erpresserische bevölkerungspolitische Zwangsmaßnahmen. Sie werden zu diesem Zweck seit Jahren als »Überbevölkerung« stigmatisiert. Mit selbstbestimmter »Familienplanung« und Kritik am Antifeminismus des Papstes hat dies nichts, mit Rassismus um so mehr zu tun. Von einer aus ökologischen Gründen empfohlenen Massenselbsttötung von Deutschen in Deutschland oder einer gesamtgesellschaftlichen Zwangssterilisation habe ich bis heute jedenfalls noch nichts gehört. Zwangssterilisiert werden in Deutschland, in faschistischer Tradition, unter bestimmten Voraussetzungen Behinderte. – Auch von einem entsprechenden EU-Beschluß zur Dezimierung der europäischen Bevölkerung ist mir trotz des »überfüllten« Kontinents noch nichts zu Ohren gekommen. Der Mensch ist offensichtlich nicht überall auf die gleiche Weise parasitär. Manche Menschen sind ärmer, und ihre Haut ist dunkler. Dann sind sie leicht »zuviel«.

Eigentlich hat sich der Rassenhygieniker Konrad Lorenz mit seinen Empfehlungen bereits durchgesetzt: AIDS, die »Geißel Gottes«, dezimiert aufgrund der elenden Lebensverhältnisse besonders die Menschen in vielen Teilen Afrikas. Die kapitalistische Welt schaut zu. In den Beobachtungen des afrikanischen Massensterbens schimmert durch: Die sind ohnehin zu viele, laßt sie sterben. Mensch stelle sich bloß einmal vor, dieses entsetzliche Massensterben fände zwischen Berlin und München statt oder in den USA: Alle Welt sähe sich aufgefordert, die letzten Goldreserven und Sparbücher zu opfern, um Menschenleben zu retten. Fernsehshows und Krisengipfel, Hygienearmeen und Tombolas: fast nichts wäre dem »weißen« Mittelschichtsangehörigen für seinesgleichen zu teuer. Aber es geht um Afrika, und die meisten BewohnerInnen der kapitalistischen Zentren, und darin Europas und der BRD, haben eine – latente oder brutale – rassistische Einstellung gegenüber Menschen aus diesem Teil der Welt. Deshalb fällt nicht auf, daß die neu versprochenen Wunderdrogen gegen Aids von den meisten Aids- Kranken in Afrika nicht zu bezahlen sind.

Um den »Parasiten« Mensch abzustrafen, kommen Pest und Cholera über uns: Krebs, (Öko)Diktatur und das sich sanft gebärdende autoritäre Regime esoterischer Eliten.

Das Bild vom Menschen als »Parasit« und »Krebsgeschwür« erlaubt, mit ihm umzugehen wie mit einer tödlichen Krankheit oder einem »Schädling« – eine Morddrohung mit »ökologischem« Alibi. Wenn die »Erde zuerst« kommt, sind logischerweise Mord, Massenmord oder sogar Krieg aus ökologischen Gründen erlaubt.

Die Natur, nichts als die erste Natur, ist das Vorbild für den »natürlichen« Menschen, sagen alle, die dem Menschen sein soziales Wesen, seine zweite Natur, austreiben wollen. Damit bereiten sie, ob bewußt oder unbewußt, dem Kapital den Weg und werfen dafür die spärlichen Erfolge bürgerlicher Revolutionen und sozialer Kämpfe – an sozialrevolutionäre ist in Deutschland bis heute nicht zu denken – in die getrennte Müllsammlung.

Der Mensch soll ganz auf seine erste Natur zurückfallen. Solidarität und kollektives Handeln gelten nicht als »naturnah«, sondern als unnatürlich, als ekliger Zwang und Lustbeschränkung. Alles zu Entscheidende wird Göttern und Gurus übertragen, der mystifizierten Natur oder einem geheimnisvollen »Selbst« irgendwo im Innern, wo eineR lange suchen kann. Der nicht mehr selbstverantwortliche Mensch verstärkt die herrschenden Ausbeutungsverhältnisse, in welche Richtung auch immer sich diese entwickeln – als Täter, Opportunist oder wehrloses Opfer.

Höhere Mächte, (Natur-)Geister, Götter oder der Kosmos herrschen über dich, sagen die EsoterikerInnen. Ihre Selbstdarstellung in Broschüren und Zeitschriften erregt Übelkeit. Sie müssen »positives Denken« demonstrieren und knipsen eine Art Dauergrinsen an. Ihre Werte sind befreiungsfeindlich: *Harmonie* mit dem Kapital, das *innere Selbst* für den Egokult, die *tiefen Geheimnisse* der Schöpfung/Erde/Natur als Absage an jede Emanzipation und Rationalität.

Die Natur determiniert den Menschen, behaupten die Ökofaschisten. Sie biologisieren alle sozialen Beziehungen und legen den Menschen auf seine Gene fest, auf sein Geschlecht, seine angebliche »Rasse«, seine »natürliche« Klassenzugehörigkeit. Herrschaft ist ökologisch und gottgegeben. Es ist vollkommen egal, was EsoterikerInnen, ÖkofaschistInnen, BiozentristInnen zu tun und planen behaupten. Tatsache ist, diese neuen Antihumanen leugnen, was menschlich ist: das soziale Wesen des Menschen und seine Entfaltung als wirklich sozial gleich und frei. Die Antihumanen bestreiten, daß der politische Kampf gegen die herrschenden patriarchal-kapitalistischen Verhältnisse notwendig ist. Weil das materielle Sein selbst das Bewußtsein der EsoterikerInnen bestimmt, wundert es nicht, unter ihnen so viele ehrgeizige, verunsicherte, gierige, von Panik gebeutelte, sich selbst verblödende, antisoziale Angehörige der Mittelschicht zu finden.

Das Gemeinsame von Esoterik, der »neuen« Rechten und allen Spielarten des Ökofaschismus finden wir, wenn wir ihre Verkleidungen und Erscheinungsweisen abschälen und ihre Rituale und Ideologien auf ihren Kern zurückführen. Ist es − auf lange Sicht − für die laufende Entwertung von Menschen von großer Bedeutung, ob einer für die »Euthanasie« von »wertlosen« Menschen ist und ein anderer »nur« für die Gleichsetzung von Menschen mit Kakerlaken? Was in einer kapitalistischen Gesellschaft aus einem solchen Entwertungsangebot wird, entscheiden ohnehin weder Peter Singer noch *Earth First.*

Wir beobachten seit einiger Zeit einen Prozeß des Zusammenwachsens von rechten Ideologiesystemen zu scheinbar neuen Konglomeraten. Der Biozentrismus gibt vor, in der Hippiekultur der sechziger Jahre vom Himmel gefallen zu sein, und hat sich mit dem älteren, die Pionierzeit idealisierenden Wildniskult verbündet. Aber der Biozentrismus hat seine Wurzeln in den germanischen Ideologien des 19. und beginnenden 20. Jahrhunderts und hat sich lediglich freakig, ökologisch-alternativ aufgepeppt. Das »Wir sind was gaanz Neues!«-Gequaake gehört zum PR-Geschäft. Nichts an den neuen Antihumanen ist wirklich neu, außer dem Internet-Anschluß.

Die Szenen scheinen diffus, Orientierungen undeutlich, Ideologieträger idiotisch. Aber in allen Teilbereichen gibt es FührerInnen, die genau wissen, wohin sie wollen. Einige wurden deshalb in diesem Buch vorgestellt. Sie schulen, organisieren, finanzieren. Da wächst eine modernisierte, biologistisch orientierte Massenbasis zusammen. Diese FührerInnen wirken in verschiedene Szenen hinein, um zu politisieren. Besonders liegen ihnen gesellschaftliche Strömungen, in denen mit dem Bauch gedacht wird. Die neuen rechten Gurus wirken in alte rechtsextreme Szenen, um diese zu modernisieren. In der antihumanistischen Propaganda wird aus altbekanntem Rassismus seine veredelte Form, der Ethnopluralismus. Aus dem mancherorts kritisierten Biologismus wird − in der PR − der Bio- oder Ökozentrismus, mit dessen mikrobischem Gleichheitsbegriff der Mensch »vor die Hunde« geht.

Neben all den Folgen des Zusammenbruchs des RGW hat mich

am meisten verblüfft, wie viele erprobte Linke in Westeuropa ohne den großen Bruder im Osten nicht mehr stehen konnten. Der Verlust der Systemkonkurrenz – die real nie eine war, weil auch die Sowjetunion keine sozialistische Gesellschaft wurde, sondern eine bürokratische Kommandowirtschaft – bewirkte nicht nur den Verlust einer Reibung, von der die sozialen Befreiungsbewegungen des Trikont profitiert hatten. Er produzierte im Westen auch ein grenzenloses Maß an Selbstmitleid und Hoffnungsverlust bei Linken und potentiellen Linken.

Materielle Ängste, Sicherheitsängste und Orientierungsverlust wirken zusammen und erfahren eine spezifisch deutsche Ausprägung. Die ist nichts Genetisches, sondern Ausfluß einer jahrhundertealten soziokulturellen Prägung der Deutschen: geboren aus gescheiterten bürgerlich-demokratischen Revolutionen, aus dem germanischen Nationalismus, aus der Erfahrung von Größenwahn und Niederlage im Ersten Weltkrieg, die nationalistisch gewendet wurde, aus dem erneuten Scheitern einer Revolution und der Zerschlagung der Soldaten- und Arbeiterräte (1918/1919) durch das Bündnis von nationalradikalen Freikorps und nationalgläubigen SozialdemokratInnen, aus der Erfahrung des Faschismus und der Volksgemeinschaft, aus welchen sich die Deutschen nicht selbst befreiten, weil sie in ihrer Mehrheit beide stützten.

Nach der deutschen Wiedervereinigung und dem neu enthemmten Nationalismus gibt es wieder eingebildete und wirkliche Krisen, wieder keine militante kollektive Abwehr des Angriffes auf eroberte soziale und bürgerlich-demokratische Rechte, wieder die Angst von großen Teilen der Mittelschicht vor dem sozialen Abstieg. Und erneut die reflexartige Bereitschaft, nach unten zu treten, statt nach oben zu kämpfen. Während ein Teil des Bürgertums aufgibt und damit den nächsten Kampf um ein wenig bürgerliche Liberalität gleich auch verliert, öffnen sich große Teile des Bürgertums nach rechts. Sie entdecken Nationalismus und deutsche Mythen und finden endlich ihr »Selbst«: ein germanisch-esoterisches Schreckgespenst mit furchtbarer Geschichte. In ihren Köpfen finden sich die alten esoterischen, rechtsextremen und faschistischen Volksgemeinschaftskonzepte und feiern mit den neuen Erscheinungsformen des Antihumanismus Brüderschaft.

Und wieder entspricht diese Entwicklung den Interessen verschiedener Kapitalfraktionen. Der biozentristischen Entwertung des Menschen haben Entsolidarisierung und Hoffnungslosigkeit den Weg autobahnbreit geebnet. Bürgerliche Aufklärung und kritische Vernunft, die ich mich zu verteidigen genötigt sehe, bevor mir als Linker der Boden für Weiterreichendes völlig unter den Füßen weggehauen wird, werden gnadenlos bekämpft. Begriffe werden so hastig umdefiniert, daß es einer beim Zusehen schwindelt. Die neue »Vernunft« und die »utilitaristische Rationalität« sind nicht etwa die Befreiung des Menschen von Irrationalität und Feudalherrschaft, sondern meint die Tötung von als minderwertig diskriminierten Menschen. Die mörderische neue Rationalität verlangt eine pseudo-rationale und pseudowissenschaftliche Basis. Es ist »vernünftig«, für das (angebliche) Glück aller einen behinderten Säugling zu töten. Es ist »vernünftig«, großen Menschengruppen die Ausrottung anzudrohen, wenn sie »zu viele werden« oder vor lauter Hunger Natur vernichten.

Nach der Auseinandersetzung mit den Personen und Gruppen in diesem Buch finde ich die politische Lage noch bedrohlicher, als ich in meiner Ausgangshypothese für dieses Buch annahm. Als ich die Berge von Informationsmaterial durchforstete, fand ich noch mehr personelle und ideologische Verbindungen, als ich erwartet hatte. Um die rechten und faschistischen Gurus haben sich Massen von Menschen geschart, die früher fortschrittliche Positionen vertraten. Heute emanzipieren sie sich von ihrem Verstand und verblöden in rituellen Zuckungen. Ein solcher Zustand ist typisch für das Bewußtsein großer Teile der Mittelschichten in den kapitalistischen Zentren, die sich dann, wie wir zum Beispiel beim »Dalai Lama« gesehen haben, auch auf Herrschaftsideologien im Trikont berufen können.

Die Entwicklung in Deutschland hat spezifische Eigenheiten: Eine allzu kurze Zeit lang hatte ein Teil der Linken« begriffen, daß die ökologische Frage nicht von der sozialen Frage zu trennen ist. Heute sind die meisten hinter diesen Erkenntnisstand zurückgefallen und trennen wieder, was nicht zu trennen ist. Die Anpassung der Grünen an rechte Ideen gilt als Beleg für den grundsätzlich kleinbürgerlichen und emanzipationsfeindlichen Charakter der Ökologie. Linker Druck auf die Ökologiebewegung fehlt fast völlig. Wir finden Lobbyismus in Brüssel statt organisiertem bundesweiten Widerstand von unten, Ökosteuer-Entlastung für das Kapital statt antikapitalistischem Widerstand gegen den Klassenkampf von oben und gegen die weltweiten Zerstörungsorgien durch die neuen Verwertungsstrategien und -techniken des Kapitals.

Zum anderen gehört es zur spezifisch deutschen Situation, daß bürgerliche Ökoszenen schnell an deutsche Traditionen des Naturalismus und des Nationalismus anknüpfen. Die Bilder und Symbole haben überlebt. Eine deutsche Bioregion am Rhein oder im Teutoburger Wald ist aber keine nette große Ökowohngemeinschaft, sondern ein agressiver, germanenmythischer, rassistischer Sau(!)haufen. Die Rückführung dieses Teils des Bürgertums, zu dem große Teile vormaliger Opposition gehören, zu den Vorläuferideologien des NS-Faschismus, verläuft schneller, als ich angenommen habe. Die Spielarten des Biozentrismus sind tiefer in den Traditionen des Deutschen und des »Dritten« Reichs verwurzelt, als die biozentristische Szene auch nur ahnen will. Wieder wird eine fortschrittliche, emanzipatorische soziale Utopie aufgegeben, wieder die oder jene Krise nicht ausgehalten, wieder ersetzt Romantizismus soziale Emanzipation und politischen Widerstand.

Altlinke waschen sich zwanghaft von alten Fehlern frei und entdecken ihr Herz für neoliberale Dogmen wie das Recht des wirtschaftlich Stärkeren oder das Lohn-Leistungs-Prinzip. Sie schützen jede Kultur, sei sie noch so herrschend und repressiv. Indianische Kultur ist per se gut. Das *Yin* und *Yang* des chinesischen Patriarchats auch. Der tibetische lamaistische Feudalismus ist eine zu schützende aussterbende Volksart – was zählt schon das Individuum?

Wo ein linker, emanzipatorischer Begiff vom Individuum die allseitige Entfaltung der sozialen Natur des Menschen und die eines solidarischen Gemeinwesens will, setzen die Rechten auf den terroristischen, vollständig unfreien Charakter einer völkischen Gemeinschaft, in der nur irgendwelchen Eliten besondere individuelle Rechte zustehen. Der Rest hat in den – menschengesetzten und interessegeleiteten – höheren kosmischen Zielen und Zwecken die eigene Individualität zu ersäufen.

Universelle Werte wie soziale und demokratische Menschenrechte werden aufgegeben. Für gesellschaftliche Verhältnisse zu kämpfen, in denen alle Menschen wirkliche Selbstbestimmung genießen könnten, gilt als öbszön: nicht fun, nicht party, zuviel Streß. Früher krallte sich die Hitlerjugend die Millionen Menschen starke Jugendbewegung. Heute wird die Jugendbewegung in der Werbeabteilung von Zigaretten- oder Bierfirmen erfunden.

Die innere Triebkraft des Kapitalismus heißt Profit. Das geben die Klügeren unter den Managern souverän zu. Ehemalige Linke bekommen bei diesem Eingeständnis oft Durchfall und kreischen: »Marktwirtschaft!« oder »soziale und ökologische Marktwirtschaft!« oder »Industriegesellschaft!«, und sie reden von »Kapitalismus zähmen!« und träumen von »immanenten Reformen!«.

Der Kapitalismus geht, wenn für seine Interessen erforderlich, traditionsgemäß schon im Normalbetrieb über Leichen. Kapitalismus bedeutet, daß sich das Kapital die optimalen Verwertungsbedingungen sucht. Verwertet werden die beiden einzigen »Springquellen des Reichtums« (Karl Marx), die menschliche Arbeitskraft und natürliche Ressourcen. Augenblicklich wird eine Art kombinierte Springquelle neu entwickelt. Das biologische Potential des zuvor rechtzeitig entwerteten Menschen steht zur Ausbeutung an. Zellen, Gene, biologische Stoffwechselfunktionen, die menschliche Fortpflanzung, Keimbahnmanipulationen und Menschenzucht: das erklärte Ziel einer Reihe von nobelpreistragenden Gentechnokraten.

Wie enthemmt diese kapitalistische Verwertung geschieht, hängt vom Stand der sozialen Auseinandersetzungen ab. Der Kapitalismus bleibt letztlich – im humanen Sinn – unreformierbar. Ihn treibt der Zwang zur Kapitalvermehrung und -verwertung, dies ist sein Wesen, seine innere Logik, die sich einer strukturellen Reform sperrt. Eine Schutzzone hat der Kapitalismus für Mensch und Natur nicht, auch nicht das naiv behauptete »Eigeninteresse« des Kapitals an der Schonung der auszubeutenden Ressourcen Mensch und Natur. Dem Kapital geht nicht die Arbeit und nicht der Stoff aus: Es findet von allem Neues.

Die mit neuen Informations- und Kommunikationstechnologien und der Destruktivkraft Gentechnik daherkommenden Umwälzungen von kapitalistischer Produktion und Produkten sind so revolutionär, daß die Gesellschaften von heute, mit ihren ethischen Grenzen, sozialgesetzlichen Lästigkeiten und erkämpften Menschenrechten den neuen Verwertungsplänen wie Mühlsteine im Weg liegen. Weg damit! Damit die einen mitmachen, die anderen es dulden und die dritten Opfer werden können, muß umgewertet werden, bis das bislang gültige diffuse, bürgerlich-demokratisch-humanistische Bild vom Menschen vollends diskreditiert ist. Der Prozeß kann nicht einfach ungeordnet-experimentell laufen. Er wird beispielsweise mit politischen Repressionen und bald totalitärer Überwachung abgesichert. Hoffen wir, daß die politische Vorstellungskraft linker Opposition auch für einen möglichen künftigen Technofaschismus ausreicht und nicht am äußerlichen Bild historischer Erscheinungsformen des Faschismus hängenbleibt.

Ob Ökofaschisten die Überzähligen atomar ausrotten wollen, ob »Euthanasie«-Prediger Menschen in wertvolle und wertlose sortieren und letztere zur Tötung freigeben, ob Bio- und Ökozentristen die Menschen insgesamt als Erdparasiten und auf gleicher Stufe mit Bakterien stehend betrachten, ob Sozialpolitiker »Sozialschmarotzer« geißeln: all dies wirkt zusammen bei der Entwertung des Menschen.

Dieser Prozeß ist in vollem Gang. Für die, die sich ihm in den Weg stellen wollen, ist vor allem anderen wichtig, wie in Zeiten der politischen Schwäche der Linken und deren massenhafter Abwanderung in dumpfen Reformismus, in Zynismus, in nationale Sozialpolitik (wie bei großen Teilen der PDS), in Ignoranz gegenüber antikapitalistischer Ökologie und Wissenschaftskritik ein Bündnis von einiger Qualität zustande kommen könnte? SPD und Grüne sind bald nach ihrer Gründung, von wenigen gutmeinenden einflußlosen Basisfiguren abgesehen, der radikalen Linken abhanden gekommen und heute im wesentlichen zu Vollzugsparteien für Kapitalinteressen degeneriert, kleinere Widersprüche eingeschlossen.

Während sich Rosagrüne allmählich vollständig der (deutsch)nationalen Identität des kapitalistischen Wirtschaftsstandortes unterwerfen, befinden sich andere BürgerInnen esoterisch entspannt auf dem Weg in die Barbarei. Wer das alles nicht will, wer seine Vorstellungen von Emanzipation und Befreiung nicht verraten möchte, wird auf verlogene Selbstzweckbündnisse ohne wirklich inhaltliche Basis verzichten und bereit sein müssen, neue linke Bündnisse zu schmieden, um die Idee von Freiheit und sozialer Gleichheit und die Einzigartigkeit des Menschen zu verteidigen. Es gibt noch kein einziges politisches Bündnis der bundesdeutschen Linken – von internationalen Zusammenhängen ganz zu schweigen –, das auf den neuen umfassenden Angriff des Kapitals vorbereitet ist.

Wie diese Aufgaben zum gemeinsamen Thema machen? Wie klarmachen, auf welche Weise die neuen kapitalistischen Raubzüge von der kollektiven Regression einer Gesellschaft begünstigt oder sogar erst ermöglicht werden? Wie einer Linken mit lädierten Selbstbewußtsein und starker Neigung zum Lamento beibringen, daß Harmonie dumm macht, qualifizierte Kritik und Auseinandersetzung aber klüger? Daß ein vereinzeltes, zynisches Leben kraftraubender ist als ein kämpferisches? Daß es keine linke Politik mit Erfolgsgarantie gibt? Daß die Linke ohne radikale kritische Auseinandersetzung nicht stärker wird, sondern dümmer? Daß es für den antikapitalistischen Kampf keines Kraftverschleißes für eine detaillierte Gesellschaftsutopie bedarf, sondern daß Eckpunkte einer sozialen Utopie ausreichen? Ernst Bloch sagt: »Das ungeheure utopische Vorkommen in der Welt ist explizit fast unerhellt. Von allen Seltsamkeiten des Nichtwissens ist dies eine der auffälligsten.«[593] Erhellen wir also einige Elemente des »ungeheuren utopischen Vorkommens«:[594] soziale Gleichheit, individuelle Freiheit und Selbstbestimmung, Befreiung von Ausbeutung, Patriarchat und von jeder Form der Herrschaft von Menschen über Menschen, Beendigung der Vernichtung der ökologischen Grundlagen sozialen Lebens ...

Wenn die Zeit für emanzipatorische Erfolge heute wirklich ungünstig ist, bleibt immerhin Gelegenheit, eine künftige Opposition gegen die allseitige Entwertung des Menschen vorzubereiten: mit Kritik und Theorie, mit politischer Aktion und mit der Bereitschaft zur verbindlichen Organisierung gegen den alten und neuen Kult der Unverbindlichkeit.

Dank

Ich möchte mich besonders herzlich bei denen bedanken, die mich mit Anregungen, Informationen und Kritik versorgt haben. Zu ihnen gehören, – wen ich vergessen habe, bitte ich vorab um Entschuldigung - : Janet Biehl, Peter Bierl, Colin Goldner, Dominik Reinle und Tamara Schaaf.

Dem ich am meisten verdanke, widme ich dieses Buch: Manfred Zieran.

Anmerkungen

1 Friedrich Engels und Karl Marx, Die heilige Familie oder Kritik der kritischen Kritik. Frankfurt/Main 1845, in: Karl Marx/Friedrich Engels Werke
(MEW), Bd. 2, Berlin (Ost) 1972, S. 7
2 vgl. Jutta Ditfurth, Balkan: Versuchsfeld für Kriegstreiber, in: ÖkoLinX 19/
20 Sommer 1995.
ÖkoLinX ist eine autonome ökologische linke Zeitschrift, die der politischen Organisation Ökologische Linke nahesteht. Probeheft (Vorkasse):
8 DM (incl. Porto und Versand) bei: ÖkoLinX-Verlag, Neuhofstr. 42, 60318
Frankfurt/Main
3 zit. nach: Kulte, Führer, Lichtgestalten. Die Glaubenswelt der Rechtsextremen. Ein Film von Klaus Bellmund und Kareel Siniveer. WDR. Erstsendung:
ARD, 13.6.1996
4 Jutta Ditfurth, Feuer in die Herzen. Plädoyer für eine ökologische linke Opposition. Stark erweiterte und aktualisierte Neuausgabe, Econ Taschenbuch
Verlag, Düsseldorf 1994.
Die erste, viel kürzere Ausgabe erschien 1992 im Carlsen-Verlag, Hamburg.
Beide Verlage waren feige bzw. feindselig im Umgang mit diesem Buch und
haben, selbst entgegen den rauhen Gepflogenheiten des Buchmarktes, die
Autorin nicht oder nur zögerlich verteidigt, als die zu erwartenden juristi-
schen Drohungen eintrafen. Die Erstausgabe stand Anfang 1993 kurz vor der
dritten Auflage, als der Carlsen-Verlag das Werk »versehentlich« überall als
»vergriffen« meldete. Von da ab war das Buch in praktisch keiner Buchhand-
lung mehr zu bekommen.
Die Zweitausgabe, »stark erweiterte und aktualisierte Neuausgabe«, erschien im Oktober 1994 im Econ Taschenbuch Verlag. Dieser Verlag ging in
in der ersten Instanz eines presserechtlichen Verfahrens in die Knie und ver-
zichtete auf die Berufung (es ging im schlimmsten Fall um zwei oder drei ge-
ringfügige Schwärzungen). Andere Verlage machen mit solchen Anfeindun-
gen rechter Kreise Werbung. Nicht so der Econ Taschenbuch Verlag:
Geschäftsführer Kreuzhage ließ die gesamte Restauflage am Tag nach dem

191

erstinstanzlichen Urteil *vernichten*, ohne die Autorin auch nur zu informieren und ihr die Restauflage anzubieten. Ein glatter Verstoß gegen das Verlagsrecht. Ich ging allein gegen die ÖDP in die Berufung und gewann in allen inhaltlichen Punkten. Ich mußte lediglich zusichern, daß ich eine Fußnotenziffer *ziffer* künftig an eine andere Stelle setzen würde – ein Satzfehler. Die beiden – unterschiedlichen – Ausgaben von »Feuer in die Herzen« waren auf diese Weise in den vier Jahren nach ihrem Erscheinen zusammen vermutlich nicht länger als zehn bis zwölf Monate käuflich zu erwerben. Die Autorin versucht z.Zt. (Sommer 1996), sich alle Rechte zurückzuholen und das Buch bei einem neuen Verlag unterzubringen.

5 Franz Alt, Das Zauberwort heißt Liebe, in: Der Gesundheitsberater (GGB), Dezember 1986, S. 7. Der Gesundheitsberater ist die Zeitschrift Max Otto Brukers.

6 Ernst Bloch, Das Prinzip Hoffnung, Frankfurt/Main 1977, Bd. 2, S. 541

7 für die Zeit bis zur Machtübergabe an die NSDAP vgl. z. B.: Jutta Ditfurth, Die Lage der an den [Berliner] Ambulatorien angestellten Ärzte. Zur Politik und Argumentation der Ärzteverbände in der Weimarer Republik, unveröffentlichte Diplomarbeit an der Fakultät für Soziologie der Universität Bielefeld, vorgelegt am 15.2.1977.
Für die begrenzte juristische Auseinandersetzung mit ärztlichen Verbrechen während des NS-Faschismus vgl. vor allem: Alexander Mitscherlich/F. Mielke (Hrsg.), Medizin ohne Menschlichkeit, Frankfurt 1962 (1. Ausgabe: 1949)

8 Werner Rügemer, Die Rede des Häuptlings schrieb ein Drehbuchautor, in: Frankfurter Rundschau v. 24.9.1993

9 Erhard F. Freitag, Kraftzentrale Unterbewußtsein. München 1990, S. 315. Zit. in: Von Karma bis Lebensschutz. Über New Age, Ökofaschismus und Heidentum. Hg. v. AStA Antifa-Referat der Fachhochschule für Sozialarbeit und Sozialpädagogik, Bielefeld 1992, S. 11

10 Dieser Exkurs stammt aus: Jutta Ditfurth, Feuer in die Herzen ... (1994) (Anm. 4), S. 264-268. Er wurde wiederholt, um Mißverständnissen vorzubeugen.

11 »Märchenseminare und Schulungen«, Programm des Troubadour Märchenzentrums für 1993

12 Gedächtnisprotokoll eines Gesprächs des Journalisten Dominik Reinle mit dem zweiten Mann des Märchenzentrums Troudabour, Karlheinz Schudt, am 15. 2. 1994

13 »Märchenseminare und Schulungen«, ... (Anm. 11)

14 Brief des Troubadour Märchenzentrums e. V. an die Stadt Vlotho vom 30. 9. 1992

15 Westfalenblatt/Vlothoer Tageblatt vom 9. 9. 1993

16 Interview mit Karlheinz Schudt, Radio Herford, Tagesspiegel vom 25. 8. 1992

17 Brief des Collegium Humanum an Heinrich Schratmeier vom 3. 8. 1990

18 Gespräch des Journalisten Dominik Reinle mit Karlheinz Schudt am 10. 2. 1994

19 aus: Einladung des Collegium Humanum zum »Mittsommerfest« 1991

20 Gedächtnisprotokoll (...) des Journalisten Dominik Reinle (...), (Anm. 12)

21 Anlage »Gesamtfinanzierungsplan« zum Brief des Troubadour Märchenzentrums an die Stadt Vlotho ..., (Anm. 14)

22 Raimund Hethey, Wer und was sind die Neuen Rechten?, in: Jens Mecklen-

burg (Hrsg.), AntifaReader. Antifaschistisches Handbuch und Ratgeber, Elefanten Press, Berlin 1996, S. 196 – 207

23 entfällt

24 Trikont = die drei von den kapitalistischen Zentren unterentwickelt gehaltenen Kontinente Asien, Zentral- und Südamerika sowie Afrika. Mit dem Begriff wird der Versuch gemacht, die Hierarchie im Begriff »Dritte Welt«, die trotz Gänsefüßchen nicht weichen will, durch eine neutralere Kategorie zu ersetzen.

25 Herbert Gruhl, Das irdische Gleichgewicht, München 1985, S. 234

26 Herbert Gruhl, Zehn weitere Jahre »Plünderung des Planeten«, Flugblatt, ausgelegt von der ÖDP am 19. 4. 1994 auf ihrer zentralen Europawahlkampfveranstaltung in Frankfurt/Main. Das Flugblatt trägt auf der Rückseite einen Aufkleber mit der Kontaktadresse der ÖDP Bundesgeschäftsstelle, Bonn.

27 Herbert Gruhl, Ein Planet wird geplündert. Frankfurt/Main 1987 (Erstauflage 1975), S. 110

28 Thomas Ebermann zitiert aus einem ungenannten Text von Gruhl in der Diskussionssendung »Heißer Stuhl« des Privatsenders RTL am 14. 4. 1992. Gruhl bestätigt das Zitat.

29 René Dubos, Der entfesselte Fortschritt. Programm für eine menschliche Welt. Bergisch Gladbach 1970, S. 166, zit. in: Herbert Gruhl, Himmelfahrt ins Nichts. München 1992, S. 244

30 Herbert Gruhl, Die Menschheit ist am Ende, in: Der Spiegel 13/1992

31 Der Exkurs zu Herbert Gruhl ist eine Kürzestfassung des sehr viel ausführlicheren Textes in: Jutta Ditfurth, Feuer in die Herzen (1994) (Anm. 4), vor allem S. 230 – 240

32 Mathias Jung, Ilse Gutjahr, Editorial, in: Der Gesundheitsberater 2/1996

33 ebenda

34 Vlothoer Tageblatt v. 4.12.1982

35 Interview mit Max Otto Bruker, in: Tierbefreiung aktuell, Nr. 2, April 1996, S. 9

36 Mathias Jung, Der Mensch muß eine Aufgabe haben, in: Der Gesundheitsberater, November 1992, S. 7

37 Aus dem (abgelehnten) Antrag auf Erlaß einer einstweiligen Verfügung des Max Otto Bruker, vertreten durch seine Anwälte Andreas Lubberger und Kollegen, Frankfurt/Main gegen Jutta Ditfurth, Frankfurt/Main und Max-Verlag, Hamburg, 11. Mai 1994, S. 31

38 ebenda

39 ebenda, S. 34

40 Interview mit Max Otto Bruker, in: Tierbefreiung aktuell, Nr. 2, 1996

41 Einladung zur FSU-Regionaltagung am 24./25. November 1979 in Lahnstein, Krankenhaus Lahnhöhe, Überregionales Zentrum für Ganzheitsmedizin. Es handelt sich um Brukers Klinik.

42 Es gibt eine interne Auseinandersetzung darüber, ob der WSL nicht am Anfang »Weltbund zur Rettung des Lebens« geheißen habe und ob nicht überhaupt in Deutschland erst allmählich das Wort »Naturschutz« wieder durch »Lebensschutz« ersetzt worden sei; vgl. etwa den Brief von H. Bruns, Bund für Lebensschutz, Schlangenbad, an R. Güertler, Hannover, am 5.1.1976. Inzwischen ist »Lebensschutz« als rechter Kampfbegriff durch die organisierten rechten AbtreibungsgegnerInnen breit durchgesetzt, vgl. etwa Äußerungen und Programm von FDP und Bündnis 90/Die Grünen.

43 Richard Stöss (Hrsg.), Parteienhandbuch. Die Parteien der Bundesrepublik

Deutschland (Band 2: FDP-WAV), Westdeutscher Verlag, Opladen 1984, S. 1412 f.

44 Walter Gmelin, Zur Frage der Eugenik und Sterilisierung. In: Medizinisches Korrespondenzblatt für Baden-Württemberg 9/1933, S. 98; zit. nach: Oliver Geden, Rechte Ökologie. Umweltschutz zwischen Emanzipation und Faschismus, Berlin 1996, S. 106/107

45 Walter Gmelin, Zur Frage der Eugenik ..., (Anm. 44), S. 107

46 Rechtsanwalt Winfried Seibert, Ergänzender Schriftsatz an das Landgericht Frankfurt/Main in Sachen Bruker gegen Ditfurth und Max-Verlag, v. 7.6.1994

47 Günther Schwab, An meine Gesinnungsfreunde im WSLD!, Flugblatt vom 8.2.1974

48 ebenda

49 ebenda

50 Günther Schwab, Die Menschheit am Neubeginn, in: Der Gesundheitsberater, Januar 1992, S. 9-14

51 Franz Alt, Das Recht der Natur, in: Der Gesundheitsberater Juli 1993. S. 10/11

52 Aus dem (abgelehnten) Antrag auf Erlaß einer einstweiligen Verfügung ..., (Anm. 37), S. 33

53 Brief von Jürgen Rieger an Max Otto Bruker v. 19.3.1993

54 Ebenda

55 Friedrich-Wilhelm Haack, Wotans Wiederkehr. Blut-, Boden- und Rassereligion, München 1981, S. 168

56 Ebenda

57 Jürgen Rieger, Rasse − ein Problem auch für uns!, Eigenverlag, Hamburg 1969; zit. in: Kurt Hirsch, CSU-Freundeskreis − Partisanen der Demokratie?, München/Frankfurt, o. Datum, S. 10

58 Jürgen Rieger, Rasse ..., (Anm. 57)

59 Jürgen Rieger, Rasse ..., (Anm. 57)

60 Konkret 1/1993

61 Ausführlicher in: Jutta Ditfurth, Was ich denke. Anders oder gleich − über die Entwertung des Menschen, München 1995

62 Antifaschistisches Autorenkollektiv, Drahtzieher im braunen Netz. Ein aktueller Überblick über den Neonazi-Untergrund in Deutschland und Östereich. Ein Handbuch, Konkret Literatur Verlag, Hamburg 1996, S. 210. Ich möchte dieses Buch dringend empfehlen! J.D.

63 ebenda, S. 94

64 Der Spiegel 29/1993

65 Edition ID-Archiv, Drahtzieher im braunen Netz. Der Wiederaufbau der NSDAP, Berlin/Amsterdam 1992, S. 24

66 Die Zeit Nr. 42 v. 9.10.1987. Rieger ist Verteidiger des ehemaligen SS-Offiziers Wigand

67 Jürgen Rieger, Rasse ... , (Anm. 57); zit. in: Kurt Hirsch, CSU-Freundeskreis ... , (Anm. 57), S. 10

68 Jürgen Rieger, Rasse ... , (Anm. 57); zit. in: Johannes Bollmer, Enthüllungen über den Ernährungspapst, Catalonia Verlag, Buxtehude 1987, S. 32

69 Antifaschistisches Autorenkollektiv, Drahtzieher ..., (Anm. 62), S. 89

70 Edition ID-Archiv, Drahtzieher im braunen Netz ..., (Anm. 65), S. 29

71 ebenda, S. 64

72 ebenda, S. 30

73 Brief von Herrn Morsbach (WSL) im Auftrag von Prof. Dr. Beck (WSL) an Günter Heipp (WSL) v. 3.8.1971

74 Brief von Pfarrer Günter Heipp an Professor Hanno Beck und Ministerialrat a.d. Morsbach v. 12.8.1971

75 Kurt Hirsch, Rechts von der Union. Personen, Organisationen, Parteien seit 1945, München 1989, S. 27/28

76 Brief von Max Otto Bruker an Günter Heipp v. 23. März 1973

77 Protokoll der erweiterten Sitzung des Bundesvorstandes des Weltbundes zum Schutz des Lebens, Sektion Bundesrepublik Deutschland e.V. am 12. Mai 1973 in Frankfurt/Main, Protokoll v. 18. Mai 1973

78 Rechtsanwalt Winfried Seibert, Ergänzender Schriftsatz an das Landgericht Frankfurt in Sachen Bruker gegen Ditfurth und Max-Verlag, v. 7.6.1994, S. 8

79 Max Otto Bruker, Eidesstattliche Versicherung v. 20.4.1994

80 Flugblatt zur Veranstaltung

81 Schriftliche Auskunft des Statistischen Landesamtes Rheinland-Pfalz vom 7.10.1987

82 Franz Greß/Hans-Gerd Jaschke/Klaus Schönekäs, Neue Rechte und Rechtsextremismus in Europa, Opladen 1990, S. 263 f.

83 Friedrich-Wilhelm Haack, Wotans Wiederkehr ..., (Anm. 55), S. 172

84 Schreiben des Bundeswahlleiters vom 3. Februar 1988

85 GLU – Feigenblatt oder Alternative, Broschüre der Bunten Liste/Wehrt Euch, Hamburg 11. Juli 1978, S. 22

86 Wolfgang Benz (Hrsg.), Rechtsradikalismus: Randerscheinung oder Renaissance?, Frankfurt/Main 1980, S. 257

87 Edition ID-Archiv, Drahtzieher im braunen Netz ..., (Anm. 65), S. 14

88 Max Otto Bruker, Eidesstattliche Versicherung ... , (Anm. 79)

89 Alexander Mitscherlich/F. Mielke (Hrsg.), Medizin ... , (Anm. 7), S. 237-239

90 ebenda

91 Brief des Dr. jur. Udo Madaus, Vorsitzender des Verwaltungsrates der Madaus Familiengesellschaft GBR, Köln, an Dr. Helmut Kohl, Bundeskanzler, Bonn, v. 13. Mai 1996

92 Aus: Ärzteblatt für Südwestdeutschland 5 (1938) 406; faksimiliert in: Walter Wuttke-Groneberg, Medizin im Nationalsozialismus – Ein Arbeitsbuch, 2. unveränd. Auflage, Wurmlingen 1982, S. 187

93 ebenda, S. 200

94 Arfst Wagner, Anthroposophen und Nationalsozialismus, in: Flensburger Hefte, Heft 32, 3/91, S. 54/55

95 ebenda, S. 201

96 ebenda, S. 188-202

97 Aus einem Schreiben von Gottfried Müller an Bruker v. 6.7.1993

98 Max Otto Bruker, Eidesstattliche Versicherung ... , (Anm. 79)

99 Brief von Gottfried Müller, Bruderschaft Salem GmbH, an Max Otto Bruker, Chefarzt des Krankenhauses Eben-Ezer in Lemgo/Lippe, v. 13.5.1971

100 Stern Nr. 3/1982. Weiteres Material: Salem-Information. An die Jugendbehörden und Erziehungsberatungsstellen in Deutschland/Fragen an Salem zum pädagogischen Konzept, Flugblatt des Kinder- und Jugenddorfes Salem (Stadtsteinach) zum Kirchentag 1981, unterzeichnet von Manfred Olszewski, Sozialarbeiter

101 Die Salem Zeitung, 6. Jahrgang Nr. 2, April 1978

102 Der Tagesspiegel (Berlin) v. 2.3.1979 und: Die Zeit v. 20.4.1979

103 ebenda

104 zit. nach: Kulte, Führer, Lichtgestalten ..., (Anm. 3)
105 Der Spiegel v. 22.8.1977
106 Der Spiegel v. 22.8.1977 und v. 5.12.1977
107 Der Spiegel v. 5.12.1977
108 Frankfurter Allgemeine Zeitung v. 17.7.1980
109 Zit. in: Hans-Henning Scharsach, Haiders Kampf, Wien 1992, S. 112 f.
110 Alle Zitate: Franz Alt, Liebe ist möglich, München 1985, S. 154/155
111 Ausführlich: Jutta Ditfurth, Franz Alt, der Scheinheilige, in: dies., Feuer in
    die Herzen ... (1994), (Anm. 4), S. 313-327
112 ebenda
113 Jutta Ditfurth, Braunes Müsli. »Ernährungspapst« mit Neonazikontakten,
    in: Max v. April 1994
114 Annegret Bublitz, Braun-dynamisch ist keine Alternative, in: Demokrati-
    sches Gesundheitswesen, 5/1982
115 SA (Sturmabteilung), die uniformierte politische NS-Kampf- und Propagan-
    datruppe. 1920 als Versammlungsschutz der NSDAP gegründet, ab 1921 von
    ehemaligen Freikorpsoffizieren zur paramilitärischen Kampforganisation
    nach dem Vorbild der Wehrverbände umgeformt; 1925 Neuaufbau als Saal-
    schutz- und Propagandaorganisation. 1926 organisierte Hitler eine Oberste
    SA-Führung (OSAF), die die SA zu einem von der Parteiorganisation unab-
    hängigen, zentral geführten Instrument umzubilden versuchte. Die SA
    wurde als Massenheer (1933 rund 700 000 vor allem jugendliche Mitglieder;
    1934: 4,5 Millionen; 1938: 1,2 Millionen) zur Terrorisierung politischer
    Gegner eingesetzt, ab 1933 z.T. als »Hilfspolizei« zur Ausschaltung des politi-
    schen Widerstands gegen die Machtergreifung. Die SA sperrte 50 000 politi-
    sche Gegner in eigene KZ und in »Schutzhaft«. SA-Stabschef E. Röhm
    (1931-34) wollte militärisch und politisch mehr: die Bildung eines Milizhee-
    res aus der SA, in dem die Reichswehr aufgehen sollte, letztlich den »SA-
    Staat«. Diese Konkurrenz löste Hitler im sogenannten Röhm-Putsch (1934)
    und nahm der SA einen Teil ihrer Eigenständigkeit zugunsten der SS. Bis
    Kriegsbeginn war die SA für paramilitärische und kriegsvorbereitende
    Übungen zuständig und maßgeblich am antisemitischen Terror in der
    »Reichskristallnacht« vom 9.11.1938 beteiligt.
116 Dr. M. O. Bruker, Gesund durch richtiges Essen, 16. überarbeitete Auflage,
    München 1989, S. 11
117 ebenda, S. 14
118 ebenda, S. 198
119 ebenda, S. 199
120 Max Otto Bruker, Lebensbedingte Krankheiten, Lahnstein 1985, S. 295
121 Dr. med. M. O. Bruker, Leben ohne Herz- und Kreislaufkrankheiten, Aus
    der Sprechstunde, Band 5, Hopferau 1982, S. 263
122 Dr. M. O. Bruker, Gesund durch richtiges Essen, (Anm. 116), S. 145/146
123 ebenda, S. 147/148
124 ebenda
125 Nach der Spaltung 1988 entstanden zwei Organisationen: BHJ – Der Frei-
    bund e.V. und Die Heimattreue Jugend e.V.
126 Bund Heimattreuer Jugend (BHJ), in: Jens Mecklenburg (Hrsg.), Antifa-
    Reader. ..., (Anm. 22), S. 58/59
127 ebenda
128 Interview mit Max Otto Bruker in: Na klar!, Zeitschrift des Bund Heimat-
    treuer Jugend (BHJ), Nr. 24, Dezember 1983

129 Alexander Mitscherlich/F. Mielke (Hrsg.), Medizin ohne Menschlichkeit, (Anm. 7)

130 Natur, Heft 4/1996

131 Tamara Schaaf hat es auf sich genommen, für die Zeitschrift ÖkoLinX die Frühjahrstagung von Brukers GGB (Gesellschaft für Ernährungsberatung e.V.) vom 29. bis 31. März 1996 in Lahnstein bei Koblenz von Anfang bis Ende zu beobachten. Motto: »Leben mit der Gewalt?«. Ihr gekürzter Bericht erschien in ÖkoLinX 23/1996: Tamara Schaaf, Kleine Männer in Not und »Führers Geburtstag«. Bericht von der Frühjahrstagung der Gesellschaft für Gesundheitsberatung am 29. bis 31. März 1996 in Lahnstein. Ein umfangreicher Bericht liegt vor.

132 Matthias Schäfer, Schluchz, oder wenn Männer an ihre Väter denken. Männerplenum in Lahnstein, in: ÖkoLinX 23/1996

133 Marc Neumann, 2. Anlauf: Bruker in Siegen, in ÖkoLinX 23/1996

134 Elisabeth Voß, Aktionen gewaltbereiter, gesellschaftsschädigender Elemente. Max Otto Bruker in Neustadt/Weinstraße, in: ÖkoLinX 23/1996

135 ebenda

136 Flugblatt des Naturkostladens Abraxas, Neustadt/Weinstraße, Info für unsere KundInnen und die BesucherInnen der Veranstaltung »Gesundheit – ein Informationsproblem mit Dr. med. M. O. Bruker«, April 1996

137 Flugblatt von Quodlibet, April 1996

138 Barbara Rütting, Offener Brief an Jutta Ditfurth, Sonderdruck der Gesellschaft für Gesundheitsberatung (GGB), Lahnstein

139 Tamara Schaaf, Max Otto Bruker in Lahnstein: Kleine Männer in Not und »Führers Geburtstag«, (Anm. 131), S. 33

140 Forum. Das ganzheitliche Kulturmagazin, Okt.-Dez. 1995, S. 56

141 Barbara Rütting: Träumen allein genügt nicht. Ein Stück Leben, Goldmann Verlag, München 1995 (1993), S. 80

142 Barbara Rütting in der WDR-Talk-Show »B. trifft ...« v. 10.11.1995

143 Roman Schweidlenka, Altes blüht aus den Ruinen. New Age und neues Bewußtsein, Verlag für Gesellschaftskritik, Wien 1989, S. 41

144 ebenda

145 Jutta Ditfurth, Feuer in die Herzen ... (1994), (Anm. 4), S. 283

146 alle Zitate aus: Roman Schweidlenka, Altes blüht ..., (Anm. 143), S. 51

147 ebenda, S. 52/53

148 Barbara Rütting in der WDR-Talk-Show, (Anm. 142)

149 Barbara Rütting, Träumen allein ..., (Anm. 141), S. 153

150 ebenda, S. 71

151 Barbara Rütting, Offener Brief an Jutta Ditfurth, (Anm. 138)

152 vgl. Jürgen Bruchhaus, Der Zusammenhang von ZEGG und AAO, Berlin 1993, unveröffentlichtes Manuskript, zit. in: Peter Bierl, ZEGG, in: Öko-LinX 12/1993

153 Literatur: Andreas Schlothauer, Die Diktatur der freien Sexualität – AAO, Mühl- Kommune, Friedrichshof, Wien, 1992

154 ZEGG-Extra, Sonderheft, S. 3; zit. nach: Peter Bierl, ZEGG ..., (Anm. 153)

155 ZEGG-Extra, Sonderheft, S. 3

156 vgl. Jürgen Bruchhaus, Der Zusammenhang von ..., (Anm. 152)

157 Peter Bierl, ZEGG ... , (Anm. 152)

158 ebenda

159 Barbara Rüttings Statement in: Helmut F. Kaplan (Hrsg.), Warum ich Vegetarier bin, Prominente erzählen, Reinbek 1995, S. 108

160 Barbara Rütting, Träumen allein ... , (Anm. 141), S. 24 f.
161 ebenda, S. 253 f.
162 ebenda, S. 255
163 ebenda, S. 207 f.
164 ebenda, S. 58
165 ebenda, S. 79
166 ebenda, S. 100 f.
167 ebenda, S. 150
168 ebenda, S. 80
169 ebenda, S. 142 f.
170 ebenda, S. 91
171 Barbara Rütting in der WDR-Talk-Show ..., (Anm. 142)
172 Sonntag-Express v. 8.10.1995
173 Eine ausführliche Auseinandersetzung mit dem »neurechten« Rudolf Bahro findet sich in: Jutta Ditfurth, Feuer in die Herzen ... (1994), (Anm. 4), S. 293-306
174 vgl. Gasper/Müller/Valentin: Lexikon der Sekten, Sondergruppen und Weltanschauungen, Fakten, Hintergründe, Klärungen, Herder Verlag, Freiburg 1994, S. 859-862; Jutta Ditfurth, Feuer in die Herzen ... (1994), (Anm. 4), S. 492
175 Barbara Rütting, Träumen allein ..., (Anm. 141), S. 53
176 ebenda, S. 148
177 Forum. Das ganzheitliche Kulturmagazin, Okt.-Dez. 1995, S. 56
178 Franz Alt, in: Frankfurter Rundschau v. 5.10.1993
179 Barbara Rütting, Träumen allein ... › (Anm. 141), S. 48
180 ebenda, S. 28
181 Helmut F. Kaplan, Warum ich Vegetarier bin ..., (Anm. 159)
182 Barbara Rütting, Träumen allein ... , (Anm. 141), S. 58
183 ebenda, S. 55
184 ebenda, S. 78-79
185 ebenda, S. 77
186 ebenda, S. 93
187 ebenda, S. 95
188 ebenda
189 Max Otto Bruker, Alt sein heißt nicht krank sein, in: Der Gesundheitsberater, September 1991, S. 14 f.
190 Barbara Rütting, Träumen allein ... , (Anm. 141), S. 36
191 ebenda, S. 63
192 ebenda, S. 234 und 246
193 vgl. Frankfurter Rundschau v. 12.10.1995
194 Dokumentiert in der WDR-Fernseh-Sendung Sanfte Seelenfänger, Gefahren durch Transzendentale Meditation v. 31.10.1995
195 Materialdienst der Evangelischen Zentralstelle für Weltanschauungsfragen (EZW), 8/1994, S. 240 f.
196 ebenda, S. 241
197 ebenda, S. 172
198 zit. nach Materialdienst der Evangelischen ..., (Anm. 195), S. 173
199 Interview mit John Lennon 1971, zit. nach: Helmut Röhrling, Wir sind die, vor denen uns unsere Eltern gewarnt haben! Szenen und Personen aus den amerikanischen Sechzigern, Berlin 1980
200 Interview mit John Lennon ... , (Anm. 199), S. 118

201 Peter Bierl, Silvio Gesell. Über die Attraktivität eines Antisemiten für die Alternative Szene, ÖkoLinX 12/1993, S. 7
202 die Autorin dieses Buchs
203 vgl. ÖkoLinX 13/1993, S. 11 ff.
204 Peter Bierl, Der rechte Rand der Anarchie. Silvio Gesell und das Knochengeld, in: ÖkoLinX 13/1994, S. 4 f.
205 Klaus Schmitt (Hrsg.), Silvio Gesell. »Marx« der Anarchisten? Texte zur Befreiung der Marktwirtschaft vom Kapitalismus und der Kinder und Mütter vom patriarchalischen Bodenunrecht, Karin Kramer Verlag Berlin 1989
206 Volkmar Wölk, Neue Trends im ökofaschistischen Netzwerk. Am Beispiel der Anthroposophen, dem Weltbund zum Schutz des Lebens (WSL) und der ÖDP, in: Raimund Hethey/Peter Kratz (Hrsg.), In bester Gesellschaft. Antifa-Recherche zwischen Konservatismus und Neofaschismus, Verlag Die Werkstatt, Göttingen 1991 (1. Aufl.), S. 122/123
207 Peter Bierl, Der rechte Rand der Anarchie ..., (Anm. 204)
208 Anke Lehmann, Klaus Schmitt zückt die Pistole, in: ÖkoLinX 16/1994, S. 15
209 Silvio Gesell, Die Ausbeutung, ihre Ursachen und ihre Bekämpfung, 1. Aufl. 1922, 3. Aufl. 1932, zit. nach: Richard Stöss (Hrsg.), Parteienhandbuch ... (Band 2), (Anm. 43), S. 1400
210 Richard Stöss (Hrsg.), ebenda
211 Silvio Gesell, Die Natürliche Wirtschaftsordnung durch Freiland und Freigeld, 4. letztmalig vom Autor überarbeitete Auflage, in: ders., Gesammelte Werke, Band 11 (1920), Gauke Verlag Fachverlag für Sozialökonomie, Lütjenburg 1991, S. 10
212 ebenda, S. 42
213 ebenda, S. 12
214 ebenda, S. 3 ff.
215 ebenda, S. 72 f. und S. 99 f.
216 ebenda, S. 72
217 ebenda, S. 70
218 ebenda, S. 41-43
219 ebenda, S. 63
220 ebenda, S. 226
221 ebenda, S. 106
222 ebenda
223 ebenda, S. 119 f.
224 ebenda, S. 172
225 ebenda, S. 162
226 ebenda, S. 130
227 ebenda, S. 131
228 ebenda, S. 122
229 ebenda, S. 124
230 Die Konstruktion folgt dem Beispiel von Peter Bierl, Der rechte Rand der Anarchie ..., (Anm. 204)
231 Karl Marx, Das Kapital, Bd.1, MEW 23, Berlin 1972, S. 117
232 Karl Marx, Das Kapital ..., (Anm. 231)
233 Silvio Gesell, Die Natürliche ..., (Anm. 211) S. 123
234 Peter Bierl, Der rechte Rand der Anarchie ..., (Anm. 204)
235 entfällt
236 entfällt

237 ebenda, S. 195
238 Thomas Ebermann/Rainer Trampert, Die Offenbarung der Propheten. Über die Sanierung des Kapitalismus, die Verwandlung linker Theorie in Esoterik, Bocksgesänge und Zivilgesellschaft, Konkret Literatur Verlag, Hamburg 1995, S. 65-73
239 ebenda
240 ebenda
241 George L. Mosse, Die völkische Revolution. Über die geistigen Wurzeln des Nationalsozialismus, Frankfurt 1979, S.122
242 Oliver Geden, Rechte Ökologie ..., (Anm. 44), S. 158
243 Willi Dreßen, Rassenhygiene, in: Wolfgang Benz (Hrsg.), Legenden Lügen Vorurteile. Ein Wörterbuch zur Zeitgeschichte, 3. Aufl. München 1993, S. 167/168
244 vgl. Willi Dreßen, Rassenhygiene ..., (Anm. 44)
245 Silvio Gesell, Die Natürliche ..., (Anm. 211), S. XVII
246 ebenda, S. XXI
247 ebenda
248 ebenda, S. XVII
249 ebenda, S. XVIII
250 ebenda, S. XXI
251 ebenda, S. 64
252 ebenda, S. 67
253 ebenda, S. 77
254 ebenda, S. 91
255 ebenda
256 ebenda, S. 95
257 ebenda, S. 101
258 ebenda, S. 72
259 ebenda, S. 73
260 ebenda
261 ebenda, S. 72
262 ebenda, S. 91
263 ebenda
264 ebenda, S. 211
265 ebenda, S. 212 und 217 f.
266 zit. nach: Peter Bierl, Der rechte Rand der Anarchie ... , (Anm. 204)
267 Silvio Gesell, Der abgebaute Staat – Leben und Treiben in einem gesetz- und sittenlosen hochstrebenden Kulturvolk, A. Burmester Verlag, Berlin 1927, in: ders., Gesammelte Werke, Band 16 (1926-1927), Gauke Verlag Fachverlag für Sozialökonomie, Lütjenburg 1995, S. 261
268 ebenda, S. 262
269 ebenda, S. 263
270 ebenda, S. 264
271 ebenda, S. 265
272 ebenda, S. 305 ff.
273 Silvio Gesell, Die Natürliche ..., (Anm. 211), S. 249
274 Silvio Gesell, Der abgebaute Staat ..., (Anm. 267), S. 295
275 Silvio Gesell, Die Natürliche ..., (Anm. 211), S. 92
276 ebenda
277 ebenda, S. 93
278 ebenda

279 die biographischen Daten vgl. Siegbert Wolf, Silvio Gesell. Eine Einführung in Leben und Werk eines bedeutenden Sozialreformers, Hannoversch-Münden, 1983; Richard Stöss (Hrsg.), Parteienhandbuch ... (Band 2), (Anm. 43) S. 1397
280 ebenda, S. 1398
281 Nachdruck des Programms der Edener Gilde in: Landesgemeinde, Heft 3, Oktober 1917, zit. von: Louis Lerouge, Leserbrief in: Contraste Nr. 112, Januar 1994
282 Silvio Gesell, Die Natürliche ... , (Anm. 211)
283 Franz Oppenheimer, Erlebtes, Erstrebtes, Erreichtes, Berlin 1931, S. 153, zit. nach: George L. Mosse, Die völkische Revolution ... , (Anm. 241), S.123
284 ebenda
285 Die folgenden Informationen stammen aus: George L. Mosse, Die völkische Revolution ..., (Anm. 241), S.123-125
286 vgl. Carl Russwurm, Das germanische Grundgesetz von der Freiheit des Menschen und der Welt, Leipzig 1916, zit. nach: George L. Mosse, Die völkische Revolution ..., (Anm. 241), S.123/124
287 Eden 40 Jahre, S. 102 f., zit. nach: George L. Mosse, Die völkische Revolution ..., (Anm. 241), S. 124
288 Louis Lerouge, Rinks und lechts kann man nicht velwechsern – oder doch?, in Contraste 106/107, Juli/August 1993
289 Landesgemeinde, Heft 3, Oktober 1917, S. 105, Nachdruck des Programms der Edener Gilde, zit. nach: George L. Mosse, Die völkische Revolution ..., (Anm. 241), S.123
290 Zurück o Mensch zur Mutter Erde, Landkommunen in Deutschland 1890-1933, dtv Dokumente, München 1983, S. 40; zit. nach: ÖkoLinX 13/1994; und: Nachdruck des Programms der Edener Gilde in: Landesgemeinde, Heft 3, Oktober 1917, zit. von: Louis Lerouge, Leserbrief in: Contraste Nr. 112, Januar 1994
291 Literaturempfehlungen zu diesem Kapitel deutscher Geschichte:
1) Klaus Gietinger, Eine Leiche im Landwehrkanal. Die Ermordung der Rosa L., Verlag 1900, Berlin 1995 – *Anm. d. Autorin: über die Rolle der Vornamens bei politischen Frauen könnte einiges geschrieben werden. Ist vorstellbar, daß ein Buch über Karl Marx »Karl M.« oder ein anderes »Wladimir L.« untertitelt würde?*
2) Sebastian Haffner, Der Verrat. Deutschland 1918/1919, 3. korrigierte und erweiterte Auflage, Verlag 1900, Berlin 1995
292 Silvio Gesell, Verteidigungsrede, in: Rolf Englert, Silvio Gesell in München 1919. Erinnerungen und Dokumente aus der Zeit vor, während und nach der ersten bayerischen Räterepublik, Gauke Fachverlag für Sozialökonomie, Hannoversch-Münden, 1986, Anhang, S. 88-111
293 ebenda
294 vgl. Ernst Toller, Eine Jugend in Deutschland, Leipzig, 1990, S. 109, zit. nach: Peter Bierl, Der rechte Rand der Anarchie ..., (Anm. 204)
295 Silvio Gesell, Verteidigungsrede ..., (Anm. 292), S. 88-111
296 vgl. Wolfgang Haug, Leserbrief, Contraste Juni 1993
297 Erich Mühsam, Ein Wegbahner. Nachruf zum Tode Gesells 1930, in: Klaus Schmitt (Hrsg.), Silvio Gesell ..., (Anm. 205), S. 297
298 Richard Stöss (Hrsg.), Parteienhandbuch ... (Band 2), (Anm. 43), S. 1397
299 ebenda, S. 1403
300 ebenda, S. 1405

301 vgl. auch: ebenda, S. 1410
302 ebenda, S. 1420, Anm. 55
303 vgl. Kurt Hirsch, Rechts von der Union ..., (Anm. 75), S. 105 f.
304 ebenda
305 vgl. Volkmar Woelk, Natur und Mythos, Duisburg 1992, S. 19 f.
306 vgl. Richard Stöss (Hrsg.), Parteienhandbuch ... (Band 2), (Anm. 43), S. 1412 ff.
307 vgl. Volkmar Woelk, Natur und Mythos ..., (Anm. 305), S. 19 f.
308 vgl. das Protokoll der ersten öffentlichen Veranstaltung, Archiv Richard Stöss; vgl. Richard Stöss (Hrsg.), Parteienhandbuch ... (Band 2), (Anm. 43), S. 2351
309 ebenda, S. 2352
310 ebenda, S. 2348 f.
311 vgl. Peter Bierl, Der rechte Rand der Anarchie ..., (Anm. 204)
312 Wolfgang Haug in einem Schreiben an die Ökologische Linke, Anfang 1993
313 Günter Bartsch, Silvio Gesell, die Physiokraten und die Anarchisten, in: Klaus Schmitt (Hrsg.), Silvio Gesell ..., (Anm. 205), S. 11
314 ebenda
315 ebenda
316 ebenda, S. l2
317 ebenda, S. l5
318 ebenda
319 ebenda
320 ebenda, S. l6
321 ebenda, S. 23
322 aus: Silvio Gesell, Verteidigungsrede ..., (Anm. 292), S. 88-111
323 Günter Bartsch, Silvio Gesell ..., (Anm. 313), S. 28
324 Margrit Kennedy, Geld ohne Zinsen und Inflation. Ein Tauschmittel, das jedem dient, überarbeitete und erweiterte Ausgabe, München 1994, S. 184
325 Silvio Gesell, Die Natürliche ..., (Anm. 211), S. XX
326 Günter Bartsch, Silvio Gesell ..., (Anm. 313), S. 26
327 ebenda
328 Silvio Gesell, Der abgebaute Staat ..., (Anm. 267), S. 337
329 Günter Bartsch, Silvio Gesell ..., (Anm. 313), S. 26
330 ebenda, S. 29
331 ebenda, S. 26
332 ebenda, S. 31
333 siehe Anmerkung 111
334 Z.B. bot die ÖDP auf ihrer zentralen Wahlkampfveranstaltung am 19. April 1994 in Frankfurt/Main Bücher von Silvio Gesell, Margrit Kennedy, Herbert Gruhl und Franz Alt an.
335 Vgl. Thomas Ebermann/ Rainer Trampert, Die Offenbarung der Propheten ..., (Anm. 238)
336 Die biographischen Daten Georg Ottos beruhen auf eigenen Informationen innerhalb der Grünen und: Richard Stöss (Hrsg.), Parteienhandbuch ... (Band 2), (Anm. 43), S. 1412
337 vgl. Justus H. Ulbricht, Grün als Brücke zu Braun?, in: Politische Ökologie, Special »Grün Heil«, Nov./Dez. 1993
338 vgl. Ruth Körner, Protokolle der Weisen von Zion, in: Wolfgang Benz (Hrsg.), Legenden Lügen Vorurteile ..., (Anm. 243), S. 166/167
339 Peter Bierl, Der rechte Rand der Anarchie ..., (Anm. 204)

340 Margrit Kennedy, Die Ökologie der Ökonomie, in: Susanne G. Seiler (Hrsg.) Gaia. Das Erwachen der Göttin, Braunschweig 1991, S. 210
341 Margrit Kennedy, Geld ohne Zinsen ..., (Anm. 324), S. 62
342 ebenda, S. 74
343 Margrit Kennedy, Die Ökologie der Ökonomie ..., (Anm. 340), S. 217
344 ebenda, S. 215
345 ebenda, S. 210/211
346 Margrit Kennedy, Geld ohne Zinsen ..., (Anm. 324), S. 75
347 ebenda, S. 185
348 ebenda, S. 76
349 ebenda, S. 89
350 ebenda
351 Margrit Kennedy, Die Ökologie der Ökonomie ..., (Anm. 340)
352 Margit Kennedy bei der Vorlesungsreihe von Rudolf Bahro, Auftritt am 21.6.1993 unter dem Titel »Geld für eine Begrenzungsordnung«, Quelle: Veranstaltungsankündigung der Humboldt-Universität, enthält die gesamte Vorlesungsreihe des Semesters von Bahro und seinen Gästen
353 Mehr zum Thema Mediation und Befriedung in: Jutta Ditfurth, Feuer in die Herzen ... (1994), (Anm. 4), S. 440-451
354 Josef Hüwe, Berlin, Leserbrief in: Politische Ökologie 35, Januar/Februar 1994
355 Wilhelm Schmülling, Essen, Leserbrief in: Politische Ökologie 35, Januar/Februar 1994
356 ebenda
357 Gerhard Senft, in Contraste, September 1993, zit. in: Wilhelm Schmülling, Essen, Leserbrief in: Politische Ökologie 35, Januar/Februar 1994
358 Elisabeth Paskuy, (ehemalige wirtschaftspolitische Referentin der Grünen im Bundestag), Politische Ökologie Nr. 36, März/April 1994
359 Jens Dörschel, Leserbrief in: ÖkoLinX 13/1994, S. 48
360 Peter Bierl, Bakunin empfiehlt Marx, in: ÖkoLinX 16/1994, S. 15
361 vgl. ÖkoLinX 13/1994, S. 8
362 Peter Bierl, Der rechte Rand der Anarchie ..., (Anm. 204)
363 Louis Lerouge, Leserbrief, Contraste 3/1994
364 Klaus Schmitt, Leserbrief, Contraste Nr. 112, Januar 1994
365 Klaus Schmitt, Die »Knochen« des Diogenes, in: Contraste, Dezember 1993; ders., »Das Geldsyndrom – Wege zu einer krisenfreien Marktwirtschaft« – ein wichtiges Buch von Helmutz Creutz!, in: Contraste, Dezember 1993
366 Verlagskatalog Karin Kramer Verlag, Berlin, ca. 1993
367 Klaus Schmitt, Geldanarchie und Anarchofeminismus. Zur Aktualität der Gesellschen Geld-,Zins- und Bodenlehre, in: Klaus Schmitt (Hrsg.), Silvio Gesell ..., (Anm. 205), S. 45
368 ebenda, S. 182
369 ebenda
370 ebenda
371 Edition ID-Archiv, Drahtzieher im braunen Netz ..., (Anm. 65), S. 24
372 vgl. 1) Antifaschistisches Autorenkollektiv, Drahtzieher ..., (Anm. 63), S. 87; 2) vgl. Kurt Hirsch, Rechts von der Union ..., (Anm. 77), S. 15, 35, 41, 56 und 450
373 vgl. Wolfgang Haug, Leserbrief, Contraste, Juni 1993
374 ebenda

375 Wolfgang Haug ist Verleger des anarchistischen Trotzdem Verlages und der Zeitschrift Schwarzer Faden

376 Klaus Schmitt, Geldanarchie ..., (Anm. 205), S. 129

377 ebenda, S. 129-131

378 Silvio Gesell, Der abgebaute Staat ..., (Anm. 267), S. 265

379 Klaus Schmitt, Geldanarchie ..., (Anm. 205), S. 242

380 ebenda, S. 214 und Anm. 245

381 ebenda, S. 131

382 ebenda, S. 132

383 Silvio Gesell, Der abgebaute Staat ..., (Anm. 267), S. 329

384 Klaus Schmitt, Geldanarchie ..., (Anm. 205), S. 134

385 Christoph Kind, Rostende Banknoten. Silvio Gesell und die Freiwirtschaftsbewegung, Beute 4/1994, S. 114 ff.

386 Horst Blume, Silvio Gesell – der »Marx der Anarchisten« – ein Faschist!, in: Schwarzer Faden Nr. 13/1984 (vergriffen)

387 Brief der anarchistischen Zeitschrift A-Kurier, Berlin, an die Redaktion der ÖkoLinX, Frankfurt/Main, ohne Datum, Eingang: 22.10.1994

388 Barni Geröllheimer, ÖkoLi-Meinungsterror im Westberliner »el locco«, Telegraph Nr. 5 Mai 1994, nachgedruckt in: A-Kurier Nr. 65, v. 1.6.1994 bis 30.6.1994, S. 28

389 Pseudonym »knobi«, Nachschlag – oder warum Marxisten es gerne sehen würden, wenn Silvio Gesell ein Anarchist wäre, in: A-Kurier Nr. 65, v. 1.6.1994 bis 30.6.1994, S. 26

390 Brief der anarchistischen Zeitschrift A-Kurier ..., (Anm. 387)

391 Schwarzer Faden 4/1994

392 vgl. Leszek Kolakowski, Die Hauptströmungen des Marxismus, Bd. 1, 1981, S. 186 ff., zit. nach: Peter Bierl, Der rechte Rand der Anarchie ..., (Anm. 204)

393 Silvio Gesell, Die Natürliche ..., (Anm. 211), S. XXVI

394 vgl. Thilo Ramm (Hrsg.), Pierre-Joseph Proudhon, Ausgewählte Texte, Stuttgart, 1963, zit. nach: Peter Bierl, Der rechte Rand der Anarchie ..., (Anm. 204)

395 Silvio Gesell, Die Natürliche ..., (Anm. 211), S. 62

396 Peter Bierl, »Komplett unterwandert«. Gesellianer deckt ökolinke Verschwörung gegen die Anarcho-Szene auf, in ÖkoLinX 21/22, 1995/96

397 Leserbrief von Wolfgang Guth, Düsseldorf, in ÖkoLinX 14/1994

398 ebenda

399 ebenda

400 Interim 258 v. 21.10.1993; Interim 259 v. 28.10.1993

401 Gerhard Senft, Weder Kapitalismus noch Kommunismus. Silvio Gesell und das libertäre Modell der Freiwirtschaft, Libertad Verlag, Berlin 1990

402 zit. nach: Peter Bierl, »Komplett unterwandert«, (Anm. 396)

403 John Maynard Keynes, The General Theory of Employment, Interest And Money, London 1936, Neudruck von 1967, S. 355, zit. nach: Richard Stöss (Hrsg.), Parteienhandbuch ... (Band 2), (Anm. 43), S. 1422

404 Colin Goldner/Jutta Ditfurth, Ahnungslose Schwärmerei, Die Tageszeitung v. 17.6.1996

405 z. B. in Die Tageszeitung v. 21.6.1996 und v. 24.6.1996

406 vgl. Roman Schweidlenka, Altes blüht aus den Ruinen ..., (Anm. 143), S. 41 ff.; und: Friedrich Paul Heller/ Anton Maegerle, Thule. Vom völkischen Okkultismus bis zur Neuen Rechten, Schmetterling Verlag, 1. Aufl., Stuttgart 1995, S. 69 ff.

407 Helmut Peters, Was macht der Meier am Himalaya, in: Junge Welt v. 2.7.1996
408 An anderer Stelle habe ich mich a) mit dem *Biologismus in der Frauenbewegung* am Beispiel der sogenannten Differenztheorie befaßt: Jutta Ditfurth, Was ich denke ..., (Anm. 61), und b) mit dem *Frauenbild des New Age* am Beispiel von Fritjof Capra: Jutta Ditfurth, Die tiefe, ganz tiefe Ökologie des Fritjof Capra, in: dies., Feuer in die Herzen ..., (Anm. 4), S. 307-312
409 David Ehrenfeld, The Arrogance of Humanism, S. 208, zit. nach: Murray Bookchin, Yes! – Whiter Earth First!, in: Green Perspektives, August 1988
410 David Ehrenfeld, The Arrogance of Humanism (New York: The Modern Library, 1978) pp. 207-211, zit. nach: Murray Bookchin, Social Ecology Versus Deep Ecology, in: Socialist Review, Vol. 18, No.3, July-September 1988, S. 21 (wurde im Juli 1987 auf der US-weiten Konferenz der grünen Bewegung in Amherst/Massachusetts erstmals veröffentlicht)
411 Dieses Bild stammt aus: Murray Bookchin, Social Ecology Versus Deep Ecology ..., (Anm. 410), S. 21
412 vgl. Jutta Ditfurth, Was ich denke ..., (Anm. 61), siehe z. B. S. 94/95
413 Ich folge hier der Argumentation von Murray Bookchin, Yes! – Whiter Earth First!, in: Green Perspektives, August 1988
414 Süddeutsche Zeitung v. 13./14. April 1996; junge Welt v. 19.4.1996; vgl. ÖkoLinX-Redaktion, »Killeraffen« oder der Niedergang der Aufklärung, ÖkoLinX 23/1996
415 Manfred Zieran/Jutta Ditfurth, Interview mit Murray Bookchin über Kommunismus, Anarchismus und Biozentrismus, in: ÖkoLinX 23/1996
416 vgl. Jutta Ditfurth, Feuer in die Herzen ... (1994), (Anm. 4), S. 23-100 und S. 103-225
417 Bill Deval/ George Sessions, Deep Ecology, Salt Lake City 1986, S. 33; zit. nach: Dieter Asselhoven/ Andrea Capitain, Wenn Gedanken wie Wildgänse rauschen. Reaktionäre Lebensreform, Naturmystik und Eugenik als Quelle moderner Biopolitik, in: ÖkoLinX 25/1996
418 Dave Foreman, Around the Campfire, in: Earth First!, June 21, 1987, S. 2
419 Jürgen Dahl, Ökologie pur, in: Natur Nr. 12/1982, S. 74
420 Arne Naess, Einfach an Mitteln, reich an Zielen, Interview 1982, in: Franz-Theo Gottwald/Andrea Klepsch (Hrsg.), Tiefenökologie. Wie wir in Zukunft leben wollen, München 1995, zit. nach: Peter Bierl, Bioregionalismus: Statt Befreiung des Menschen die Mystifikation der Erde, in: ÖkoLinX 23/1996
421 Dave Foreman, Whither Earth First!?, in: Earth First!, November 1, 1987, S. 20
422 Interview mit David Foreman, in: Simply Living, Australien, ohne Datum, vermutlich 1987, Vol. 2, No. 12, S. 4
423 zit. nach Ulrike Heider, Die Narren der Freiheit, Anarchisten in den USA, Berlin, 1992, S. 114 f.
424 Dave Foreman, Around the Campfire, in: Earth First!, June 21, 1987, S. 2
425 Neben Arne Naess' Texten ist die tiefenökologische Bibel: Bill Deval/George Sessions, Deep Ecology, Salt Lake City 1986
426 Murray Bookchin, Social Ecology Versus ..., (Anm. 410), S. 23
427 Karl Marx, Theorien über den Mehrheit, MEW Bd. 26/2, Berlin 1974, S. 110
428 Miss Ann Thropy, Population and AIDS, in: Earth First!, May 1, 1987, S. 32
429 Gruhl in der RTL-Diskussionssendung »Heißer Stuhl« am 14.4.1992
430 Thomas Ebermann zitiert aus einem ungenannten Text von Gruhl in der o.g. Diskussionssendung »Heißer Stuhl«. Gruhl bestätigt das Zitat.

431 René Dubos, Der entfesselte Fortschritt ... , (Anm. 29), S. 166, zit. in: Herbert Gruhl, Himmelfahrt ins Nichts ..., (Anm. 29), S. 244

432 Die Tiefenökologie ist am Beispiel Fritjof Capras an anderer Stelle kritisiert: Jutta Ditfurth, Die tiefe, ganz tiefe Ökologie des Fritjof Capra, in: dies., Feuer in die Herzen ... (1994), (Anm. 4), S. 307

433 Dieter Asselhoven/ Andrea Capitain, Wenn Gedanken wie Wildgänse rauschen ..., (Anm. 417)

434 Bill Deval/ George Sessions, Deep Ecology, Salt Lake City 1986, S. 75 f.; zit. nach: Dieter Asselhoven/ Andrea Capitain, Wenn Gedanken wie Wildgänse rauschen ..., (Anm. 417)

435 zit. nach: Dieter Asselhoven/ Andrea Capitain, ebenda

436 Dave Foreman, Whither Earth First!? ..., (Anm. 421), S. 20

437 Dave Foreman, Around the Campfire, in: Earth First!, Juni 21, 1987

438 Bill Deval/ George Sessions, Deep Ecology ..., (Anm. 417), S. 7; zit. nach: Dieter Asselhoven/ Andrea Capitain, Wenn Gedanken wie Wildgänse rauschen ..., (Anm. 417)

439 ebenda

440 Bill Deval/George Sessions, Deep Ecology ..., (Anm. 417), S. 53; zit. nach: Dieter Asselhoven/ Andrea Capitain, Wenn Gedanken wie Wildgänse rauschen ..., (Anm. 417)

441 Dieter Asselhoven/Andrea Capitain, Wenn Gedanken wie Wildgänse rauschen ... (Anm. 417)

442 Murray Bookchin, Social Ecology Versus Deep Ecology ..., (Anm. 410)

443 ebenda, S. 13

444 ebenda

445 vgl. Eduard Gugenberger/ Roman Schweidlenka, Die Fäden der Nornen. Zur Macht der Mythen in politischen Bewegungen, Wien 1993, S. 18 und S. 26 f.

446 vgl. ebenda, S. 46 f.

447 Eduard Gugenberger/ Roman Schweidlenka, Bioregionalismus. Bewegung für das 21. Jahrhundert, Packpapier-Verlag, Osnabrück 1995

448 ebenda, S. 102

449 ebenda, S. 182

450 ebenda, S. 168

451 Peter Bierl, Schweidlenka und Gugenberger. Ideologielieferanten für den Ökofaschismus, in: ÖkoLinX 23/1996

452 vgl.: Jutta Ditfurth, Feuer in die Herzen ... (1994), (Anm. 4), S. 282 und S. 345-350

453 Werner Georg Haverbeck, Ökologie und Ökumene. Lebensschutz ist Menschenschutz und Völkerschutz, 1983, in: Mut, o. Datum; zit. nach: Peter Bierl: Schweidlenka und Gugenberger ... (Anm. 451)

454 Murray Bookchin in einem Gespräch mit Manfred Zieran und Jutta Ditfurth im August 1995 in Burlington (Vermont) USA

455 Eduard Gugenberger/ Roman Schweidlenka, Bioregionalismus ..., (Anm. 447), S. 150

456 Alle Zitate stammen aus einem Leserbrief von Eduard Gugenberger an ÖkoLinX, abgedruckt in Heft 24/1996

457 Eduard Gugenberger/Roman Schweidlenka, Bioregionalismus ..., (Anm. 447), S. 19 f.

458 Rasta Olli, Back to the Roots. Naturschutzkommune auf Langeneß, in: Instinkt Nr. 5/6, Winter/Frühjahr 1995, S. 29

459 Alle Zitate stammen aus einem Leserbrief von Eduard Gugenberger in Öko-LinX 24/1996

460 vgl. Eduard Gugenberger/Roman Schweidlenka, Bioregionalismus ..., (Anm. 447), S. 141

461 zit. nach: Kulte, Führer, Lichtgestalten ..., (Anm. 3)

462 Gene Marshall, Like a Wind that Must Be Caught By Sail. An Initial List of Principles for Bioregional Organizing, in: Gene Marshall, The ›Welcome Home‹ Celebration of the Upper Blackland Prairie Bioregional Congress, 14.-16.6.1991, o. A., S. 18; zit. nach: Hermann Cropp, Die Begriffswelt des Bioregionalismus, Seminarpapier, April 1995. *Hermann Cropp* ist einer, der sich vor Bruker auf die Knie warf und zu verhindern hilft, daß die Umweltjugendbewegung links und politisch klug wird. Seine Motti sind: »do it!« und: Alles ist zugelassen, nichts wird stringent analysiert. Die antiaufklärerische Lockerheit braucht er, um die menschenfeindliche Ideologie des Bioregionalismus zu verbreiten. »Packpapier- Hermann« verlegt z. B. Gugenberger/Schweidlenkas Bioregionalismus-Buch.

463 Brian Tokar, The Green Alternative. Creating an Ecological Future, San Pedro, 2. Auflage 1992, S. 27; zit. in: Hermann Cropp ..., (Anm. 462)

464 Eduard Gugenberger, Bioregionalismus – ein Überlebensmodell für das nächste Jahrtausend, in: Contraste, Februar 1996

465 Titelbild von The Planet Drum Review, (USA), Nr. 8, Herbst 1983, abgebildet neben Eduard Gugenberger, Bioregionalismus ..., (Anm. 464)

466 nach: Gary Snyder, Bioregional Perspectives, in: Van Andruss, Home! A Bioregional Reader, Philadelphia/Santa Cruz/Gabriola Island, 1990, S. 17-20; zit. in: Hermann Cropp ..., (Anm. 462)

467 Jim Dodge, Living by Life. Some Bioregional Theory and Practice, in: CoEvolution Quarterly winter 1981, S. 6; zit. in: Hermann Cropp ..., (Anm. 462)

468 Charlene Spretnak, Die Grünen. Nicht links, nicht rechts, sondern vorne, München 1985, S. 242

469 Kirkpatrick Sale, Bioregionalism. A New Way to Treat the Land, in: The Ecologist vol. 14/no. 4/1984, S. 168; zit. in: Hermann Cropp ..., (Anm. 462)

470 David Haenke, in: Kahtsimkiva vol. 1/no. 2, S. 17; zit. in: Hermann Cropp ..., (Anm. 462)

471 Eduard Gugenberger/ Roman Schweidlenka, Bioregionalismus ..., (Anm. 447), S. 189

472 ebenda, S. 188

473 Christian Zentner/ Friedemann Bedürftig (Hrsg.), Das große Lexikon des Dritten Reichs, München 1985, S. 80 und S. 109

474 Eduard Gugenberger, Bioregionalismus ..., (Anm. 464)

475 ebenda

476 Thomas Berry, Bioregions. The Context for Reinhabiting the Earth, in: Breakthrough vol. 6/no. 3-4/1985, S. 166-168; zit. in: Hermann Cropp ..., (Anm. 462)

477 Eduard Gugenberger/ Roman Schweidlenka, Bioregionalismus ..., (Anm. 447), S. 149; zit. nach: Heinz-Siegfried Strelow, Über dem Volk steht das Land. Bioregionalismus: der grüne Weg zu Heimatverbundenheit und Natur-Religiosität, in: Ökologie Nr. 1/1996, S. 13 ff.

478 aus der Neonazi-Zeitung Lebensborn, hrsg. v. Heinrich Jörn Schönlaub, der dem antisemitischen, rechtsextremen, neuheidnischen *Armanenorden* verbunden ist. Vgl. auch: Antifaschistisches Autorenkollektiv, Drahtzieher im braunen Netz ..., (Anm. 62), S. 101 und 108

479 Heinz-Siegfried Strelow, Über dem Volk steht das Land ..., (Anm. 477), S. 13 ff.

480 Eduard Gugenberger/ Roman Schweidlenka, Bioregionalismus ..., (Anm. 447), S. 9

481 Siegfried Kilchberger, Artenschutzkonferenz: Bevölkerungswachstum Hauptursache des Artensterbens, in: Ökologie 1/1992, S. 11

482 Wer sind die Unabhängigen Ökologen Deutschlands? Was wollen die Unabhängigen Ökologen Deutschlands, Springe-Völksen; zit. nach: Oliver Geden, Rechte Ökologie, (Anm. 44), S. 90

483 Ökologie 3/1992, S. 9, zit. nach: Oliver Geden, Rechte Ökologie, (Anm. 44), S. 90

484 Eduard Gugenberger/Roman Schweidlenka, Bioregionalismus ..., (Anm. 447), S. 150; zit. nach: Heinz-Siegfried Strelow, Über dem Volk steht das Land ..., (Anm. 477), S. 13 ff.

485 Grundsätze der Unabhängigen Ökologen Deutschlands, in: Ökologie 1/1996

486 Eduard Gugenberger/Roman Schweidlenka, Bioregionalismus ..., (Anm. 447), S. 121; zit. nach: Heinz-Siegfried Strelow, Über dem Volk steht das Land ..., (Anm. 477), S. 13 ff.

487 Heinz-Siegfried Strelow, Über dem Volk steht das Land ..., (Anm. 477), S. 13 ff.

488 Friedrich Hecker, The infernal debate spreads to Germany, in: Earth First! (USA), Feb. 2, 1989

489 Jutta Ditfurth, Die Braungans. Stellungnahme zur Konrad-Lorenz-Debatte, in: Natur 12/1988

490 ... um den Wind aus den Segeln zu nehmen

491 Gathering of the Pagan, Rainbow Tribes 1.-7. Juli 1993, nachgedruckt in: Eduard Gugenberger/Roman Schweidlenka, Bioregionalismus ..., (Anm. 447), S. 141

492 Brief von R. Wills Flowers, Earth First! Florida, v. 22. März 1989

493 Earth First!, November 1, 1987, S. 18

494 vgl. R. Wills Flowers, Of old wine in new bottles, Taking up Bookchin‹s Challenge, Earth First!, November 1, 1987, S. 18

495 Interview mit David Foreman, in: Simply Living ..., (Anm. 422), S. 2

496 Dave Foreman zit. in: Ökologie (Zeitschrift der Unabhängigen Ökologen Deutschlands), 4/1995, S. 20

497 Dave Foreman, Whither Earth First!? ..., (Anm. 421), S. 20

498 ebenda

499 zit. Franz-Theo Gottwald, Zur Geschichte der Tiefenökologie, in: Gottwald/ Andrea Klepsch (Hrsg.), Tiefenökologie. Wie wir in Zukunft leben wollen, München, 1995, S. 17ff. Der Sammelband entstand im Auftrag der Schweisfurth-Stiftung in Kooperation mit der Gesellschaft für angewandte Tiefenökologie e.V.; zit. nach: Peter Bierl, Bioregionalismus ..., (Anm. 420)

500 vgl. Earth First, USA, Heft v. 1.8.1994; zit. nach: Peter Bierl, Bioregionalismus ..., (Anm. 420), S. 36 ff.

501 Earth First Germany, Earth First! No Compromise in the defense of Mother Earth!, Übersetzung aus dem Englischen, Essen, ohne Datum

502 ebenda

503 Instinkt Nr. 5/6, Winter/Frühjahr 1995, Editorial

504 Earth First, Flugblatt

505 Wildlife, Flugblatt, Essen, ohne Datum, [ca. 1993]

506 Netzwerk der EF!-Gruppen, Übereinkunft aller AnhängerInnen. Das Wort für Welt ist Wald, Oktober 1995, S. 2-8

507 ebenda

508 Hardline-Texte, in: No Hierarchy! Anarchistische, antipatriarchale, radikalökologische Zeitung von TierrechtlerInnen, Berlin, Nr. 0, Anfang 1996

509 ebenda

510 ebenda

511 ebenda

512 ebenda

513 Frontline, Flugblatt, ohne Angaben, zit. nach: Berliner Anarcha/o-VeganerInnen, Nachbetrachtungen zur Tierrechtswoche im Juni 1995 in Hamburg, in: No Hierarchy! ..., (Anm. 508), S. 26

514 Flugschrift: Interview mit Frontline-Aktivisten, S. 2; zit. nach: Gruppe im Rausch der Tiefe (GiRdT), Earth First, Hardline, Frontline oder wie der Rechtsradikalismus durch den Biozentrismus modernisiert wird, in: ÖkoLinX 21/22,1996

515 Symptomatisch für die Solidarität mit Frontline steht die Zeitung *Vegan-Info* aus Braunschweig, die sich explizit nicht der Linken zuordnet, aber angeblich auch gegen Rassismus, Sexismus, Imperialismus usw. kämpft. Nach den Vorkommnissen auf der Tierrechtswoche in Hamburg, bei der zwei *Frontliner* durch das beherzte Vorgehen einiger weniger vor die Tür gesetzt wurden und der Rest der TierrechtlerInnen mit der Gefahr des Ökofaschismus offensiv konfrontiert wurde, schreibt sie: »Die Verleumdungen und Angriffe einiger Antifas sind auf einige TierrechtlerInnen übergesprungen und führten zum Abbruch der Tierrechtswoche nach drei Tagen. (...) Diesmal wurden zwei *Frontliner* den übermächtigen Antifa-Göttern geopfert«. Vgl.: Vegan-Info, August 1995, S.2/6, zit. nach: Gruppe im Rausch der Tiefe (GiRdT) ..., in: ÖkoLinX 21/22, (Anm. 514)

516 Die folgenden Zitate stammen aus Instinkt Nr. 4 und Nr. 5/6, 1995

517 vgl. Instinkt, Nr. 1/1993 oder 1994

518 Instinkt Nr. 4, S. 5, zit. nach: No Hierarchy! ..., (Anm. 508), S. 12

519 ebenda

520 Instinkt Nr. 5/6, Winter/Frühjahr 1995, Zum Geleit, S. 2

521 ebenda

522 ebenda

523 Flugblatt von Vegane Aktion Ruhrgebiet, ohne Datum, vermutlich 1995/1996

524 Alle Beispiele aus: Instinkt Nr. 5/6, Winter/Frühjahr 1995

525 AutorInnen: »ein gemischter Männer- und Frauenzusammenhang«, Stellungnahme von Earth First Nordelbe zum Thema Abtreibung, in: Die Eule, Nr. 1, November 1995

526 Es gab Versuche, Ökofeminismus im Sinne eines ökosozialistischen Feminismus von links zu besetzen, diese sind gescheitert. Durchgesetzt hat sich ein differenztheoretisch-biologistisch-esoterischer Ansatz.

527 Die Eule Nr. 2, Frühjahr 1996

528 der die Autorin angehört. Kontakt: Ökologische Linke, c/o Manfred Zieran, Neuhofstr. 42, 60318 Frankfurt am Main. Dort kann eine Bestelliste geordert werden (frankierten Rückumschlag beilegen), die auch über die Aktivitäten der Gruppe erste Informationen gibt.

529 im Beitrag »Earth First USA: Koalition radikaler NaturschützerInnen«, in: Die Eule 2, Frühjahr 1996

530 ebenda
531 Michael Zimmerman, Interview über Tiefenökologie, in: Gottwald/ Klepsch, S. 61 ff., S. 68; zit. nach: Peter Bierl, Peter Singer: Speziezismus oder wie das Töten von Menschen leichter wird, in: ÖkoLinX 23/1996, S. 41 f. Meine Argumentation folgt der Bierls.
532 vgl. ebenda., S. 23 f., S. 27; zit. nach: Peter Bierl, Peter Singer: Speziezismus ..., (Anm. 531)
533 zit. ebenda, S. 268
534 zit. ebenda, S. 238
535 vgl. Die Tageszeitung v. 16.6.1995
536 Die Tageszeitung v. 22.6.1995
537 Animal Peace AG Siegen, Mai 1995 an den AStA der GH Siegen v. 5.7.1996
538 Tierbefreiung aktuell Nr. 2, Bundesverband der TierbefreierInnen, Mainz, Juni 1995, 3. Jahrgang, S. 2
539 Berliner Anarcha/o-VeganerInnen, Nachbetrachtungen zur Tierrechtswoche im Juni 1995 in Hamburg, in: No Hierarchy (Anm. 508)
540 TAN (Tierschutz-Aktiv-Nord), Hamburg, Flugblatt ohne Datum
541 Animal Peace, Gerechtigkeit für Tiere, Nr. 1/2, Essen, Sommer 1995, S. 5
542 vgl. Marc Neumann, Ich werd' noch zum Stier. Anmerkungen zur Auseinandersetzung mit Animal Peace, in: ÖkoLinX 19/20 Sommer 1995
543 Animal Peace – eine Philosophie, Animal Peace, Windeck, 1995
544 Kleines Wörterbuch der Tierrechte, in: Animal Peace, Gerechtigkeit für Tiere, Nr. 1/2, Essen, Sommer 1995, S. 6
545 Brief von Animal Peace AG Siegen v. 5.7.1995
546 Marc Neumann, Ich werd' noch zum Stier ..., (Anm. 542)
547 Die Zitate von Animal Peace stammen aus folgenden Veröffentlichungen:
a) Animal Peace – eine Philosophie, Flugblatt, Windeck, ohne Datum, verantwortlich: Bundesverband;
b) Animal Peace – Contra Tiere im Zirkus, Flugblatt, Windeck, ohne Datum, verantwortlich: Bundesverband;
c) Fakten: Warum vegan? Flugblatt, Windeck, ohne Datum, verantwortlich: Bundesverband;
d) »... aber Du schlägst doch auch Fliegen tot ...?!«, Flugblatt, Windeck, ohne Datum, verantwortlich: Bundesverband;
e) Kontrolliere Deine Sprache! Flugblatt, Windeck, ohne Datum, verantwortlich: Bundesverband;
f) Der Krieg gegen die Tiere, in: 1.-Mai-Zeitung, Siegen 1995
548 ÖkoLinX-Redaktion, »Killeraffen« oder der Niedergang der Aufklärung, ÖkoLinX 23 Sommer 1996
549 Bericht einer autonomen Gruppe aus Essen, in: Interim 332
550 Diskussionspapier von VeganerInnen aus dem Ruhrgebiet, in: No Hierarchy! ..., (Anm. 508), S. 11/12
551 ebenda
552 Flugschrift: Interview mit Frontline-Aktivisten', S. 2; zit. nach: Gruppe im Rausch der Tiefe (GiRdT) ..., (Anm. 514)
553 vgl. Gruppe im Rausch der Tiefe, Warum Instinkte nicht revolutionär sein können, Teil 1, in: Interim Nr. 314
554 Käpt'n Blaubär, Vegane Scheuklappen, in: No Hierarchy! ..., (Anm. 508), S. 15-16
555 Ein Halbvegetarier, Tofu macht frei oder die Sache mit der Fliege, in: Interim 319, 1995

556 Stellungnahme »einiger Anarcha/o-VeganerInnen aus Berlin und anderswo« zu den Vorfällen im Tierrechtscafe am 14.5.1995, in: No Hierarchy! ..., (Anm. 508), S. 5

557 Tierrechtlerin, die Teil der »BerlinerInnengruppe« war, Vertrauen, Mißtrauen, Angst haben und Angst machen. Eine Stellungnahme und der Versuch einer Erklärung, in: No Hierarchy! ..., (Anm. 508), S. 19

558 Tabula Rasa, An die VerfasserInnen des Artikels über Tierrechte im Antifa-Infoblatt Nr. 32 und alle anderen AntifaschistInnen, in: No Hierarchy! ..., (Anm. 508), S. 32

559 Tierrechtlerin, die Teil der »BerlinerInnengruppe« war, Vertrauen, Mißtrauen ..., (Anm. 557), S. 20

560 ebenda

561 ebenda, S. 21

562 Berliner Anarcha/o-VeganerInnen, Nachbetrachtungen zur Tierrechtswoche im Juni 1995 in Hamburg, in: No Hierarchy! ..., (Anm. 508)

563 Tabula Rasa, An die VerfasserInnen ..., (Anm. 558)

564 Aufruf von: TAN (Tierschutz Aktiv Nord) Hamburg »Schließung aller Zoos! Öffnet die Käfige bei Hagenbeck!, Tierschutz Aktiv Nord (Hamburg), Menschen für Tiere (HH), Komitee gegen den Vogelmord e.V. (HH), Vegane Offensive Ruhrgebiet, Bundesverband der Tierbefreier (Mainz), LAG Mensch und Tier der Grünen Niedersachsen, BAG Mensch und Tier der Grünen, Initiative für offensiven Vegetarismus (HH), Radikale Antipatriarchale TierrechtlerInnen (Berlin), T. I. G. A. TierrechtlerInnen gegen jede Form von Ausbeutung, Unterdrückung und Diskriminierung (Berlin)

565 Jürgen Kellermann, aus: CL-Netz/Cl/Antifa/Neue Rechte

566 vgl. Frankfurter Rundschau v. 27.5.1995

567 Tierschutz-Aktiv-Nord (TAN), Petri Heil – Waidmannsheil Mordmannsheil!!, Hamburg, ohne Datum [ca. 1993]

568 vgl. auch: Jutta Ditfurth, Tierbefreiungsaktionen gilt unsere Sympathie, in: dies., Träumen Kämpfen Verwirklichen. Politische Texte bis 1987, Kiepenheuer & Witsch, Köln 1987, S. 133-137

569 Kleines Wörterbuch der Tierrechte, in: Animal Peace, Gerechtigkeit für Tiere, Nr. 1/2, Essen, Sommer 1995, S. 6

570 Flugblatt der Veganen Offensive Ruhrgebiet (VOR), Dortmund, ohne Datum, vermutlich 1992/1993

571 Wild und Hund 8/1992, zit. nach: Flugblatt der Vegane Offensive Ruhrgebiet (VOR), Dortmund, ohne Datum, vermutlich 1992/1993

572 ebenda

573 No Hierarchy! ..., (Anm. 508), Editorial

574 Stellungnahme ›einiger Anarcha/o-VeganerInnen aus Berlin und anderswo‹ zu den Vorfällen im Tierrechtscafe am 14.5.1995, in: No Hierarchy! ..., (Anm. 508)

575 vgl. Interim 320, S. 24, Durch Wände sehen – eine Kritik am Triple-Oppression-Ansatz

576 George L. Mosse, Die völkische Revolution ..., (Anm. 241), S. 10 f.

577 Adolf Hitler, Sämtliche Aufzeichnungen, S. 185/186, ohne weitere bibliographische Angaben, zit. nach: Gruppe im Rausch der Tiefe, Warum Instinkte nicht revolutionär sein können, Teil 1, Interim Nr. 314, S. 2

578 Tabula Rasa, An die VerfasserInnen des Artikels über Tierrechte im Antifa-Infoblatt Nr. 32 und alle anderen AntifaschistInnen, in: No Hierarchy! ... (Anm. 508), S. 3

579 Flugblätter ohne Absender, verteilt im April 1996 in Frankfurt/Main

580 Roman Schweidlenka, Die Hüter der Erde, in: Die andere Realität, Nr. 4/1995. Dort warb Schweidlenka für Tiefenökologie, Bioregionalismus und indianische Spiritualität, daneben ein Artikel über die jüdisch-bolschewistisch-kapitalistische Weltverschwörung unter Führung von Freimaurern und Rothschild; zit. nach: Peter Bierl, Schweidlenka und Gugenberger ..., (Anm. 451)

581 Brief v. Animal Peace AG Siegen an das 1. Mai-Bündnis v. 5.7.1995

582 Volker Elis Pilgrim, Zehn Gründe kein Fleisch zu essen, Frankfurt/M., 1995, S. 111 f.; zit. nach: Peter Bierl, Bioregionalismus ..., (Anm. 420)

583 Diskutiert mit! Auszüge aus dem Interview mit Helmut Kaplan in Focus, in: Recht für Tiere, 2/1994, S. 21-23

584 Eine TANlerin, Ein Diskussionsversuch zum Begriff »Tier-KZ«, Vegan-Info, Nr. 9, Sommer 1996; S. 19 ff.

585 Ökologie 4/1995, S. 4

586 Ökologie 3/1995, S. 2

587 Ökologie 4/1995, S. 17

588 ebenda, S. 20

589 Die Zeitschrift Ökologie erwähnt nicht genauer benannte Texte in: Politische Ökologie Mai 1995 oder 1994 und in esotera Juli 1995

590 Eduard Gugenberger/Roman Schweidlenka, Mutter Erde. Magic und Politik, Wien 1987, S. 85

591 Alle Zahlen aus: Matthias von Helfeld/Arno Klönne, Die betrogene Generation. Jugend im Faschismus, Pahl-Rugenstein Verlag, Köln 1985, S. 17

592 Netzwerk der EF!-Gruppen, Übereinkunft ..., (Anm. 506), S. 4

593 Ernst Bloch, Das Prinzip Hoffnung, Bd. 1, Frankfurt 1970

594 Elemente einer emanzipatorischen sozialen Utopie ausführlich in: Jutta Ditfurth, Lebe wild und gefährlich. Radikalökologische Perspektiven, Kiepenheuer & Witsch, Köln 1991, S. 13 ff., S. 42 ff., S. 318 ff.

Personen- und Organisationenregister

Stichwortregister